师说新语

江蘇鳳凰教育出版社
Phoenix Education Publishing, Ltd

图书在版编目（CIP）数据

师说新语 / 马斌著. -- 南京:江苏凤凰教育出版社，2024.9. -- ISBN 978-7-5743-1112-1（2024.11重印）

Ⅰ. G451. 2

中国国家版本馆CIP数据核字第2024Z7T234号

感谢您使用本书。您在使用时如有建议或发现质量问题，请联系我们。

【内容质量】电话：4008283622

【印装质量】电话：4008283610

书　　名　师说新语

作　　者　马　斌
出版策划　刘　煜
责任编辑　林　琬
版式设计　马　斌

出版发行　江苏凤凰教育出版社（南京市湖南路 1 号 A 楼　邮编：210009）
苏教网址　http : // www.1088. com. cn
照　　排　江苏凤凰制版有限公司
印　　刷　南京顺和印刷有限责任公司（电话 025-83682876）
厂　　址　南京市江宁区麒麟街道天和路 78 号

开　　本　787 毫米 × 1092 毫米　1/16
印　　张　17.75
版　　次　2024 年 9 月第 1 版
印　　次　2024 年 11 月第 2 次印刷
书　　号　ISBN 978-7-5743-1112-1
定　　价　66.00 元
网店网址　http: // jsfhjycbs. tmall. com
公 众 号　苏教服务（微信号：jsfhjyfw）
邮购电话　025-85406265，025-85400774
盗版举报　025-83658579

前　言

教育是为党为国为民之大计，教师是立德立人立事之本源。国家昌盛、民族兴旺依靠在科技，科技在人才，人才在教育，教育在教师，在千千万万的每一位教师。教师弘扬教育精神，立德树人、教书育人，以利他而成就自己，在理想、在情怀、在眼光、在理念、在方法。无论形而上之道，还是形而下之器，成事而立人，道、法、术、器、势都需要有不断的精进创新。于是乎，《师说新语》就试图探索求解教师普遍面临的一些问题，寻找最优方法，助力教师的专业成长、职业幸福和人生价值。

凡事必先有志。工作随着志向走，成功随着工作来。有人说，立志、工作、成功是人类活动的三大要素。立志是成事立业的航标，工作是登堂入室的旅程。而这都离不开最根本的方法。《师说新语》旨在为教师提供专业发展、职业实践和教育人生的参谋，以元思创行的方法论，助力教师提升专业能力、增强综合素养，使专业生活雅致，使职业人生幸福。

原创元创教育理念。元创教育是元思考与创先行相融合的方法论和工程学。元思考借鉴元认知而来，元认知是美国心理学家 J.H. 弗拉维尔提出的概念，即对认知的认知。元思考亦即对思考的思考。创先行就是做开创事业的先行者。通过元思考“元次之未知、元首之总揽、元旦之新始、元帅之强韧、元气之根本”的“五元”思维支架与创先行的“创见性假设、创构性知识、创意性方案、创造性实施、创立性成果”的“五创”行动步骤的双向奔赴，以工具思维，思行合一，搭建教师专业发展与立人立事立学的方法模型。

构建发展层次体系。以元思创行为引领，建构了“职业目标、职业本领、职业品质、职业信仰、职业领航”的教师发展层次体系。职业目标是引领，明晰了“骨干教师、卓越教师、教育家型教师、教育家”四大台阶；职业本领是根基，提出了“课堂教学、心智能力、理实成果、博学多才”四大本领；职业品质是追求，提出了“有品有味、当为学师、兼学广涉、优美课样”四个路向；职业信仰是理想，强调了“教育成家、开宗立派、自我高拔、抱团共进”四大向往；职业领航是奉献，指出校长“格局为上、万物化育、致人如愿、知名专家”四大境界。以元创之道，从目标、本领、品质、信仰和领航出发，形成一个较为清晰完整的教师发展体系。

涵养物我亲和关系。物各有性，水至淡，盐得味。正如饭菜，因为各种佐料，才共存相生，共煲一锅佳肴。所以，《淮南子·精神训》曰：“夫天地运而相通，万物总而为一。”一本好书，也当追求物我合一的相亲境界。为此，《师说新语》聚焦一线课堂需要、一线教师需求，力图贴近需要求解答案；围绕攻坚克难，增强操作性，提出教师发展方方面面的良方，在理实合一中循道而上；以思想理念的内容创新和材质版式的文创之美，追求美感的快慰和心理的妥帖，追求就是要你喜欢的人文惬意。

为此，本书进行了积极的探索、创新、研究和文创设计，并形成以下诸特质。

创意之新，一组成语借喻发展之道。万物叫好更要叫座，越是便捷越能推开。如何化繁为简，让教师一目了然、过目不忘，入脑入心、易记便行，本书以一组成语比喻教师发展。全书以元与创的思行结合，以元思考的“五元”之思考支架和“五创”之行动步骤的开元创见为引领，以“能说会道、地大物博、品学兼优、出类拔萃、格物致知”五个成语，形成本书的逻辑层次、结构主线，成语中的每一个字都架起了教师发展的方法路径。能说会道，“能”在骨干教师的“七能”之基、“说”在卓越教师著书更要立说、“会”在教育家型教师要会经营自己、“道”在教育家一生只走一条教育大家之道。地大物博，“地”在教学能力，教师地基永远在课堂教学；“大”在心智能力，在于从“心”开始的心智交流；“物”在研究能力，要有物化的理论与实践成果；“博”在提升能力，加强博观约取的知识建构。品学兼优，“品”在品高行洁志当“大先生”，“学”在教师当为学师的角色转型，“兼”在要有兼收并蓄的兴趣特长，“优”在“思”情画意的优美课样。出类拔萃，“出”在出生入死，一辈子都是教育的人；“类”在触类而长，开一代风气之新；“拔”在拔新领异，让思想的光芒辉耀人生；“萃”在荟萃人才，抱团开创教育的大美山河。格物致知，“格”在格局为上，校长是教师中的大教师；“物”在探寻物理，化万物以育人；“致”在专心致志，在成就他人中成就自己；“知”在知名专家，在实干创业中走向内圣外王。这些成语，教师人人熟知，从一组成语，能了解职业生涯的成长系统；从一个成语，能知道职业能力的方向位置；从成语中的一个字，能懂得自身发展的方法路径。容易上手，更能得手。

哲思之道，以高阶思维促进深度发展。哲学对各门学科有着基础性和引领性的作用，是对事物本质规律、发展价值的深度认知。本书通篇追求哲学思考，并以创意、哲思、审美、道法、图式和识见为重要特质，不仅从专业的视角促进教师发展，更多地从哲学的视角促进教师自我发展、自觉发展、有效发展、加快发展。为此，《师说新语》进行了多维探索。引用名人名言：在每一部分的首页引用，以突出本部分的灵魂所在；在有关页的天头用，以突出书中的辉映重点；在内容中的重点用，以突出语意的观点升华。提炼哲思性语句：在每一章首页的内容中体现语句的哲思性，并以“马道成功”将全书二十二章中体现各章核心的哲思串联起来，成为全书的主线启示立事、立人、立学之道。数百金句洞见教育人生，生成教育智慧。深化哲学思维：提出通过阅读哲学经典、养成反思习惯、从整体思考事物、追问事物的本质归因、研究现象深处的规律、运用辩证法和批判性思维以及自我反思等多种办法，培养哲思性教师思维。加强结构化思维，以图式进行结构化的表达。

道法之详，强调解决问题的良策良方。方法为王。爱因斯坦说：“成功 = 艰苦劳动 + 正确方法 + 少说空话。”可见方法之重要。方法性、实操性是本书最重要的特征。元创之道是诠释教育教师发展的方法论与工程学。全书如，建设美感课堂的十个标准、教师心智能力提升的十个方面、教师研究能力的十个环节、教师厚植知识建构的十个内容、教师当为学师的十个内涵、厚植学科背景的十个视角、以思想共筑教育山河的十个环节……还有元思考“五元”支架、创先行的“五创”步骤、骨干教师“七子”之能，还有一系列的具体做法，都有实实在在的操作性。可以说，《师说新语》就是一本为教师的专业精进、职业追求和人生向往提供发展蓝图、方法指南、操作指导的参考手册。

识见之趣，拓展链接增长知识见识。人生最重要的不是取悦别人，而是丰富自己。只有内心丰富的人才有丰富的人生。教育就是一条从物质丰富走向精神丰盈和心灵丰满的人生之路。教学灵感丰沛的教师才能培养内心富足的学生。所以《师说新语》增加了元创溯源、元创观点、元创之道、元创典故、元创链接、元创例证等，全书有五十多处，有对认知来源的挖掘，有对观点认识的思考，有对方法方式的列举，有对历史故事的回顾，有对相关内容的拓展，有对思想观点的例证，等等，通过“元创 +”形成内容丰富多彩的“珍珠效应”，以此丰富教师知识结构和方法认知。同时，版式模块形式活泼，增强了本书内容的丰富性、趣味性和饱和度。毕竟，读者更喜欢能减轻阅读疲劳的学习。

人文之美，文创设计诠释呈现教育美学。美丽中国，教育先美；教育之美，教师先美。教育是文化人用文化培养文化人的活动。教育要以美育人，以文化人。本书也进行了这方面的有益探索。《师说新语》从封面设计到版式设计，从形式呈现到内容表达，从教育作品到文创产品，均由专业的潜能文化专门设计，呈现出教育美学的追求。大胆尝试以数字引领文段表达的形式内容，从部篇到内容以数字引领，是对传统章节样式的突破，使阅读者更能超越章节形式，领悟书作的内在主线、逻辑层次，也使写作与版式更加自由活泼，给人耳目一新之感。“章序”是笔者的一个创词，也是本书写作的一个创造，可以让读者更加了解章节要领。文中的金句，用蓝色字体，彰显了作为文眼的教育哲语的力量，体现语言深意。同时，蓝色又使内容整体活泼，蓝以养眼，观而不累。加之天头的大师名言，既擦亮重点亮点内容的依循，又增强书作厚重厚实质感，有说服力，有亲和感。文创之美、人文之美，也就是一种情感、文化和心灵的联系。《师说新语》以书作之美演绎教育之美、教师之美和人生之美。细观慢品总有不经意的精致之美。

总之，《师说新语》通过元创教育理念、哲学思考力提升、教育实践策略、教学成果构建、职业发展支持以及对幸福感的深入剖析，为教师提供了一套涵盖专业成长、教育实践、成果提炼、幸福营造等方面的综合指导体系，旨在助力教师实现专业素养、职业幸福感和教育生命能力的全面提升，彰显现代教师的精气神，映射教育家精神的教师行动。

亚里士多德说，人在本质上是个语言存在物。需要说明的是，一组成语变成了教师成长的语言，不为标新立异，或是牵强附会，其旨在于通俗易懂、上手方便，学以致用，行之有效。本质上却是一种思维方式的变化，一种创新思维的努力实践。

CONTENTS

目录

01 第一部分

元思创行：职业之道的双向奔赴

我思即我得，思高方行远
教育是以人“放大”人的事业
军人靠战场，教师靠课堂
眼前的难题在脑中解决
行是命运的起点，是最难形成的习惯
理事之中重理性，真实之中求真理
常有要做事的冲动，常无即做事的举动
成事能力决定生命空间
好事难在做成好事，坏事难在变成好事

人类生活的核心是思考。

——维特根斯坦

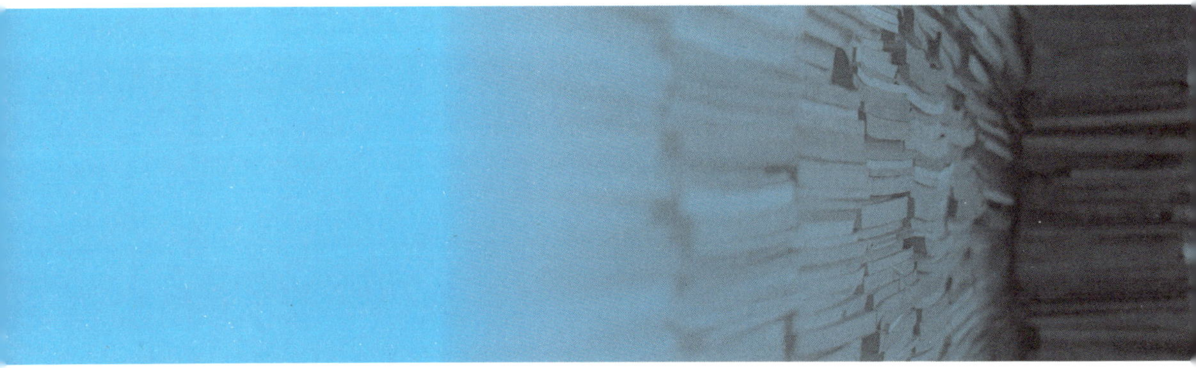

教育是党之大计、国之大计；教师是立教之本、兴教之源。可见，教师强则教育强，国家强。如何提高每位教师的专业水平和职业幸福感，则成为事关教育、事关民族的大事。成功之道，方法为王。本书开篇即以成事的“思与行”之道，通过“五元”的思维支架与“五创”的行动步骤，搭起教师走向立人立事立学的方法模型（见图 1.1），探索教师专业发展、职业幸福感提升的方法论和工程学。

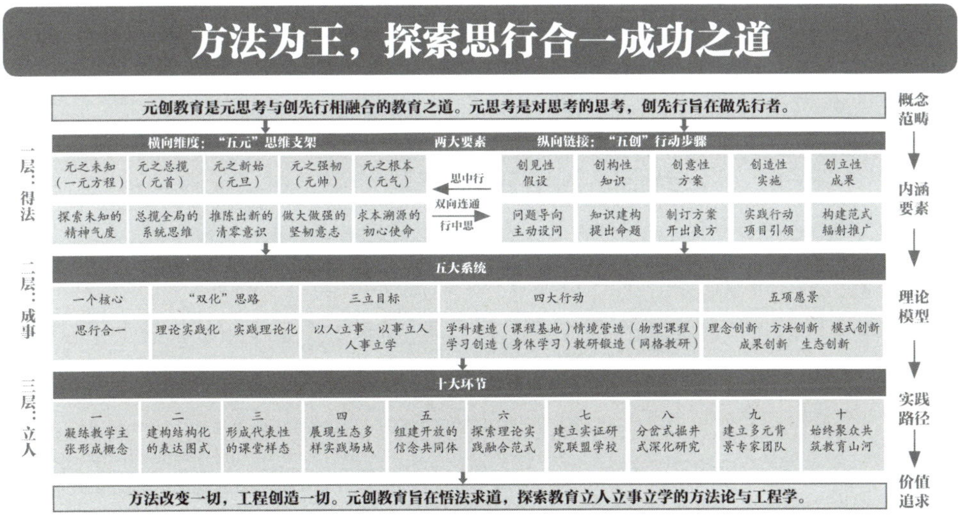

图 1.1

1.1

元创：元思考与创先行的元思创行

元创是元思考与创先行相融合的方法论，以“元次之未知、元首之总揽、元旦之新始、元帅之强韧、元气之根本”的“五元”支架生成元思考，进而由思到行，以“创见性假设、创构性知识、创意性方案、创造性实施、创立性成果”的“五创”步骤走向创先行。元思考与创先行的结合是立人立事立学的关键之举。

马道成功

元思考是思考的“脚手架”，创先行是行动的“起跳板”。

章序　元创，元思创行的王道之旅

1　“元”为会意字，其甲骨文形状像“人”，甲骨文中的上面一横指头的部位。“元”本义是指人头。《孟子·滕文公下》记载：“志士不忘在沟壑，勇士不忘丧其元。”这里的“元”就是人头的意思。头位居人体的最高处，功能重要，因此由本义引申出“元首”“元脑”“状元”等，表示首要的、第一的。而“元月”“元年”“元旦”等，其中的“元”亦表示开始、第一。与“开始”相联系，“元”又有了“根本”“本来”的意义。在元朝以前，“原来”“原由”“原始”“原原本本”分别写作“元来”“元由”“元始”“元元本本”。明朝初期，人们觉得这些“元”容易使人想到刚被推翻的元朝，所以一律改用“原”。“原”是源泉之“源”的初文，也引申出“原本”的意义。因此，“元来”“元始”“元由”“元元本本”的“元”改用“原”，此处的“原”与“元”意义极相近，改字之后，不至于对有关词语的意义造成误解。“元”作为头的用法后来逐渐被“首”所取代，“元”在语言使用当中更多是使用它的引申意义，而本义的用法则让位于“首”。在语言演变发展的长河中，“首”后来又被“头”所取代。

2 在元创教育中，一方面，“元”之意义成为元思考的源泉；另一方面，元思考又是借鉴元认知而来。元认知是美国心理学家 J.H. 弗拉维尔提出的概念，即对认知的认知。如学生在学习中，一方面进行着感知、记忆、思维等各种认知活动，另一方面又要对自己的各种认知活动进行积极的监控和调节，这种对自己的感知、记忆、思维等认知活动本身的再感知、再记忆、再思维被称为元认知。元认知主要包括元认知知识、元认知体验、元认知监控等部分。

由上可见，元思考就是指对思考的思考，通过元思考进行自我思考、自我反思，观照元之内涵的相关内容为“标准”，引申出方法性思维框架，其内容如“元次之未知、元首之总揽、元旦之新始、元帅之强韧、元气之根本”等，赋予元思考更多内涵价值和核心指向，形成不同维度组成的元思考结构化方法模型。

元思考“五元”支架：思维需要脚手架

元次之未知——以元次之“元”，探索未知的精神气度，追寻无中生有、有中求无

3 “一元一次方程”“一元二次方程”“二元一次方程组”，是大家初中就已熟知的名词。其中“元”就是未知数，通常代表变量，“一元”就是一个未知数，“二元”就是两个未知数。“二次”代表变量的次方。那为什么未知数要称作“元”呢？有些人认为，既有古代“元”与“源”的相通之义，解方程的过程就是“追本溯源”求未知数的过程；也有符号代数的创始人韦达曾用元音字母 A、E、I 等表示未知数，因此未知数可叫“元”。其实，“元”表示未知数，源于我国“宋元数学四大家”的李冶、朱世杰创立的“天元术”。所谓天元术，就是在解代数问题时，先“立天元一为某某”，再根据题设条件，建立等式，最后通过移项、合并同类项，得到一个方程。“立天元一为某某”，就是现在的“设某某为 x”。天元术是一种利用未知数列

方程的一般方法，是中国数学的一项杰出创造。清末，数学家李善兰和传教士伟烈亚力合译了德·摩根的《代数学》，用“天、地、人、物”表示未知数的符号代替了英文字母，“元”即为未知数的统称。据载，现在数学方程中普遍用“元”表示未知数，这还是康熙皇帝的功劳。

元创典故

是谁确定了元、次、根等方程术语的汉译名？

康熙对世界上的很多知识都感兴趣。数学是康熙最早接触的一门自然科学。他对数学的兴趣极为浓厚，学习成绩也很突出。康熙为什么学习数学呢？最主要的目的是应用。康熙曾对王公贝勒、文武大臣们说：“尔等惟知朕算术之精，却不知朕学算之故。”在学习过程中，他逐渐懂得数学是天文、地理、测绘、水利等学科的基础课程，因此更加努力学习数学。

在南怀仁、白晋、张诚等几位通晓数学算术的大臣的辅导下，康熙先后学习了欧几里得的《几何原本》、巴蒂斯的《实用和理论几何学》以及代数、三角、对数等多种数学科目，并命张诚等人陆续将西方数学翻译、编辑成《比例规解》《测量高远仪器用法》《八线表根》《借根方算法节要》等十几种数学书籍。

康熙还写出了中国第一篇数学论文《御制三角形推算法论》，设立了中国第一个算学馆。皇帝打得一手好算盘，速度比西法运算还快。天元一术是中国古代的代数学，元代以后突然失传了。从康熙开始假设与发现，终于使中国数学史上失传了的“天元术”得以复生。

比利时传教士南怀仁在给康熙讲解方程时，由于他汉语、满语水平都很有限，有些术语讲不清楚，解释很久还是不得要领，康熙就建议：将未知数翻译为“元”，最高次数翻译为“次”，使方程左右两边相等的未知数的值翻译为“根”或“解”。南怀仁惊疑地盯着康熙，突然按照西方最亲切的礼节一下子将康熙紧紧抱住，激动地说：“我读书和教书几十年，无论是老师还是学生，还从来没见过一个像您这样肯动脑筋的人！”康熙建议的这几个方程术语，驭繁为简，准确科学，非常便于理解和记忆。

康熙确定了“元”“次”“根”等方程术语的汉译名。

4 “元”是数学的基本概念之一，研究问题中某种独立的对象被称为“元”。“元之未知”，首先体现了元创教育要探索未知的精神境界。面对大千世界，从科学的角度看，探索未知世界确实是认识世界的最终目的，通过不断地发掘新的知识，不断地挑战旧有的理论观念，人类才能够认识更多元、更深刻、更全面的世界。从人文的角度来看，探索未知世界并不一定是认识世界的最终目的，人文更关注的是人类的价值、心灵、情感和历史，是对人的本质及其与世界的联系的思考，对于人类情感和灵魂的探索来说，科学并不具备操作性。从哲学的角度来看，哲学追求的是对真理和智慧的追求，是对人类本质及其与整个世界的关系的思考，真正的价值在于提高人们对世界的认知，进而深入探究人类的本质与意义，并且实现对全球的和平、诚信和共赢的追求。可见，探索未知世界或许不是认识世界的最终目的，但探索未知世界带来的机遇一定是无与伦比的，要全面而充分地使用科学、哲学和人文赋能，真正地认知世界。

元首之总揽——以元首的“元”，总揽全局的系统思维，追寻顶层设计、各方协同

5 提起“元首”二字，人们直接想到的是各国的领导人。中医专家徐文兵在《知己》一书中讲解“元首”时说，元和首还不是一个意思。“元”是指被头颅包裹在内的脑髓、脑浆等，“首”是指头颅、头面。并以君主立宪制的英国为例，英国女王是“元”，英国首相就是“首”。无论是前者看不见的本质，或者是后者看得到的现象，笔者在元创教育中的“元”，还是取元和首的合成意义。

元首是国家对内对外的最高代表。因此，元创教育中的元首之元，就是强调在思考任何问题时，要有顶层思维、全局思维、系统思维，背负青天朝下看，这样面对复杂的世界，才能有大视野、大立意、大格局、大创新，更加能够洞见事物的本质和规律。

元旦之新始——以元旦的“元”，推陈出新的清零意识，追寻抛弃陈旧、自我超越

元创溯源

元旦的来历

一元复始，万象更新。“元旦”意即“初始之日”，指每年第一个

月第一天，即新年的开始，象征着新的开始。中国古代称新年第一天为“元旦”或元日、元朔、元春，具体日期在西汉以前各不相同，西汉汉武帝太初元年（前104年），邓平、落下闳等人创“太初历”，以正月初一为元旦，从此历代相沿，直至民国时期。所以在很长的历史时期里，我国只有农历年正月初一一个新年。辛亥革命推翻清王朝的统治。新成立的中华民国政府引入西历公元纪年法，1912年开始使用公历，规定阳历（即公历、西历）1月1日为“新年”，但还没有叫“元旦”，农历（即阴历、旧历）正月初一改称为“春节”。1949年9月27日，中国人民政治协商会议第一届全体会议通过决议，中国采用公元纪年，正式将公历1月1日称为“元旦”，将农历正月初一定为“春节”。从此以后，中国人每年都要过元旦和春节两个新年，人称“阳历年”和“阴历年”。

6 元旦，是世界多数国家通称的“新年”。元为“始”，旦为“日”，“元旦”即“初始之日”的意思。元旦不仅是时间的指定，更有其美好的寓意。元旦象征着新年的第一天，意味着一切重新开始，人们可以抛弃过去的烦恼和困扰，以崭新的心态面对未来，迎接崭新的机遇和挑战。元旦象征着希望和憧憬。新年第一天是希望之光的闪耀时刻，人们在这一天满怀希望地制订着新的目标和计划，无论是个人梦想还是社会发展，元旦都为我们提供了一个未来发展的机会。所以元创教育借元旦的“元”，就是要我们善于励志，在谋事创业时，立始、立新、立志，有继往开来的创新意识，敢有铸造里程碑的精神气度，更要有存量基础上的增量发展，在新的时段开拓新的天地，创造新的辉煌。

元帅之强韧——以元帅的“元”，做大做强的坚韧意志，追寻攻坚克难、直到胜利

7 元帅，是世界一些国家的最高军衔，始于16世纪的法国军队。元帅还是一些国家的荣誉称号。1955年2月8日，中国第一届全国人民代表大会常务委员会第六次会议通过《中国人民解放军军官服役条例》，决定中国人民解放军实行军衔制。1955年9月27日，由国家主席毛泽东主持的授元帅军衔和勋章的典礼在北京中南海怀仁堂举行，授予朱德、彭德怀、林彪、刘伯承、贺龙、陈毅、罗荣桓、徐向前、聂荣

臻、叶剑英以中华人民共和国元帅军衔。元帅都是功勋卓著者，帅是俊俏帅气、能力突出、领统奇才之人。元创教育的元帅之元，就是强调谋事决策要有久久为功的打算和努力，攻坚克难，艰苦奋斗，坚韧不拔，才能做强做大，同时，要争取功勋卓著，工作事业有实绩实效，有显示度、厚实感，像功勋章那样熠熠生辉。

元气之根本——以元气的“元”，求本溯源的初心使命，追寻规律、格物致知

元创溯源

元气，中国古代的哲学概念

元气指产生和构成天地万物的原始物质。元气学说以元气作为构成世界的基本物质，以元气的运动变化来解释宇宙万物的生成、发展、变化、消亡等现象。元气学说在对天地万物的生成和各种自然现象作唯物主义解释的同时，还对人类生命的起源以及有关生理现象提出了朴素的见解，即“元气论”。元气论对中医学理论体系的形成和发展，产生了极大的促进作用。自上古产生元气论思想之后，历经汉、唐、宋、元、明、清各代而长久不衰；而且经历代思想家对元气论不断发挥引申，使得元气论思想内容不断丰富，日趋严密。从延伸解释看，一个人的一生，在其诞生伊始，其元气量是最为强大的，也是最足的。而随着形体的不断发展，元气，一方面供应着身体生长的需要，同时，不断的人体活动也是耗散元气的途径，而到了最后生命将终之时，人体内的元气终于耗尽，身死如灯灭。在呼吸之中，只有呼气没有吸气，所以说人活一口气。

8 元创教育的元气之元，就是要回到教育的本源上去思考问题，回归到教育的本质和规律上去做事成事，创业立业，始终将人的成长规律与教育发展规律实行有机统一。

创先行“五创”步骤：行动需要起跳板

9 创先行，“创”是首创、开创，重在创见性假设、创构性知识、创意性方案、创造

性实施、创立性成果，通过元思考生成创先行实践行动。行动步骤的具体流程链如下。

创见性假设——问题导向、主动设问

10 创先行的第一步就是要会创见性假设。假设是解决问题的前提。假设就是根据已有的材料与经验，对事物产生原因及其发展变化的规律所作的推测。

科学研究往往从提出假设开始。假设可以丰富话语，可以拓展思路，可以增强说服力。所以，胡适提出了“大胆假设、小心求证”的深度认识的战略方法论，是非常有见地的。

突出问题导向的主动假设。坚持将解决问题作为一切事情的出发点和归宿点，针对问题导向要提出各种假设。假设最见才华和创意，要通过多种假设将能考虑到的问题全部考虑到，假设越多创新也可能越多，解决问题的可能性就越大，可行性就越强。

创构性知识——知识建构、提出命题

11 围绕要解决的问题，进行分析辨析，其中最重要的就是知识的结构化，通过结构化形成对问题的整体认识、深度认知和高度认可。这就要对问题进行剖析，就需要大量的知识积累、认知，要通过各种形式、各种方法，加强知识收集、分析、筛选、建构。

文献梳理是很重要的知识建构，围绕问题的现象、原因、本质和解决方法等进行分析思考，通过各种文献进行调研，进一步建构解决问题的知识结构，形成大量的素材、论点、数据，不断提高各种认知，从中建立自己解决问题的思路和方法。

创意性方案——制定方案、开出良方

12 在知识建构之后，要着手制订方案，做好项目化的文本实施方案，提出解决问题的项目思路、建设内容、教学行动、推进策略、预期成果、保障措施和创新之处等。

方案是成事的最重要步骤之一。从理论的思考、支撑到实践的思路、措施，都要靠方案完成。方案最重要的是创意，要能创造性地解决问题，做到人无我有、人有我优、人优我强、人强我新，始终保持方案的高度创意和高级感。要加强方案的实践操作性，在看得见、摸得着上下功夫，做到发展方向见大势、问题分析见本质、思路清

晰见条理、路径明确见方式、系列举措见真招、评价反思见实效。

创造性实施——实践行动、项目引领

13 好的方案必须要有好的行动。如何通过项目，开展系统化实施呢？要讲究实施方法，产生创造性行动。

行动重在方式方法。方式决定方向，方法决定效率，方式方法决定效果。

创立性成果——构建范式、辐射推广

14 坚持成果意识、作品意识、代表作意识，通过理论与实践的互动和工程的实施，经过长期的不断的实践建构与理论提炼，形成自己有代表性的理论成果、实践成果、育人成果、学术成果、生态成果等。

15 元思考重在思考升华，创先行重在行走领先，关键在于以思导行、以行提思，心之所向，素履以往。

以元思创行立人立事立学

16 俗话说："三思而后行。"思与行一直是人们解决问题的方法论。思，是对世界、对生活、对自我认知的深入探索，是行的先导，没有深入的思考，行动就可能盲目和无效；行，是思考后的实践行动，是对思考的验证和深化，只有通过实践，才能真正理解思考的深度和广度，也才能发现思考中的不足和错误。深度思考需要元思考，开创行动需要创先行。元思考需要支架，思路有架；创先行需要步骤，步伐有序。二者互为驱动，相互促进，使得我们在思考和行动中更讲科学、更有实效、更能提高效率，不断提升自我，实现自我超越。

1.2

元创教育：架起理论与实践的桥梁

“教育是实践的学问，教育是理论的足迹。元创教育是元思考与创先行结合的教育之道。长期以来，教育理论与实践脱节，理论头头是道，课堂仍是原貌。元创教育架起理论与实践的桥梁，建构起“一二三四五”的结构模型：旨在思行合一，遵行理论实践化、实践理论化，以人立事、以事立人、人事立学，通过学科建造、情境营造、学习创造、教研锻造，探索理念境界提升、文化育人布设、名师团队成长、课程课堂发展、项目流程再造的元思创行。”

马道成功

理论与实践是人的两条腿，左右协调才能迈步向前。

章序　理实结合，取得成功的基石

1　理论和实践是互相联系、互相制约的辩证关系。实践依赖于理论提供的思想，理论依赖于实践为其提供事实上的依据。理论和实践的结合才会迸发出生命力，是创新发展进步的源泉。二者紧密结合在一起，共同深化人类的知识体系，从而使社会的发展得到进一步的推动。元创教育是首提的教育新命题，是师生参与、理实创见、动态生成的过程，充分体现了学校师生发展的方法论与工程学，其“一二三四五”的理论模型就是实践架构的动态生成和行动诠释。

元创教育“一二三四五”理论模型

一个核心：在思行合一中自我成全——元创教育的根本原则

2 “一”是一个核心，坚持思行合一。我思即我得、思高方行远，为此元思考基于“元”的本义和引申义提出精致思考“五元”的观照。

阅读“现象学教育学”开创者之一马克斯·范梅南的著作《教学机智——教育智慧的意蕴》，深为欣慰且有所领悟。“教育学就是迷恋他人成长的学问”似乎引起了我们对学校和师生发展的痴迷，“教育学在根本上是一门实践的学问”“教育生活是一个不断地进行阐述性思考和行动的实践”。元创教育是元思考与创先行相融合的教育生活，重在“思考”上的“元思考”，“行动”上的“创先行”。

3 思行合一，其“思”有思考、元思考之分。一方面，思考是前提。人与人的差距在于八小时之外，更在于是否一直以思考的状态做事。常言道：“不怕做不到就怕想不到。”那么，如何做一个善于思考的教师呢？

（1）有思考的自觉意识，遇事特别是面对困难、问题、矛盾时，开动脑筋，多想多思。始终让眼前的难题在脑中解决。

（2）抓思考的时间、空间，一切闲暇零碎的时空都成为思考的天地，做到有空即思考，集零为整，持之以恒。这也是我们将要思考的问题：如何扩大人意识空间的有效内容？

（3）将思考进行到底，聚焦某个问题的思考、追问，没有满意的结果决不罢休。

（4）常想想你的“想”，以元思考强化自我反思，达到一定的水平。

4 按照元思考元次之未知、元首之总揽、元旦之新始、元帅之强韧、元气之根本的“五元”要义，将思维可视化，增强思考的科学性、有效性，做到：勇于探索未知世界，寻找各种创新的视角；长于全局思考，从国家要求、基层实际、地域情况三个维度，不停地把各种问题联系起来、考虑各方要素，注重系统思考、看全问题的顶层设计；要有阶段新姿，敢于自我否定，以“而今迈步从头越”的气度，不故步自封、囿于成绩，从零、从新、从我开始，追求日日新的自我超越；立丁攻坚克难，人生不如意者十之八九，正确认识、直面、迎接、战胜各种矛盾和困难，锤炼发愤图强、坚韧不拔的意志；永葆事业初心，不为世俗功利所动，保持教育尊严，回归教育的初心使命，坚守教育信仰，探索教育规律，开辟教育事业。“思考 + 元思考 = 元思”，元思即精深的思维，这是成事创业立人为学的关键。

5 歌德说“经验是永久的老师”，强调人行动的重要性。经历就是能力。有了“元思考”更要“创先行”。“创先行”是“行——先行——创先行”的不断升华。“行”是基础，是思正即行、身体力行。美国散文家爱默生说“思考是行为的种子”。没有行为，思考的“种子”也就失去了土壤。播下一个行为，收获一种习惯；播下一种习惯，收获一种性格；播下一种性格，收获一种命运。行是命运的起点，是最难形成的习惯。“怎么行”更是影响并决定着人的一生成就。有这样一种现象，谈到工作时，意义原则、目标思路、重点保障等，条分缕析，话语一一到位，铿锵有力，但讲到怎么做、依靠什么做、怎么确保做成功、如何自我完善提升等实操性方法时，往往捉襟见肘，内容相对薄弱，这就要求我们日常行文谋事更要在“怎么做”“怎么行”上做足文章、下苦功夫。“先行”是关键，是抢抓机遇，争走前列。

元创教育提出从思到行的创见性假设、创构性知识、创意性方案、创造性实施、创立性成果的“五创”步骤链，注重“五突出”：突出问题导向、主动设问，着力解决历史、新生的问题矛盾；突出知识建构、提出命题，吸取全校师生智慧，找准关键、搜集知识、反复研讨、看准问题；突出制订方案、开出良方，制订务实有效的实施方案；突出实践行动、工程引领，以工程项目的形式组织实施；突出形成范式、辐射推广，在实践中不断总结，提出可借鉴、可推广、可复制的具有普适价值的经验模式。“创先行”是境界，是创新发展，开创未来。“创”是首创、开创、创新、创造，要以先行者的气度，在“创”字上捷足先登，把问题变成课题，把职业做成专业，才能先行天下，做创业的王者。创先行的标准就是：攻坚克难、技高一筹；成为样板、引领一方；领跑探路、先人一步。

元创教育探索教师发展的工程路径，以“五创”步骤链、组合拳，形成“设问—研讨—求解—行动—结果”的工具驱动，开辟教育率先发展的先路，开创一域、一校、一人教育事业的先河，建立自己的教育江山。

6 取舍要思考，更要元思考；行动要亲为，更要创先行。元思考重在思考科学，创先行重在先行领跑。思行合一旨在深思中行、行中深思，这是人成就事业、成就自我的关键所在。

“双化”思路：理论实践化　实践理论化——元创教育的思路导向

7　“二”是“双化”建构，遵行理论实践化与实践理论化的“双化”建构。相对而言，中小学幼儿园教师实践强于理论，而其他相关科研人员理论强于实践。因此，要以理论强者强实践、实践强者强理论的方法，推进科研院所与基础教育学校的互动互通互补互进。

教育是实践的学问，理论是实践的指南。王阳明说：“夫学、问、思、辨、行，皆所以为学，未有学而不行者也。”不管是学习、询问、思考、分辨、行动，都是为了学习某件事，而光学不做是不可能掌握一件事的。教育作为“人”的事业，更要强化理论与实践的结合，双向建构、交合互动。因此，理论实践化、实践理论化就成为教育人成长的重要导向。

8　现实教育视界中，我们往往或多或少地见到理论与实践不匹配的现象：

基础教育面广量大，是实践面最广且教育专家最多的领域，而广大教师教学任务繁重、育人事务复杂，往往疏于理论素养的提升。面对时代发展和孩子成长的需要，新时代教师在教学实践中的理性思考、理论武装显然十分重要，这也是一线教师专业素养提升亟待突破的瓶颈。

高等师范教育直接影响师源建设，影响中国式教育现代化的未来。师范教育普遍有理论少实践，与基础教育联系不多、关系不紧、合作不够，对基础教育特别是新课程教学改革等研究不深。

在教育创新、理念引领上，往往言必提及国际教育名家，教育话语的推介、引用的声音较多，立足中国大地办教育的本土研究不够，缺少中国式的教育创新概念，对世界教育起引领作用的创新创造远远不够。

9　开创教育理论与实践的双向建构。理论中的实践、实践中的理论，一直是教育人应当遵行的一个思路。理论强者要强实践，实践强者要强理论，这是元创教育遵行理论与实践的“双化”互动、双向建构的主攻方向。哲学家汉斯·赖辛巴赫指出，一是唯理论，一是经验论，两大浪潮的汇合，即数理工具和实验工具的并举，演绎法和归纳法的兼备，才构成了“科学”的成熟形态和清晰边界。他强调了知识的可靠性需要经验加逻辑来保证。汉斯·赖辛巴赫给了我们深刻的启迪。最为明显的做法就是，高等师范教育要注重将教育理论转化成实践样态，建立相应的实验学校、教师团队和代表作品。基础教育则要加强对教育实践和教育现象的观察、概括和归纳，特别要注重对重要认知的分析和现象以外现象的挖掘，不断提升对教育本质、教育规律的把握和发现能力。

10 重在从“实践是理论的起点”去发力。阿基米德靠一盆洗澡水发现浮力原理，牛顿靠一个枝头掉下的苹果构想重力学说……这些都说明了实践是理论的起点，思考就是理论的原点。毛泽东的《实践论》成为唤醒一个时代的号角。基础教育实践课程的加强也是为了培养学生的实践创新能力。因此，要大力从实践起点普遍提升基础教育教师的理论素养。

首先，练就思考意识。爱因斯坦说：“学习知识要善于思考、思考、再思考，我就是靠这个方法成为科学家的。”教师要自觉养成触景、触事、触情生思的主动意识。

其次，注重天天学习。只有天天学习，才能好好向上。理论到实践之间的环节是方针政策。教师要通过读文件拓宽视野、开阔心胸和眼界。读书特别要跨界读书，学会借鉴、迁移和融通，并带领学生共读一本书，以读书交流深化师生相长。在教学主张和教学思想建构上，教师要注重读书中之书，即追读本书中所提及的其他书籍，从而引导自己的教育思维向深处、高处发展。

再次，善于知识建构。知识建构直接影响教师的眼光、能力、素质的形成。教师要不断借助手机备忘录的便捷优势，加强与教学联结的知识的积累、生成、建构，与学校学科建设、教师个人学科背景厚植有机结合。同时，注重写作，从每天记一两句教育随想做起，天天动笔、久久为功，逐步推出自己的代表作。

最后，得法使思维深刻。万事方法为王。要增加理性的深度，善于基于由教重育、由果溯因、由表及里、由点到面、由知见识的视角，增加课堂教学的深度；善于沿着发现问题、分析问题、回答问题、解决问题、延伸问题的路径，强化问题导向思维；善于按照事理、常理、学理、哲理、真理的阶梯，增强理论高阶思维，做到理事之中重理性、真实之中求真理。

11 学高为师的高师在于实践示范。推进师范院校与地方中小学幼儿园合作，为基础教育提供服务、指导和帮助。在引领上，承担地方委托的重大规划、重要计划、重点项目等的研制工作；在服务上，帮助学校开展教师培训，开展项目指导，促进教师素质能力的升阶；在合作上，与中小学互派教师，共同组织科研课题等；在培养上，加强与地方和学校的协同，在中小学建立教育硕士培育站，开展驻校式培养，不断提高师范生源质量，共同做好师范学生的实习工作；在示范上，建立师范院校与地方、学校挂钩联系制度，教师要将自己或教育家先进的教育思想、教学理念在学校落地生根、开花结果，结合自己的思与行，形成样本，引领实践、辐射示范，这是未来教师之师应有的品格与气度。

12 以项目实施实现理论与实践的提升。项目驱动发展。当今社会，一切都是项目，一切也将成为项目。大到国家、小到个人，项目是发展之道。从国家到学校、从研究到建设、从组织到个人、从自主发展到参加赛事，都有一系列项目的存在。十多年来，江苏省在基础教育、职业教育、高等教育和师范教育等领域，推出一系列项目，如省中小学课程基地建设、基础教育前瞻性教学改革实验、青少年品格提升工程、幼儿园课程游戏化、“四有”好老师团队建设、职教教师教学创新团队建设、高层次人才建设工程等等。经历就是能力，梳理才有条理，研究总能创新。教育人要学会开发项目、争取项目、参与项目、做成项目，通过项目加强提炼、专家指点、自我提升、不断创新，以理念引领实践，以样本诠释理论，在思行合一中，以人立事、以事立人、人事立学。

三立目标：以人立事　以事立人　人事立学——元创教育的目标追求

13 “三”是三立取向，以人立事、以事立人、人事立学。要诞生领袖型人物，更要在立人上早下功夫、下长功夫、狠下功夫。

教育是育人的事业。元创教育着力探索学校和教师发展的方法论、工程学和生活美学，在于追求“以人立事、以事立人、人事立学”的乐业、创业、立业目标，实现师表呈献、事业奉献、学术贡献。

14 以人立事是前提条件。人生百年做事起，建功立业干中成。以人立事，突出人的做事、成事、立事能力，强调从入职开始就要有干事创业的远大志向，一生努力、事在人为，主要包括想做事、即行事、会做事、干大事、成好事、不出事等方面。

有想做事的意识。不想做事是平庸者的习性、惰性和表现，更是无所作为的根源。任何人，校长也好、教师也好，不论是长期在一所学校，还是有轮岗、调动等交流，都要力戒雁过无声、船过无痕的想法，要从即行做起、从小事做起、从自己做起，日日有新，不断新为。

有即行事的举动。不怕想不到就怕做不到。要彻底突破常有要做事的冲动、常无即做事的行动的懒散习惯，坚持不断由多巴胺向内啡呔的转变，在即行即为上下功夫。元创教育实践体系首先是思行合一，旨在突出以快行、速行、即行，想事、做事、成事，不停地成事才能立竿见影，建立大业。

有会做事的本领。成事能力决定生命空间。历史上德不配位、才不配位的事例比比皆是。要解放思想、强化思维，天天学习、创新方法，善成共识、集聚力量，追求科学、持续完善，不断在提高解决问题能力和实际工作本领上见成效。

有成好事的自省。好事难在做成好事，坏事难在变成好事。坚持居安思危，一直以严谨的态度、反思的状态、科研的支撑谋事、做事、立事，依靠专精精神、专家团队、专业水准，遵行规律、科学成事，经得起时间的检验和历史的考验。

有干大事的气度。成大事立大业。为人一业，职场一生。校长也好教师也好，在一职一任中，要做一两件民心上靠得住、历史上站得住的大事，这就要与时俱进、敢于担当，回归教育初心，做别人不愿做的事情，做别人不敢做的事情，做别人做不到的事情，做别人没想到的事情，聚焦问题导向，提出问题清单，逐一解决，对昨天有提升，对当下有推动，对未来有影响，对历史有交待，这就是每个教育人应有的高站位。

15 以事立人是根本要求。万物由人、成事靠人。教育是以人“放大”人的事业。以人立事旨在以事炼人，以人的成长去成就更大的事业。

首先，营造做事养人的文化。教师是决定教育的关键因素。“以事立人”就是要在学校营造“做事即机会、做事即发展、做事即获得、做事即奉献、做事即未来”的共同理念和文化，争着做事，以事促人，干事创业。

其次，聚焦以志励人的动因。优秀者都是自觉向上的。为人为师，怀揣初心，每位教师要将家国需求、学校目标和个人发展有机地结合，形成各自的努力方向，美美与共、和而不同，服务育人、服务教学、服务学校。

再次，坚持攻坚铸人的创新。军人靠战场，教师靠课堂。破解教与学的一线问题是学校高质量发展的核心目标，是教师进步的高效台阶。以咬定青山的目标不变，不断创新攻坚克难、破解问题的成事方法，坚持不懈，自成风格、自塑风华。

第四，铸就团队树人的力量。一个好汉三个帮。团队是集体攻关、成就事业的“尖刀”，团队是学校发展的“大国重器”。从名师工作室到各类教师团队，到联盟学校组织，到学校的教科研部门等，要优化团队组织结构，提高团队组织能力，扩大团队事业影响，使团队成为解决问题的“一把刀”，形成军团力量。

第五，着力素质完人的修炼。教师是自我升华的职业，是一辈子完人的进阶。在教学中学习、在学习中教学，通过教育家精神引领，教育信仰武装，实践凝练理论、理论丰富实践，在理实一体中提升综合素质、一生教书育人，做新时代中国“四有”好校长、“四有”好老师。

16　人事立学是价值追求。人事交互需要学问相随、学术引领。中国自古就有“立德、立功、立言”的人生三不朽。思之大、人之大、事之大，如无“学”所载，也难有“史”所记。孔子若没有弟子编成《论语》，恐怕不一定成得了孔圣人。把理想写出来、把思想炼出来、把学问做出来，挖掘现象后的现象、找出事情中的规律，这是职场做人做事做学问的应有追求。

17　“强富美高”不仅是习近平总书记对江苏的要求，也可以说是我们做人做事的目标追求和实践指南。“强富美高”的教师体现为“强在能力创新，富在精神完满，美在言传身教，高在学术建树”。通过人做成事，通过事成就人，通过人事融合以成学，元创教育的“三立目标”正是教师弘扬教育家精神的全新实践。

四大行动：学科建造（课程基地）情境营造（物型课程）学习创造（身体学习）教研锻造（网格教研）——元创教育的创行路径

18　“四”是四大行动，即课程基地、物型课程、身体学习、网格教研等（见图1.2）。创行路径也是教育四要素的多维表达。课程基地专注于学科建造，表现为学习媒

一个思想就是一方事业的领空

课程基地	物型课程	身体学习	网格教研
指向——创设新型学习环境，以在场学习增强实践认知和学习能力。 内容： 创设具有鲜明特色的教学环境，突出核心教学内容的模型建构，建设促进自主学习的互动平台，开发丰富而有特色的课程资源，构建教师专业成长的发展中心，形成学生实践创新的发展路径。	指向——为学而创的学校物道文化；以人化物，以物化人，物我合一。 内容： 地表文化，追求天人合一的自然境界；空间文化，构建知行合一的识见维度；学科文化，创生手脑合一的智慧教学；格物文化，提升物我合一的精神品质。	指向——以身体构建学习世界的图式；向身体学习，从身体学习，用身体学习，为身体学习。 内容： “一二三四”—— 身， 身心， 身家国， 天地人神。	指向——创新学校科研组织架构，以学校网格化的研究组织，促进全体教师人人立足科研位置，个个能出个人品牌。 内容： 学校建设学科研究所、专题研究所、技术研究所……研究所群，所下建立相关研究室，室下可建相关小组。

图 1.2

介的建设，以学科建设创新教学；物型课程专注于情境营造，表现为学习氛围的优化，以物境建构创新教育；身体学习专注于学习创造，表现为学习主体的发展，以身心为本创新育人；网格教研专注于教研锻造，表现为学习引领的研究，以校本研究创新质量。

19 课程基地——创新内涵发展省域整体转型的学科育人。2011 年江苏省启动普通高中课程基地建设，以创设新型学习环境为特征，以改进课程内容实施方式为重点，以增强实践认知和学习能力为主线，以提高综合素质为目标，通过师生做中学、学中做的方式，巩固、演示、验证、探究和拓展教学内容，促进学生在自主、合作、探究中提高学习能力、实践能力、创新能力，发掘学生的潜能特长。课程基地从创设具有鲜明特色的教学环境、突出核心教学内容的模型建构、建设促进自主学习的互动平台、开发丰富而有特色的课程资源、构建教师专业成长的发展中心、形成学生实践创新的有效路径等六个方面创新高中内涵建设。

课程基地创建了可重组、能选择的智能化学习空间，催生了多样化学习方式；凝聚出全省整体转型方略，创新了工具驱动的教育改革思路；构建成多元共进协同机制，形成省市县校上下联动，行政科研实践多方协同、整体运行的合力；开辟环境变革倒逼课改的技术路径，提供了运用工程思维整体推进课程教学变革的省域样本。

课程基地建设产生了前所未有的裂变效应：建成的学习工场，以学科文化创新了基础教育的质态结构；拓展了课程资源，形成了丰富立体的课程体系；以环境变革行为，促进了教学方式与育人模式的转变；通过“课程细分 + 基地呈现”，突破了高中多样特色的发展瓶颈；搭建了教师专业发展的新平台，显示了教师专业成长的杠杆力量；注重“做中学习”，构建了学生实践创新的新途径。

课程基地改革成果辐射江苏省所有学段和全国十多个省市，并获第二届全国基础教育教学成果一等奖、第五届全国教育改革创新特别奖。至 2023 年，江苏省已建高中课程基地 504 个，延伸至义务教育阶段学校，全省中小学课程基地共 1514 个。课程基地成为开创基础教育学科建设的发端。

20 物型课程——建构校园万物育人的学习生态空间。物型课程是指以儿童综合素质的发展为目标，以知识和价值的物化形态为载体，以人与物的互动为形式的学校课程，是源于优秀传统文化而创新的校园物态情境和教育表达。重点建设四方面内容：

（1）地表文化，追求天人合一的自然情境。包含内容：学校地面布局设计要有原生态的山水气象，植被配置中每株植物都要植入知识源，文化小品要彰显深刻内涵和文化经典，等等。

（2）空间文化，构建知行合一的识见维度。在建筑造型上，要释放最富有教育气息的元素；在廊道建设上，要营造与教室不同的张弛节奏；在室内革新上，要有学生喜闻乐见的学科情境；在楼顶利用上，形成空中回响的独特风景。

（3）学科文化，开发“手脑合一”的智慧学习。以课程基地挖掘学科文化的内涵价值，营造学科文化环境，提高学科的专业化装备水平，形成体现学科之美的教学生态。各学科美美与共，各师生各美其美。

（4）格物文化，激发物我合一的精神品质。以敬物坚定信仰、佩物提振精神、使物提升品质、集物显示特色、创物生发创造、感物拓宽情怀等，实现以物化人、以人化物、人物合一。物型课程得到《人民教育》以“化万物以育人”重点推介，江苏省已有数百所学校共鸣实施。

21 身体学习——打开教育回归身心本体的全人发展图式。身体学习根源于身体哲学。以身体哲学观照学习，围绕“向身体学习、从身体学习、用身体学习、为身体学习”的理念，从“身”出发改变学习，寻求生命的无限可能性。

身体学习着力建构教育的大生命格局。内容为“一二三四”：一个字“身”——生物之身，不亏其体、不辱之身，重在体格，强调生命教育；两个字“身心”——身心之身，无心无身，无身无心，重在性格，强调心理健康教育；三个字“身家国”——家国之身，家似小国，国如大家，重在品格，强调爱国主义教育；四个字“天地人神”——天地之身，人身虽小、暗合天地，重在人格，强调人类命运共同体教育，全球思考就是“神”，尊重规律就是“神”。

身体学习探索身心本体的根本性问题。以身体原本自然性，强化个体差异的教书育人；身体生成完整性，强化从“心”开始的方法探索；身体主体境域性，强化实践体验的在场思维；身体情境创造性，强化潜能激发的关键际遇；身体世界一体性，强化万物互联的全球视野。

身体学习打开立德树人的创新图式。基于身体之初的品格养成，从器入手，道器合一，以器得道；基于身体之心的智慧学习，从身入手，身心合一，以心导学；基于身体之场的劳心劳力，从场入手，场思合一，以劳促思。基于身体之创的体美创造：

从身入手，体美合一，以美升华。身体学习让每个生命从身用心写出自己的身体美学、学习美学、生活美学、生命美学，诠释哲学的理性、诗意的浪漫、科学的严肃、教育的美好。

22 网格教研——开创教学质量核心保障的校本全员教研。网格教研是指学校通过各类专题内容的网格化教研组织建设和人员兼职配置，形成问题在“格”、人员在“格”的教师全员研究的校本教研生态。教育靠教师、教师靠教学、教学靠教研、教研靠教法。在教育部提出的“进一步完善国家、省、市、县、校五级教研工作体系”中，最关键却又最薄弱的就是校本教研。网格教研正是加强校本教研的重大突破。

首先，网研定“格”。通过专业细分，将学校教研组改设为相应研究所，所内设室、室内设组、组内设员，形成“所—室—组—员”的网格化教研格局。

其次，全员入“格”。围绕学生学习、教师教学、专业发展、学科建设、破解难题等针对性地设置教研“格位”，确定内容，通过人员互选，将所有教师匹配到相应的网格中，成为基于某个问题专题研究的教研人员。

再次，活动出“格”。通过教学问题会诊、评先晋升参照、学校经费安排等支持教研所和教师的网格教研活动，教师有了成果，要出“格”呈现，在同行中交流研讨完善提升。

最后，自成一“格”。错位发展，激励教师铸造个人品牌；沉底研究，促进一线问题有效解决；三五同好，优化教育生活美丽生态，形成人人教研、事事教研、处处教研、时时教研的校本教研及分享的主体格局，最终形成每位教师都有专门教研对象、专业教研深度、专长教研领域的局面，并自成一格。

23 一个新思想创行一方事业领空。课程基地、物型课程、身体学习、网格教研，能够以原创行动开辟教育山河，形成教育创新发展的根基和燎原之势，很重要的原因是符合了教育规律的需要，也是对江苏省基础教育十多年来内涵实践的总结、提炼、阐发，是以实践创行去生动标识教育的原创力量。

五项愿景：理念创新　方法创新　模式创新　成果创新　生态创新——元创教育的实践成效

24 “五”是五项愿景，即做到：理念创新、方法创新、模式创新、成果创新、生态创新。最终实现理念境界的提升、文化育人的布设、名师团队的成长、课程课堂的发展、项目流程的再造的大突破，促进学校高质量跨越式发展。

理想照进现实的行动价值。元创教育追求新时代为学、为事、为人的教育工程学。理念境界的提升、文化育人的布设、名师团队的成长、课程课堂的发展、项目流程的再造等，既是元创教育的旨归所在，也是教育管理的经验凝练，更是学校和教师的急切期待和不懈追求，能够有效促进学校的高质量发展。

25 实现理念境界的提升。学校是个体命运和集体命运的伟大交响。元创教育本身就整体体现了“学校是塑人圣地”的理念创新和境界升华。着力以“元”精“思”，借助探索数学方程的元次之未知、元首之总揽、元旦之新始、元帅之强韧、元气之根本的“五元”，形成敢探未知的精神境界、总揽全局的高格思维、寻求增量的清零意识、发愤图强的韧劲品质、回归本来的初心使命的“敢高新强本”的思维标格和精神图谱。重在以“创”实“行”，借助创见性假设、创构性知识、创意性方案、创造性行动、创立性成果的“五创”，做事业的先行者。以立思立行、思行合一的创新实践高度，呈现教育的精神高地和生命品质，构建教育者的精神符号，形成“教育信仰 + 学科金句 + 师生故事”的学校新质态。

26 开创文化育人的布设。教育是以人育人的事业，是教师作为文化人用文化培养文化人的过程。美丽中国建设、经典文化传承、学校美育加强以及激发学生学习之美等，都需要加强学校文化育人的情境创设。元创教育追求建设新时代的教育实践美学。物质环境蕴藏着丰富的精神世界，一大批物型课程试点学校，以“物”的文化塑型及课程意象建立有教育意义、课程价值、知识含量的美丽校园，使学校成为由一个个与课本相应的课程景观组成的教育旅游圣地，形成了一物一个知识源、化万物以育人的课程物道之美。课程基地开创了基础教育学科建设的先路，围绕学生学科学习，开发和呈现学科的文化内涵，填补了学科文化的空白，诠释了学科学习之美。身体学习构建“身本文化”，从而挖掘教育的本质就是绽放人的生命之美，开创新时代教育的文化创新。

27 助推名师团队的成长。元创教育的重要任务之一就是探索教师发展的规律，架起促进教师成长的“脚手架”。教师皆可成名师，主要取决于自我向上、方法得当、高人指向、机会不放、坚持有望等。元创教育提出了名师成长的系列路径。如网格教研，为学校创新教研、为教师人人教研开辟了校本教研之路，增强了教师教研的位置感和成就感。团队是一个教师、一群教师成长的重要杠杆。如基础教育“四有”好老师团队建设、职教教学创新团队建设、高校黄大年团队建设等，都以事实充分展现了团队在教师发展中的杠杆力量。

28　创新课程课堂的发展。课程是立德树人的主要载体，课堂是教书育人的主要阵地。元创教育载体之一的课程基地建设的重要任务之一就是建设丰富的课程资源，物型课程更是将学校看成一本打开的书，使知识像空气一样弥漫于校园，实现处处可学、时时可学、事事可学的教育氛围。课堂是每个教师的立身之本、主要战场，要以各美其美的美感课堂为追求，在美感课堂的教学目标精准美、教学内容学科美、教学过程节奏美、教学环境意境美、教学机智方法美、教学语言激荡美、教学技术交互美、教学板书艺术美、教学关系融和美、教学评价励志美上不断探索，不断提升，不断精进。

29　完善项目流程的再造。项目是推动事业发展的法宝。实践表明，无论是“创意论坛、创高技能、创业新技术、创业实践、创优素质”的江苏职业教育“五创”发展模式，还是由“高中课程基地、初中提升工程、小学特色文化建设、幼儿园课程游戏化建设、特殊教育发展工程”和“前瞻性教学改革项目、中小学品格提升工程”构成的江苏基础教育“5+2”内涵发展模式，还是“苏教名家工程、‘四有’好老师团队建设、领航教师校长培训、名师工作室主持人培训、江苏教师年度人物评选”等教师发展的“五朵金花”，都以项目化的方式，将理念目标、实施路径、视导督查、理实一体、成事立人有机地融为一体，有效地激发了学校和教师的积极性、主动性、创造性，推动了事业创新发展、快速发展，实现了以事立人、以人立事的双向互动。可以说，项目驱动及流程再造是为学为事为人的关键环节之一。学校通过设置内涵建设项目，以流程设计和再造的精进，促进教师专业的提升。

理实互映，产生事业推动的强大力量

30　思想创新往往能够在一个新的领域里激发出超常的能量。元创教育紧紧扣住思行合一的价值表达，形成“一二三四五”的理论模型，成为干事创业的操作指南，这是践行习近平总书记对教师“做学生为学、为事、为人的大先生”要求的实践体系。通过元创教育，促进学校从人才观、成才观、教育观、教学观、教师观、学生观、课程观、教材观、学习观、学业观、课堂观、课外观、管理观、效率观等方面进行全面系统深入的厘清、建构，必将在学校高质量发展上有更大的作为，在教师队伍建设上有更新提升。这正是学校发展的根本所在，是推动教育产业发展的伟大的内生力量。

02 第二部分

能说会道：职业目标的四个台阶

“人生，总要去实现一个向往
目标是人生前行的标杆
方法思维就是成事之方
教师一言影响学生一生
没有思想的光亮就没有人生的闪亮
思想产生就是教育信仰的启航
与崇高的人一起也会使自己崇高
思想是历史拐弯处的路灯
教育就是“心”的交流
教育家是教师最崇高的身份”

人生至关重要的事是有远大的目标和达到这个目标的雄心壮志。

——歌德

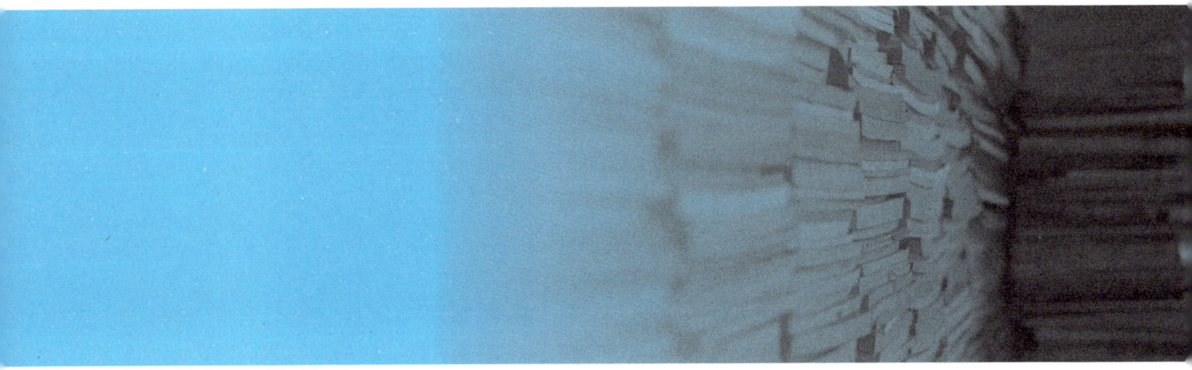

目标是人生前行的标杆。爱因斯坦说："在一个崇高的目标支持下，不停地工作，即使慢，也一定会获得成功。"教师发展的关键在于有清晰的目标路径。这就要对教师目标进行归类、"画像"。中共中央、国务院印发的《关于全面深化新时代教师队伍建设改革的意见》提出："到 2035 年……培养造就数以百万计的骨干教师、数以十万计的卓越教师、数以万计的教育家型教师。"由此形成教师发展"骨干教师、卓越教师、教育家型教师、教育家"的四个台阶式目标（见图 2.1）。本部分以"能说会道"借喻，分别诠释不同层次教师发展目标的内涵及路径方法，实现人人"有标、对标、追标"的教师发展生态。

能说会道：职业目标的四个台阶

骨干教师重能力（能力）	卓越教师要立说（学识）	教育家型教师会经营（成事）	教育家一条道走到底（执著）
以七"能"锤炼能力—— 脑瓜子能想 眼珠子能看 笔杆子能写 嘴皮子能讲 心窝子能装 腰杆子能硬 脚步子能实	以五"一"著书立说—— 崇一位大家寻思想 提一个观点立思想 做一批项目见思想 填一份表格成思想 在一方天空亮思想	以五"子"汇成范式—— 完善一个思想的点子 探索一条特色的路子 提炼一个科学的模子 播下一批共鸣的种子 扬起一面鲜亮的旗子	以五"做"立业成家—— 做定一条教育大道 做响一个教师角色 做亮一件教学大事 做长一个每天同一时间的研究 做得一群高人智慧

在一个崇高的目标支持下，不停地工作，即使慢，也一定会获得成功。——爱因斯坦

图 2.1

2.1

能：骨干教师“七能”之基

目标就是给自己的人生确定一个希望达到的场景。教师发展的首要目标就是成为一名骨干教师。骨干教师是指具备较为优异的师德修养和职业素质，拥有一定的知名度，被认为具有比较丰富教育经验的教师，是教学中的中流砥柱。唐太宗《帝范》说“取法于上，仅得为中；取法于中，故其为下”，基于起点向高的思路，笔者将新入职教师等都归入骨干教师行列，也就是说，一个教师从一入职起就要将骨干教师的要求作为自己发展目标的起点，以此加快教师一生专业发展的速度。骨干教师首先要加强职业基础能力建设。

马道成功

能力加方法会使你有更高的能力加成。

章序　能力高低决定你是否一直向前

1　人生，总要去实现一个向往。向往就得有目标。列宁说：“向大目标走去，就得从小目标开始。”从时间来看，目标有长短之分，如人生目标、长期目标、中期目标、短期目标等。教师从入职开始，成长全程轨迹大体是：新教师、合格教师、骨干教师、专业带头人、教学标兵、教学名师、首席教师、教育家型教师、教育家大先生。一个人能走到哪一步取决于他的能力。教师队伍中骨干教师最为基础、数量最多，首先要打好职业基础的关键能力。

以“七能”之力夯实职业基础

2　骨干教师“能”在基本能力建设。任何教师从站上讲台开始，就要加强基本能力建设，以“七子之能”练就一身功夫（参图 2.2）。

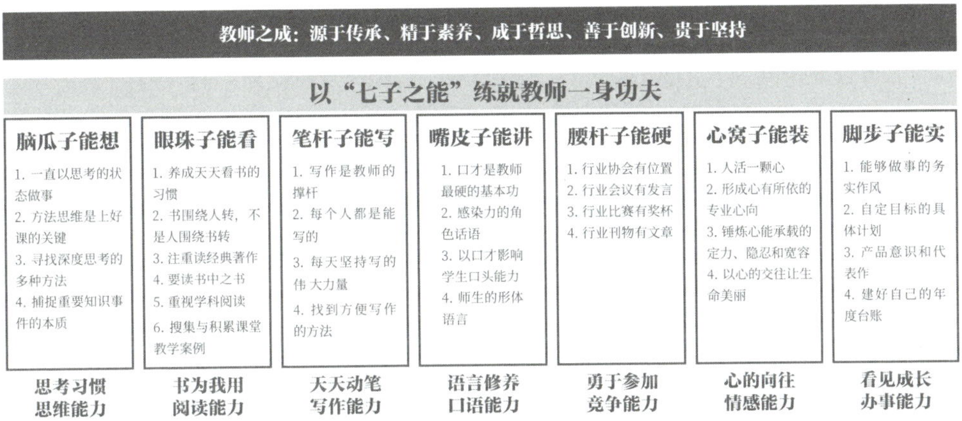

图 2.2

脑瓜子能想：基于思维能力，养成思考习惯

3　心态决定做事力度、思维决定成事程度。心态和思维是影响做人做事方式的最重要因素。脑瓜子能想，不仅是人的思维品质，也决定了人的思维能力，要善于开拓脑袋思考的空间和内容，并逐步形成每个人处处观察、时时思考、事事求效的良好习惯。

人之差距在于是否一直以思考的状态做事。有言道，人与人的差别在于八小时之外，强调了工作之余，人做什么就决定他的发展和别人的差距。其实，人与人之间的差距不仅仅在八小时之外，更为重要的还在于是不是一直以思考的状态做事。这从表现上看，一直处于思考的状态看似是个表面现象，实际上，更体现在人的做事态度、做事方法上，不仅做事，更是琢磨怎么做事，是研究型的做事状态。

元创观点

思考现象以外的现象

说到现象，我们通常的理解是来自感官的所见和所闻，比如看到日月星辰的变化是一种现象，看到大自然的花开花落也是一种现象，但是现象学里面的现象，是我们意识中呈现出来的事物。

现实生活普遍存在的是事理之外的表面现象。所有的事情都同时具有表象和本质，二者存在明显的差异。表象能够被人感知，表现为色彩、声音、形状、材质和温度等自然性质，还会在很多时候表现出社会属性。与之相对的，事物的本质是看不见、摸不着的，是事物具有的独特性质。与表象不同，本质不能被直接感知，而是要通过分析和思考才能了解。

例如，同样在听专家报告的人，表象是都一样在听着专家讲授，有的人就是在顺着专家思路听，更多是接受性学习；有的人就不断地将会堂与课堂、专家讲授内容与自己日常遇到的问题联结、比较、迁移、融会、创新，生成自己的想法、思考和办法，并随时用文字记下来，这种听报告就是生成性学习，充分体现了学习的增量效应，回到学校就可以将专家的引领迅速转化为自己的教学实践和行动；有的人看起来在听报告，其实身在曹营心在汉，思想在开小差。稍作比较，就不难看出“表象以外的力量”。因此，一直以思考的状态做事，就是分析、判断其“表象以外的力量”如何，这正是我们要生发的一个新的切入点。在课堂上，教师如何把准学生课堂现象以外的现象就显得十分重要，更是教师的一个硬能力。

4 方法思维是成事的桥梁。方法为王。教育是人的事业，而人类丰富性在于人的多样性。一把钥匙开一把锁的教育本质，现已演变成试图一把钥匙开万把锁的万能钥匙现象。教学中常遇到教师对学生提出这样的反问：“同样一个题目，在同一课堂上，我讲的一样，为什么他就懂了你却不懂？”问者言之凿凿，答者哑口无言。事实上，学生的个性是不一样的，接受教师所传递的信息的有效度也是不一样的。

元创观点

因材施教就是方法论

以语文教学为例，教师性别不同、性格不同、气质不同，教学内容不同、体裁不同、题材不同、风格不同，是婉约派还是豪放派，等等，这些不同的情况，以及学生性格、性别以及在不同时空情绪状态不一样的特点，影响了学生上课时接收教师教学信息的程度。性格外向和内向的教师在教豪放派苏轼和婉约派李清照时，外向和内向的学生接受教师信息的程度是完全不一样的：外向的教师和外向的学生在学习豪放诗词内容时的教学效果最好；内向的教师和内向的学生在学习婉约诗词内容时的教学效果也最好；而师生性格和内容风格不一致时，教学效果就会发生较大的差异。因此，因材施教，说起来很容易，但做起来很难，古往今来莫不如此。

因材施教，就是要根据每个学生的不同情况开展适合的教育。举个例子说，给每一个家长一小袋面粉，给孩子做吃的，如果遇上家长只会做面条而孩子又不喜欢吃面条的情况，最多就是不放酱油的白汤面与放点酱油的红汤面的区别。或者，再加点青菜或肉丝，做成青菜面、肉丝面或青菜肉丝面等，但这都没有改变孩子不喜欢吃面的事实。为此，针对孩子的饮食特点，必须改变理念，大胆创造，进行工艺的、技术的、流程的、主料的、辅料的、配料的等等改变和配置。这样，面粉就不仅仅可以做成面条，还可以做成馒头、发糕、油条、大饼、饺子、蛋糕等，这样，不同的孩子就都有喜欢吃的食品了。

所以说，孩子饭菜的口感是父母给的，学生知识的口感是教师给的。

从思维方法来讲，教师往往只知道在一个地方打井，缺少在不同地方打井的能力。其表现为，往往只能用同一种方法重复地讲学生不懂的同一个问题，而不能用不同的方法去讲学生不懂的同一个问题。因此，要培养每位教师的方法思维，通过不同的方法去解决问题。事实上，不同思维方法既体现了一个人的思维品质，也是一个人做事创新的能力。

寻找深度思考的多种方法。思考问题要养成深度思考的习惯。不同的人看问题深度、角度往往不同。怎么培养这个眼光、眼界、眼力？要靠平常的积累，多看书，多学习，善于从哲学的角度、历史的经验、问题的根源、现象的本质、普遍的现象进行规律性、特质性、原理性的思考。

眼珠子能看：基于阅读能力，重在书为我用

5 阅读点燃世界。教师阅读是一门大学问。教师是认知输出的职业。阅读教学是教师教学的一个极其重要的内容。不会阅读的教师很难教出会阅读的学生。人们常说，给人一杯水，自己要有一桶水。其实，阅读教学中的师生之间的知识关系，用“桶”与“杯”的量感作喻显然是不够、不全面的。阅读能力是教师能力中一项十分重要的能力。长期以来，大家都在强调教师阅读，但怎么阅读则是一门方法论。阅读不仅仅是语文意义的阅读，每门学科都有个专业阅读问题。学校和教师都要十分重视学科教学的专业阅读，培养和提高学生的学科语言表达能力。

6 读书围绕思想转。在读书方式上有书围绕人转与人围绕书转两种常见方式。这是读书人不同的读书态度、读书方式。人围绕书转，是强调了你在不停地阅读，这对教师拓宽知识面、不断增强综合素养也是很有必要的。课程改革的深入，跨学科学习、综合育人等，都要教师不断扩大知识面，善于跳出教育看教育、跳出学科看学科，这都是值得思考的。书围绕人转，体现了书为我用的目标意识和高峰建构。人围绕书转是打好知识的地基，书围绕人转就是在构筑学识见识的专业高峰。书围绕人转有利于产生思想，以及建立业务的高度、专业的高度和学术的高度。因此，教师阅读既要人围绕书转，更要书围绕人转，有了一定积累，教师阅读要从人围绕书转向书围绕人转。

书围绕人的什么转呢？就是围绕教师的教学理念、教学主张和教学思想转。所以每位教师从踏上讲台开始，就要有意识地沿着教学想法、教学主张、教学理念、教学思想、教学理论的路向，不断思考、积累、实践、完善和创新。沿着教育人生的教学思考主线，不停地建构自己的教育教学认知体系。为此，一方面要“追读”，教师要读书中之书。如，先围绕一个自己的教学思考或教学主张看书，书中往往会提及某书中的某个人物、某个观点等，以此为线索，立即把所提到的相关书买过来阅读，这样以书“追”书的“追读”，就能以自己的教学思想为主线，把所涉及、所需要的知识思想串起来、深下去，这是非常重要的一种阅读方法。另一方面要“聚读”，教师要读书外之书。从各类“散装”信息中获得资源。如微信，有些人认为微信的知识是碎片化的、不系统的。其实，你认为微信的知识是碎片化的，关键是你没有建构起自己

教学主张、教学思想的“磁铁”。你有了教学思想的磁铁，就会把一切对你有价值的知识都吸取、集聚过来，建构到你的思想上，积沙成塔，你的思想就会有高度、有深度、有宽度、有厚度、有力度、有热度，产生登泰山而小天下的感觉。由人围绕书转向书围绕人转是深度专业阅读的根本转变。

7 读书如一日三餐。人的成长发展都是靠一生的积累，学富五车、著作等身，都是一个集腋成裘的长期过程。读书也是如此。天天阅读不可断。要把读书当成一天三餐那样必不可少。时间久了，读书就会形成一种习惯，我们就会感受到那是一种生存方式、一种生活享受、一种心理依赖和一种精神追求。

元创观点

晨读如晨浴：让你更加纯粹

最好能每天在固定时间阅读。同时，将固定时间读与零零碎碎的阅读结合起来。从固定时间看，早上、晚上都可以。特别是早上，一觉醒来，宁静的早晨，读书如沐春风，的确让你神清气爽。用书把自己身心过滤了一遍，让你更加纯粹，这正是腹有诗书气自华的原由所在。同时，要把零碎时间集合起来，坐车、小憩、等待，书随人走，随时可以翻翻，可以看看。人在旅途，趣味也是少不了的，这就是旅程阅读，知识的积累就是这样一个集零为整的过程。同时阅读的对象也是多样的，书本阅读是一种专精，屏幕阅读是一种广博，没有谁优谁劣，各有所长，各取所需，各得其乐。

8 经典需要用不同方式反复读。读经典是教师专业发展的必经之路。好书可遇不可求。如果遇到一本特别好、特别适合自己的经典书籍，要经常读、反复读，读深读透。

元创之道

好书要有好读法

读破一卷书，一定能夺魄；读破万卷书，下笔如有神。阅读是最有裨益的营养。遇上一本好书，可以尝试以下读法：

读框架。要认真看一看前言等，重点要读目录，从一级纲目到二级纲目都要有一个整体了解。从整体上把握全书的框架结构。做到心中有脉络、脑中有结构，形成基本的样态。

抓重点。从前到后认真阅读，阅读时要抓住重点：重点语句，抄在书的天头地脚；重点章节，形成重点标注；重点页面，折下书角便于重温阅读；重点感悟，及时记下，有感有悟有注，实现转化迁移。

重回读。一本书读完以后，要回过头来再浏览一遍，翻一翻。反复阅读所注的重点内容，并深入地思考，与自身的教学实践、教学经验进行比对、联结、转换、迁移、融合、生成、创新等等。

再次读。过了一段时间后，再次全本阅读，可以浏览、可以详阅。

勾联读。既是一本好书，当是对自己的味口，利自己的专业。为此，要始终不停地将书的内容有意识地与自己的教学主张、教学思想勾联，融汇贯通，不断建构、升华自身的学科教学、教学主张、教学思想。

养成捕捉重要认知的意识。古人说，不动笔墨不读书。毛泽东说：“读书是学习，使用也是学习，而且是更重要的学习。”读书是为了丰富自己、提高自己，更在于使用，在使用中巩固，在使用中印证，在使用中完善，在使用中创新。要特别注意发现和抓住一些重要的认知，并与课本和生活进行有机关联，透过现象，寻找和挖掘本质性、原理性的规律性认知。另一方面，立足课堂教学需要，留心搜集各节课堂教学案例素材。如，初中道法课，3 年有 100 余节课，教师在阅读过程中，要时刻与自己的课堂教学联结，收集、加工、积累几十个甚至上百个平常课堂教学可用的生动形象的优质案例和教学资源，这必将会提高课堂教学的生动性、丰富性、精彩性、有效性和拓展性。

笔杆子能写：突破写作能力，坚持天天动笔

9　写作是教师发展的撑杆。没有写作就没有名师。一个教师不动笔墨就不会有专业的大进步。写与不写是大不一样的：写，是对教学实践进行思考，走向名师之路；不写，就是一个普通的教书匠。教师专业发展必须下决心在写作上下功夫，写作能力可以说是每个教师不断进步的一个必须跨越的重要台阶。

没有炼狱般的奋斗就没有天堂般的成果。写作是苦，苦在想得苦。唐代诗人贾岛《题诗后》“两句三年得，一吟双泪流”，卢延让《苦吟》“吟安一个字，捻断数茎须”，都成为绞尽脑汁、殚思极虑写作之苦的绝妙画像，形象逼真，如见其人，为后人所称引。虽说梅花香自苦寒来，其实，更重要的是会者不难、难在不会，得不得法而已。学校要全面提升教师的教学水平，只有一法，即全体教师，人人都写、天天都写，写多写少可以不限。

10 教育写作不是完成任务。教师只要能走进教师队伍，就说明你至少是本科学历。这说明你在以前的中考、高考方面，都取得了较好的成绩，显然中考作文和高考作文都是较好的。否则，如果作文考试没有一个较好的分数，你是很难考进师范类本科高校的。这就说明，每位老师从学生时代开始或多或少都是能写作的。但是，差别就在于通过高考以后、进入大学以后、走上工作岗位以后，大多数人往往就不肯写、不想写文章了。此外，教师工作一直比较繁忙，靠自觉写文章的软发展，也就被忽视了，更多是普遍地自我原谅了。用进废退，一旦怕写、不写，几年乃至十几年下来，写作能力自然下降甚至消亡，形成不会写、害怕写的最终结果。于是，教育写作成了大多数教师专业发展、职务晋升的“拦路虎”。

事实上，教师还是能写东西的，也一直在写东西。中小学的教学反思、幼儿园的观察日记一直是学校要求教师提高教学水平的一个重要任务。因此，在现有基础上写起来，我笔写我思，让教育写作不再成为完成教学反思、观察日记的任务，而是成为教师文字本领、思维能力、专业成长、教学水平、综合素质提升的重要路径和自我表达。

11 千字不嫌多，十字不嫌少。教师每天写作，做起来似乎很艰难、很繁重。当做事变成了一种负担，也就难以让人坚持到底，即便坚持也难以做好。因此，教师写作的任务量必须是弹性的，以不增加教师过重的负担为前提。很重要的一点就是每天写多少文字。这就要因人而异、因事而异，指导原则是有感而发，一千个字不嫌多，十个字不嫌少。每天写十个字就应该感到任务不重。关键是怎么写，这就要每天观察发现各种各样的现象，先写现象，再从现象到原因到本质到规律，拾级而上。总之，天天要写是铁律，写多写少有弹性。这就是最初的教师写作要求。

元创之道

一天写一句话的思维理路

第一步，发现现象。你遇到和处理了班上张三同学与李四同学打架的这一问题，你可能今天就写“今天张三与李四打了一架”，这也就十一个字，记录了一个现象。一段时间后，你绝不会总是这样简单记录现象，你会根据事情处理过程，去了解事情发生的根源等。

第二步，分析起因。一段时间后，你就会跳出这样写一个现象的“小儿科”的状态。你会根据现实处理情况，深刻思考分析打架原因，是因为城里人张三骂李四是个乡下人，而李四认为，这是张三对他的侮辱性语言。所以李四气不过：“你看不起我，我就打你。”可能今天你就写上：“今天，李四因为张三说他是乡下人，与张三打了一架。”

第三步，思考本质。最根本的原因是什么呢？通过了解，李四动手是因为李四的自尊心受到伤害。张三与李四打了一架，两人关系恶化本质上是因为没有尊重同学，这就使思考向班级学生关系建立上转变，这一天你可以写：“同学之间的相处，首先要从相互尊重做起。”

第四步，发现规律。这是一个很重要的基点。接下来，你就在想：诸如此类的事情，其他同学有没有呢？其他班级有没有呢？其他学校有没有呢？具备不具备普遍性呢？你会考虑到，学生之间良好关系的建立首先要尊重他人，这是具有普遍性的现象。这就是从个性现象向共性存在的移位思考，追寻一个普遍性的认知，就有规律藏在其中，你就把它再提升，写上“相处从相互尊重做起”九个字。

第五步，思维升阶。从一开始的现象记录“今天张三与李四打了一架”，从发生的一件具体事情，到起因分析，到过程深挖，到本质探究，到最后的经验总结是“九字”金句“相处从相互尊重做起”。如果再提炼，即可为“相处源于尊重”六个字，字数虽少了，但更见规律性，实现了从现象到本质的思维升阶，这正是教育哲学的理路。

这个哲思理路就是一个由表及里的哲思过程，更是促进一个教师透过现象看本质的综合素养提升过程。其实，当你运用熟练后，你会跳过中间步骤，直接从事入理，出口成章。

上述可见，每天十个字，从一开始只需要记学生打架现象，到最后的六字金句，就是由器得道的思维过程。文章金句胜黄金。金句是提神养人的，是提高文章品质的。养成创作金句的习惯，并融入到写文章、做发言中去。这样一来，教师表达能力会明显提高。在你熟练运用这种方法以后，你对现实中发生问题的处理，直接进行规律性思考，大幅度提升思考的效力和思维的张力。在此基础上，你只要坚持一两个月，思想思维的深度挖掘和语言文字的提炼能力就会有跨越式的提高，金句自然而来。有了金句，文章就有了“神”。这个时候，幼儿园的观察日记以及中小学的“一课一小思、一月一大思”的教学反思，就要进行元思考，将以前过几天才要写的、教师为了完成任务式的流水账记载的观察日记、教学反思，变成一月一写、半月一写的有观点、有分析的教育百字文、千字文，在精不在多，不断提高写作内涵，提高文章质量，并进行直接投稿。教育写作千字文，一月一篇，十年下来就是十多万字，都完全可以出版成书了。这就是文字结构化、做事结构化最有力量的实证。

12 方便做事才会喜欢做事。同样，方便写作才能喜欢写作。要充分发挥手机的随身优势，助推教师知识积累、教育写作。

元创之道

手机备忘录怎么助你便捷写作

把随身手机的备忘录作为教师写作的笔记本，平常所有的想法、摘录都可以及时地、分门别类地写到备忘录上。当你记录得越多，你会觉得有用的信息越多，有的信息甚至是“一鱼多吃”地要在几个地方使用，在不停的信息收获中，你会产生难得的思考、难得的创新、难得的获得感和满足感，由此不由自主地产生信息生成意识和使用意识，你的信息拥有时间越长、内容越多，你的思想视野会越广，思考能力会越强，思维深度会越深，思路方法会越灵活，更容易形成结构化、系统化的思考与积累。如，教师参加各类座谈会发言，都会自然而然地列“金句”式提纲，按结构思考的提纲发言，容易出口成章。如果下次仍参加同类主题的会议，不要懒惰地只想拿出以前的提纲，只图省事地直接使用，而是要重新列提纲，因为毕竟你现在的认知已不是以前的认知。哲学家说过，人是一个向死的存在。现在的你因时空和认知的变化，都不是前几秒钟的你了，你会有自身的进步与提高。于是，再次参加同一主题的会议，你仍然先列提纲，只有将提纲列好后，才可以将以前的提纲拿出来进行比较、补充。一段时间后，你将几次同一主题内容的发言提纲汇集起来，就会形成你对某一问题系统化、全方位、整体性的认知和阐述，从而形成体系化的知识与建构。

嘴皮子能讲：提高口语能力，增强语言修养

13 教师一言影响学生一生。刘勰在《文心雕龙》中说：“一人之辩，重于九鼎之宝；三寸之舌，强于百万之师。”一言可兴邦，一言可丧国。教育是人对人的影响，教师一句话，学生一辈子。教师有时无意中的一句话，往往会对学生产生一辈子的影响。教育工作的主要形态就是教师与学生之间面对面的交流，而这主要是靠语言来进行的。因此，教师的口头表达能力尤为重要，这是一个教师当好教师、成为名师、让学生喜欢的关键条件。口才出人才，这就是教师口头表达能力的价值所在。

14 教师最显性的是课堂语言能力。语言是教师课堂教学的秘密武器。教师语言能力，主要指教师课堂教学语言、学科语言、文体语言、角色语言、身体语言等。如何根据不同教学内容的题材进行不同的表达十分重要，如，诗、歌、词、小说、散文、议论文等等，阅读时的语感是不同的，育人的影响也不一样。如何根据文本的题材内容和对象的特质，把语音的质态表达出来，这在课堂教学中是非常重要的。

课堂教学中注意角色语言。怎么把课文中的人物形象通过教师的角色表达出来，成为学生心中的意象，直接影响到教书育人的实际效果。因此，角色语言是增强代入感特别重要的环节。教师还有一种特殊的教育语言，就是形体语言，不仅有面部表情，还有身体动作等，以增强课堂教学氛围。作为一个教师，即使“肉不笑也要皮笑”，以保持对学生的亲切感和亲和力，提高对学生的语言沟通能力。所以教师的不良情绪始终不能带到学校、带入课堂、带给学生，这是最起码的职业自律。

课堂语言重在表现教学效果。语言表达是教师思维能力的外在显现。课堂教学中，教师语言要做到贴近文体、准确简明，标准明晰、慎思明辨，形象有趣、声情并茂，抑扬顿挫、缓急有度，机智幽默、富于哲理，实现不断增强氛围感、代入感、活跃度的教学效果。只有语言表达流畅，有角色感、代入感、召唤感的老师，整个课堂的氛围才是有节奏的，学生是喜欢的。

教师口才是通过培养而来的。师范生的表达能力怎么样，交流能力怎么样，沟通能力怎么样，都直接影响到他们是否能当一个好教师。特别是教师如果遇到内向的、不肯讲话的学生的时候，教师的语言沟通能力就显得更为重要。教师话语是学生敞开心扉的钥匙。所以，教师不管是外向的还是内向的，都要下功夫提高课堂教学的口头表达能力。其中一个很好的方法，就是从网上找学播音、学普通话、学演讲的视频和

网课，里面有不少提高口才的好方法、好技巧、好窍门，这明显有利于教师课堂教学语言表达能力的提高。

15 善言教师会有善言学生。教师的语言表达能力会在潜意识里影响他所教的学生。教师表达能力好，学生也敢讲。课堂教学有一种普遍现象，就是从小学到高中，随着年龄的增长，学生与教师课堂交流时声音会越来越小，这不仅直接影响了课堂的教学气氛，还引发听不到声音的学生易在课堂学习时开小差的情况，这成为降低课堂效率的重要根源之一。因此，有什么样的教师之声，就会有什么样的学生之声。课堂回答问题的声音高低是学生是否自信的重要表征。因此，如何在课堂里形成一个“你大声地讲出来比答对问题更为重要”“你有感情地朗读课文一遍，比你不痛不痒地读十遍更为有效”的课堂交流文化，是每位教师需要深度思考、不断探索的重要问题。

腰杆子能硬：提升竞争能力，重在参与过程

16 腰杆子能硬，就是教师要尽可能参加各种各样的教学和竞赛活动，不断地丰富自己的教育阅历，提高人生价值。腰杆子能硬怎么体现呢？笔者曾经对“特级教师”进行了顾名思义的解释。即，“特”在思想的光芒，“级”在行业的分量，“教”在学生的出彩，“师”在引领辐射。其中腰杆子能硬，与“级”在行业的分量有相通之处。

17 没有具身的参与就没有等身的荣誉。行业分量的腰杆子硬，主要表现在四个方面：

（1）行业组织有位置。不管是国家、省，还是市和县，教师都要努力成为教育行业组织的一员。加入学会学术组织，既表示你有一定的学术成绩，也能增加交流提升的学习机会。

（2）行业会议有发言。你在行业组织中，你的作为、你的工作实效，得到大家的认可。比如说在市、县的学科教学会议上发言交流经验，在各种各样的教学研讨中，有你教学经验的介绍和分享，等等。

（3）行业刊物有文章。根据自己的情况，结合平常的教学内容，加强教育教学研究，形成有关文章。可以结合“一月一大思”的教学反思，形成有特色的教学感悟文章。对优秀教师可从天天写反思转为一月一反思，但要成文。

（4）行业比赛有奖杯。积极参加各种比赛，如，教师基本功大赛、教学论文比赛等。通过比赛提高自己的水平，取得好的成绩，这就是腰杆子能硬。其实参与比

赛，是教师专业发展的最有效渠道，不少教师参加教学基本功大赛，最深刻的体会就是“参加一次比赛，胜过十次培训”。从2011年起，江苏省组织基础教育青年教师教学基本功大赛。据统计，至2023年初，全省5199名选手参加了省级大赛，其中有1694名选手获得了一等奖，2395名选手获得二等奖，881名选手获得三等奖，229名选手获得优秀奖。这为全省青年教师搭建了锻炼、交流、展示的专业成长平台，促进了全省教师的专业化发展。

心窝子能装：增强情感能力，形成心的向往

18 教育就是“心”的交流。德国哲学家雅斯贝尔斯说：“真正的教育是用一棵树去摇动另一棵树，用一朵云去推动另一朵云，用一个灵魂去唤醒另一个灵魂。”对教师来说，要去摇动、推动、唤醒学生，首先要提高自身的情感能力。教育过程就是师生之间人与人心的交流。如果说我们的教师心力不强大，也就是说情感能力不强大，怎么能影响学生呢？不但不能给学生正能量，可能还会给学生负能量。这不但会影响孩子的学习，还可能会影响学生思想品德的形成。因此，教师作为人类灵魂的工程师，首先要从自己做起，提高情感能力，增强人际吸引力。

从教师队伍结构来讲，教师队伍中女教师是主体，而且学段越低，女教师所占的比例越高。从人的生理特点看，男性教师更显理性，女性教师更多感性。无论男教师，还是女教师，都要加强心理交流，提升情感能力。

体现自觉控制的心地善良。教师如何锻炼自己的心理能力？要学会控制住自己，尤其是遇到突发事件的时候，遇到不顺利事情的时候，遇到自己看不惯的事情的时候，要有耐心把事情看清楚、想清楚、理清楚，有自己的心理定力，有自己的辩证思维，有自己的科学判断，叫作“每逢大事有静气”。这不仅是教师要有的定力、隐忍力和宽容力，同时也是为学生言传身教、身体力行。宰相肚子里能撑船，同样教师肚子里也要能撑船。学习的过程就是一个面对困难、克服困难、解决困难和战胜困难的过程，因此要有强大的心理能量和心理力量，带领学生有效地面对学习的困难。

19 以“心”与每一个生命交往。人生的道路都是“心”的描绘。幸福不取决于外在的因素，而是以人对外界的态度为转移。心是身上的灯，用“心”才有向上的力量。俯下身子和学生交流，站在学生角度与学生讲话，不能用成人的思维去规训我们

的孩子，否则就是拔苗助长。在学校里，教师面临的挑战较多。孩子都是动态的、生成的、群嬉的和不可预见的，会发生许多意想不到的事情。同时，学生的背景也不一样，遇到的困难也不一样，学习困难、家庭困难、处境困难等各有不同。处理不好，容易使学生产生一些心理不适、心理障碍和心理疾病，而这都是要趁早抓、及时抓、抓得准、抓得好的。因此，要在教师和学生之间形成一个沟通的桥梁。教师要学会观察，观察每个学生，看到孩子内心发生的变化，更要能走进学生的内心，与学生进行面对面的交谈、心与心的沟通，让童年的生命之花永不凋谢。

20 “心”在就是爱国主义教育。心理学家马斯洛说：“心态若改变，态度跟着改变；态度改变，习惯跟着改变；习惯改变，性格跟着改变；性格改变，人生就跟着改变。”从人的认识的主观与客观看，主观是变化的根本，客观是变化的条件，内因通过外因而起变化。在内因和外因的交流过程中，给学生更多的引导，让孩子感受到学习的美好、生活的美好。其实，这就是爱国主义教育。

元创观点

教育时刻都是爱国主义教育

一个学生具体落脚在一个班上，在这个班级的感受如何直接影响学生的心态变化。如果他与同学相处都很好，对教师和学习很满意，他就会认为我们的学校好。假设这个学校在江苏省南京市建邺区，他就会产生联动思维，我在学校觉得好，到了家，家庭也就好。由此，家庭好就是建邺区好，建邺区好就是南京市好，南京市好就是江苏省好，江苏省好就是中国好。这种“我好就是家庭好、家庭好就是家族好、家族好就是民族好、民族好就是国家好的心理认知，就是一个由具体到抽象、由器到道的爱国主义教育”的过程。从另一方面看，有的人对现实不满想离开，个别甚至走上了不归路。所以，从正反两方面来看，让孩子每一天遇到的困难能被顺利解决，不必在对分数的斤斤计较中苦不堪言、负担累累。兴趣爱好得到激发，潜能特长得到挖掘，获得感、满足感、成就感会增强自身的快乐感、幸福感和对一方水土的感恩，这种美好教育本质上也是一种爱国主义教育。

脚步子能实：锻炼办事能力，自己看见成长

教师的专业发展能力是一步一步走出来的。人在事上磨、人靠事来磨。做事是脚步子能实的石阶。办事能力如何，直接影响教师专业成长和发展形态。要通过想办事、能办事、办成事、办好事、多办事、成大事，看见自己的成长。

21 建立“我就是课程”的专业心象。学科课程是每位老师的专业本色。每位教师都是一门课程，好教师就是一门好课程。要有“我就是语文”“我就是数学”的意识，把自己的学科、所教的课程始终在心里兜着、脑中想着、手上做着，在任何时候、任何地方、任何事情中，都要以一种基于自己学科教学的职业视角、课程意识和学科思维看待一切问题。时间一久，你就能耳听八方、眼观八路，不断地从自己的理想、自己的学科、自己的专业、自己的专长、自己的岗位的需要，去观察、解决、分析问题，获得自己所需要的知识能量。

22 做事才是发展的机会。不同人生的不同业绩就在一个“实”字，有务实的作风、扎实的努力、真实的效果，就会有丰实的收获和成果。当一个好老师的基础就是一个最为朴实的词——“能做事”。做事就是通向成功的台阶，做事就是实现提升的路径，做事就是获取发展的机会，做事就是挖掘成功的潜能。以务实、求实、真实的我，达到真实的自我实现。每天做什么事，要讲究增量的存在感、存在的增量感。同时，要有目标意识，制订实现目标的具体计划，将目标任务分解为每月、每天完成多少，在工作进度中实现能力积累。

23 时刻树立代表作意识。学有成果的人，做有结果的事。让自己的工作有成果体现，每上一节示范课、每写一篇论文、每做一个课题、每报一项成果、每成一个项目，都要有始终坚持努力让其成为自己代表作的意识，在一个个代表作意识的追求中拉宽自己的跨度、提升自己的高度，这是非常重要的。

24 人人都建“档案馆”。每位教师都应该在自己的电脑上建立个人“档案馆”，将你的教育教学情况分门别类地建立不同的文件夹。比如说，有教学方面的，有写作方面的，有工作总结的，课堂教学、课题论文、教学日记、比赛奖励、示范推广、报道采访、经验总结、学生交流、受访工作、数据统计、师生金句等等，不停地把工作

做实，随用随取。有的教师往往是这样，平常不积累，需要时要么找不到，要么素材一大堆，来不及梳理、分辨、提炼。其实，教师平常自己写东西时，就要注意到自己有哪方面特长、哪个方面的优势、有哪几个方面的内容值得总结，不停地加强。年底要总结出教师个人年度“十件大事”，一年一年地记好，这是一个教师发展走高的专业之道、进阶秘诀。

知识是一切能力中最强的力量

在这个世界上，拥有社会属性的每个人都渴望得到尊重。然而，真正能够让我们得到尊重的，并非仅仅是我们的身份、地位或者财富，而是我们的能力和价值。只有当我们拥有足够的能力和价值时，我们才能真正赢得他人的尊重。能力决定价值，价值影响能力，能力都是锻炼出来的。目标是能力建设的第一步，能力是走向目标的第一步。“七子之能”是一个教师的基础能力。因此，每位教师从走上讲台开始，就要通过不断明确、努力、实现目标这一提升自我能力的关键，学习新的知识，掌握新的技能，养成好的习惯，找到适合自己的方式，不断提高自己的素质和水平。知识是一切能力中最强的力量。作为教师，提升能力要从加强学习、持续学习、积累知识、运用知识起，一直做下去。

2.2

说：卓越教师著书更要立“说”

“在成为骨干教师后，教师向更高层次的卓越教师迈进。打造卓越教师也成为近十年来国家改革师范教育、培养卓越教师的重要工作，不同学段的卓越教师也都有了明确的内涵要求。这不仅是师范教育培养未来卓越教师的目标，也是当下教师专业发展至卓越教师的成长目标。卓越教师比骨干教师卓越在何处？就在于有方向、有思想、有学问，其特质主要表现为：教育理念处于前沿、专业知识丰富、教学技能卓越、教学个性鲜明、文理素养丰厚。”

马道成功

著书更要立说，才会在书架中占得一席。

章序　立身以立学为先

1　《左传·襄公二十四年》写道：“太上有立德，其次有立功，其次有立言，虽久不废，此之谓不朽。”意为：做人，树立德行为第一要义，其次要勇于建功立业，最后是著书立说，用自身的心得来教导他人。欧阳修也说“立身以立学为先，立学以读书为本。”

著书立说属于基础理论研究，一般有“务虚”和“务实”之分。“务虚”是指纯理论的学术研究，“务实”是指具有应用价值的研究。教师的著书立说就是要进行有应用价值的实践研究。立说就是立学、立言之意味。

在教好书、育好人的同时，卓越教师要读书学习、著书立说，紧紧围绕教学思想、教学主张的突破、提炼、建构，以“五一”之思立说立学，做出教育人生思想的式样。

以“五一”之思立说立学

崇一位大家想思想：寻找偶像本质上是认清自己的灵魂所在——思维格式

崇一位大家想思想，以此让人生自成高格。教师都要找到自己心中的偶像，偶像当然是领袖人物、前贤圣哲、学科大师、教育大家、大国工匠等，从本学科、跨学科追随的圣贤伟人中“知人论事、知事论人”，站在巨人的肩上，登高更望远、俯视更全局、左右更宽阔，不断突破事物边界、事业眼界、人生境界。

2 崇拜偶像，是人类特有的天性。人总是有偶像意识的。从社会学的角度来看，首先，偶像是人类天生的追求，在最初阶段，人类崇拜大自然，视大自然为神；在少年时代，崇拜英雄，处处模仿。其次，人们有寻求精神寄托的需求，随着现代社会的发展，由于各种各样的原因，不少人都面临着很大的压力和困难，心理、心灵需要得到一些宣泄和慰藉，特别是无助的时候，需要找一个人物作为参照物来仿效，偶像就应需产生了。崇拜偶像，能够让一些人找到一种心理安慰、情感依托、精神支柱。再次，也是一种社会文化的影响，这一点在明星偶像文化上更为明显。

3 寻找偶像，与崇高者一起会使自己崇高。倡导教师寻找自己的圣贤偶像，基于正反两方面的思考：一方面从正面而言，教师是人类灵魂的工程师，教师灵魂的底色决定了学生的灵魂成色，教师思想、人格、情怀的海拔高度越高，对学生的影响也就越大；另一方面从反面来讲，现实教师队伍师德师风建设中，个别教师违反师德师风，都是因小事酿成大祸，本来都是可以避免的，归根到底是自我要求不严，自律意识不强，自身境界不高，更需要以圣贤名哲为偶像，提高自己的精神境界。正如钱理群所说：“一个人能否成功，最主要的是看他的精神境界。”因此，以先贤圣哲提高自己的思想海拔，是每位教师实现崇高的必由之路。

苏轼已死，他的名字只是一个记忆，但是他留给我们的，是他那心灵的喜悦、思想的快乐，这才是万古不朽的。——林语堂

4 以人化人，追随圣贤偶像的人生思考。普希金说：“追随伟大人物的思想，是最富有趣味的一门科学。”心理学家弗洛姆认为，对偶像的崇拜是人们把自己理想化的幻想在现实社会的一种投射。江山还要伟人扶，苏轼把“苟且”过成了诗，主要体现在苏轼人格修养中两个最重要的特质——将平常事写出神采、在贫困中保持乐观。

元创典故

苏东坡：把“苟且”活成了诗和远方

古往今来，究竟谁没有盛赞过苏东坡？几乎每一个中国人都会在不同的际遇里与苏东坡碰面。林语堂这样评价他：苏东坡是个秉性难改的乐天派，是悲天悯人的道德家，是黎民百姓的好朋友，是散文作家，是新派的画家，是伟大的书法家，是酿酒的实验者，是工程师，是假道学的反对派，是瑜伽术的修炼者，是佛教徒，是士大夫，是皇帝的秘书，是饮酒成癖者，是心肠慈悲的法官，是政治上的坚持己见者，是月下的漫步者，是诗人，是生性诙谐爱开玩笑的人。

苏东坡的一生，太难了。20 岁丧母，28 岁丧发妻，29 岁丧父，47 岁丧子；一直被贬谪，从贬至惠州，又被放逐至“天涯海角”的儋州。

东坡一生，风雨多，晴天少。他因反对王安石改革太激进，开始了贬官人生。后来，司马光来了，东坡又批评太保守，又被贬了。他的一生，不是被贬，就是在被贬的路上。身处凡俗心自清，把人间看得透彻清明。所以，面对命运的不济和生活的无奈，他认清现实，放下过去，活在当下，与自己和解。

生活虐我千百遍，我待生活如初恋。在如此境况下，苏东坡从不屈服于命运，命运不济，生活艰辛，他却以笑会之，一笑而过。难怪林语堂说：“我写苏东坡并没有什么特别的理由，只是以此为乐而已。”

每个人心中都有一个苏东坡。当看到东坡诗词之最，才知道东坡的伟大。

苏东坡是北宋中期文坛领袖，诗、词、文、书、画等方面造诣很高。诗与黄庭坚并称“苏黄”；词与辛弃疾并称“苏辛”；文与欧阳修并称“欧苏”，与韩愈、柳宗元、欧阳修、苏洵、苏辙、王安石、曾

巩合称“唐宋八大家”；书与黄庭坚、米芾、蔡襄合称“宋四家”；擅长文人画，尤擅墨竹、怪石、枯木等。苏东坡以各种方式走进每个人的心里，引起共鸣。

超脱的词——江山如画，一时多少豪杰。……人生如梦，一尊还酹江月。（《念奴娇·赤壁怀古》）

通透的词——人生到处知何似，应似飞鸿踏雪泥。（《和子由渑池怀旧》）

豁达的词——竹杖芒鞋轻胜马，谁怕？一蓑烟雨任平生。……回首向来萧瑟处，归去，也无风雨也无晴。（《定风波·莫听穿林打叶声》）

洒脱的词——人生如逆旅，我亦是行人。（《临江仙·送钱穆父》）

祝愿性的词——但愿人长久，千里共婵娟。（《水调歌头·明月几时有》）

哲理性的诗——不识庐山真面目，只缘身在此山中。（《题西林壁》）

有滋味的词——人间有味是清欢。（《浣溪沙·细雨斜风作晓寒》）

淡然的词——试问岭南应不好，却道：此心安处是吾乡。（《定风波·南海归赠王定国侍人寓娘》）

雅致的词——诗酒趁年华。（《望江南·超然台作》）

悲情的词——十年生死两茫茫，不思量，自难忘。（《江城子·乙卯正月二十日夜记梦》）

5 思想方法，自己就是思想的土壤。爱迪生说：“不下决心培养思考习惯的人，便失去了生活中最大的乐趣。”笛卡尔说：“我思故我在。”作为教育者更要“我在故我思”，养成时刻思考的习惯，沿着“思绪—思考—思路—思维—思想”的路线去想你的“想”：触发思绪，不停地在观察世界中引发联想；自主思考，自觉地沿着某个问题进行深度思考；明晰思路，思考只有转化成思路才能真正发挥作用；深化思维，不断从哲学、历史学的高度加大思维的深度；系统思想，形成系统化的全局思维体系。这就是形成系统化的思想方法。

提一个观点立思想：写出自己的句子，才有大写的人生——思想样式

没有思想的光亮就没有人生的闪亮。要设法提出和围绕一个想法、一个理念、一个主张、一个思想，积极思考，不断实践、求教、建构、提升，形成科学化、个性化、结构化、逻辑化的思想体系、学问体系和实践体系，形成开创开拓的能力。

6 思想产生就是教育信仰的启航。小说里神勇名将的利器有，关云长的青龙刀、穆桂英的雁翎刀、郑成功的龙泉剑、岳飞的丈八铁枪；画家巨匠的绝活如，郑板桥的竹、齐白石的虾、徐悲鸿的马、李可染的牛、黄胄的驴。思想是名师名家的重器绝活，是骨干教师走向卓越教师甚至教育家的标配，有了教学主张、教学思想，就有了自己的教育热爱，就是教育信仰的启航。

7 基于“三性”的教学思想产生。教学主张、教学理念、教学思想的产生，不是一朝一夕、一蹴而就的事，需要一个长期的形成、完善、发展的过程。要把握好方法，提炼出科学有效的教学主张、教学思想。建立思想的“三性”坐标系基点是：“学生天性 + 学科特性 + 教师个性”，即根据学生的天性、所教学科的特性和教师自身的个性，建立一个坐标模型。学生天性，不仅是指学生普遍的共性的天性特点，还包括学生家庭、区位等其他不同的背景等；学科特性，主要是学科的区别，语文学科与数学学科的学科性质是不一样的；教师个性，因性别、性格、学科、气质等都有所不同，根据这个三维空间，提出自己最主张、最期待、最理想、最追求、最热爱的教学表达话语。

主张产生的步骤是：一开始往往是讲出几句自己最希望表达的教育或学科教学理念话语；然后，将几句话合并提炼为一个长句子，接着再将长句子压缩提炼为一个短句子；再后，将短句子提炼为一个词语；最后，再将拟定的词语安放到教育中的合适位置，比如课程、教法、育人，这样形成一个基本的教育教学主张的语句。

8 一个主张产生后，要进行异同的比对甄别。如果没有重复的，说明是个原创的概念或主张。凡是原创，需要在科学性、自洽性上下功夫，不断提升其学理水平。如果发现已经有人提过相同的名称了，则要全面了解其内涵、要义、特点、路径，找出和明确自己提出的思想主张与他人的不同之处，有自己的专业视角和主攻方向，做到各美其美，和而不同。如，同样是字画鉴赏，不同职业、不同专业、不同岗位的背景，

就形成了艺术、技术、学术不同的专业研究鉴定方法，分别对古代字画的鉴定提出了不一样的专业方向探讨，或指向了不同的研究领域。

元创典故

谢稚柳、徐邦达、启功书画鉴定的同曲异工

中华人民共和国成立后，中国书画鉴定以时代风格和个人风格作为主要依据，出现了三位具有代表性的鉴定家，他们各有所长，各具特色，形成了三大流派，即艺术的鉴定、技术的鉴定和学术的鉴定。

谢稚柳艺术鉴定——艺术鉴定即从书画艺术的本体，包括意境、格调、笔法、墨法、造型、布局等特征入手进行鉴定，是书画鉴定最直接的路径，是鉴定的筑基功夫。鉴定学中艺术鉴定最难，也最切实。谢稚柳最大的长处和贡献正在于此，从书画本体出发对书画进行鉴定成为其主导风格。他从笔墨、个性、流派诸方面来认识作品的体貌和风格。笔墨是形成书画的基本条件，也是书画风格的重要内容，更是鉴定书画的主要依据。谢稚柳创造性地提出“性格说”，认为鉴定的标准，是书画本身的各种性格，即它的本质。一个画家可以产生水准高的作品，也会产生低劣的作品，问题不在于标准高低、宽严，而在于对书画本身的各种性格的认识，性格自始至终贯穿在优与劣的作品中。

徐邦达技术鉴定——当代书画鉴定家中，徐邦达的鉴定著作最多，有《古书画鉴定概论》《古书画伪讹考辨》《古书画过眼要录》《改订历代流传绘画编年表》《历代书画家传记考辨》《重订清故宫旧藏书画录》以及大量的鉴定论文，从各个方面详尽地对书画鉴定进行论述。他在目鉴之外特别注重考订，诸如题款、题跋、印章、纸绢绫、装潢形制、著录等，无不精心审察分析，他用极其严谨的科学态度，对书画作品进行客观的研究。徐邦达的鉴定手法具有系统性、可传授性，故而称为技术鉴定。运用著录是徐邦达鉴定古代书画的切入点，也是他鉴定的特色之一。徐邦达侧重技术的鉴定，与谢稚柳谈“书画本身”相比，更明显表现出徐邦达的鉴定倾向。他的鉴定较多依靠理智，依靠细致的考证和分析，以实事求是的态度，辩证地看问题，将科学的态度和方法运用到书画鉴定中来，是徐邦达对书画鉴定学的贡献。

启功学术鉴定——启功的书画鉴定具有另一特色，为其他鉴定家难以取代，即他以学问支撑鉴定。曾任中央文史研究馆馆长、北京师范大

学教授、博士生导师，他对中国古典文学、文献学、目录学、版本学、考据学、历史学、音韵、训诂、书法等有很深的造诣，故而他在历代书法碑帖的鉴定和文献考据方面，具有过人之处，对书画鉴定学有着特殊的贡献。《启功丛稿》是启功唯一收录书画鉴定的集子。他在历代书法碑帖的考据上功力过人，多不从用笔、风格等本题语言出发，而重在考据，形成了他的鉴定特色。他在各门学科间的相互渗透，在碑帖鉴定中显得尤为突出，启功不仅从碑帖中来校勘古代文学资料，而且反过来用古代文学资料来考证真伪。徐邦达所据是从研究方法上看，这样的人才奇缺，而在学术界精通书画的人又极少，启功正好弥补了这一不足，故而他在运用学术研究的功底，进行书画鉴定的理论和实践方面具有举足轻重的地位。

做一批项目见思想：把理想写出来，把思想做出来——实践模式

9 项目是思想的表达。以江苏省为例，十多年来，各类教育都有多种多样的建设项目，中小学课程基地、前瞻性教学改革项目、品格提升工程等基础教育“5+2”内涵发展项目，以及教师教育系列项目等，还有各级各类教科研、教学比赛等项目。项目是事业发展、人之成长的杠杆和桥梁。学校要组织教师借助项目平台，系统生发，以理论指导实践、以实践丰富理论，不断提升实践创业的本领，形成事业成功的样态、样本、样板。

10 项目是以人立事、以事立人的杠杆。长期实践证明，项目成为驱动发展的杠杆力量。国家、社会、经济等各方面的事业发展都有各类重大项目的拉动。教育也是如此，项目立人立事立学，是实践证明的教育之道。

江苏省各类教育都是以项目实现了事业的跨越。如在基础教育，用十多年的探索和实践，以创建课程基地为突破，最终形成基础教育“5+2”内涵建设项目，力推基础教育育人方式转型。项目包括：普通高中课程基地、薄弱初中质量提升工程、小学特色文化建设项目、中小学生品格提升工程、前瞻性教学改革实验、幼儿园课程游戏化、特殊教育发展等项目。截至 2024 年，全省共建成 3695 个省级项目，基本形成了较为完备的内涵建设项目体系。在 2022 年基础教育国家级教学成果奖中，仅前瞻性

教学改革实验一个项目的，占获奖总数的 56.9%，其中：特等奖一个，占 100%；一等奖 10 个中有 7 个，占 70%。

11 项目是一个系统工程，如何争取项目、做好项目，成为事业跨越式发展的杠杆力量，可以从以下方面入手。

（1）熟悉文件，把握重点要求，首先赢得先机。学懂文件就有了更大的胜算。要区分不同项目的主旨要求，教师面临大大小小不少项目，各类课题、论文、各种名师，不同层次的职称、教学成果奖、工作室主持人，等等，都有各自的文件要求、规定。同时，同一个项目不同年份的申报要求也会发生变化。在学习文件中要特别注重项目建设的新要求、新变化，找到发展优势的新的生长点。

如，《2018 年基础教育国家级教学成果奖评审工作安排》要求，基础教育教学成果必须符合党的教育方针、政策，体现立德树人根本要求和时代精神，发展素质教育，遵循学生身心发展和教育教学规律。必须围绕解决基础教育教学过程中的实际问题和未来挑战，创造性地提出科学的思路、方法和措施，经过实践检验，使问题在实践中得到有效破解，对于实现培养目标、提高教学水平和教育质量效果显著，产生了广泛而积极的影响，至今仍在教育教学中发挥示范引领作用。而到了《2022 年基础教育国家级教学成果奖评审工作安排》，成果要求进一步明晰四方面要求：①突出育人导向；②注重解决问题；③推进理论创新；④经过实践检验。由此成为 2022 年申报国家级教育成果奖的重要体现，谁清楚地把握这一重大变化，谁就能在竞争中赢得先机。

（2）选准立意，坚持问题导向，回应时代需要。雨果说：“雄鹰即使在把眼睛盯着大地的时候，那超群的目光仍然保持着凝视太阳的能力。”人的思维视角，既要站在地上看太阳，这是低处向上的向阳追求；也要站在月球上看地球，这是高处向下看的全局视角。

元创之道

确定立意的十个视角

选准角度，淬炼时代之需的高远立意。立意高才能格局高。项目申报之始，首先要选好角度、突出项目立意。可以沿着十个视角确定立意。

（1）看政策指导——战略方向。紧扣习近平总书记关于教育的重要论述去思考。

（2）看文件精神——事业走向。学习国家的规划、教育文件，特别是高中教育、义务教育新方案新课标等，项目始终体现课改新精神。

（3）看重大会议——创新思想。学习党的会议、全国两会，全国教育工作大会等一系列重要会议的精神。

（4）看现实问题——攻坚克难。聚焦基础教育存在的热点、难点、痛点、堵点、淤点等现实问题，着手攻关破题。

（5）看理论大家——善于转化。从中外教育大家中，追寻教育理论、教育规律，并要转化成自己的、当下的表达。

（6）看代表人物——行业引领。思考教育大家的观点，从大家身上看到一般人看不到的教育深度。

（7）看大报热论——专业前瞻。高论往往高人一筹，如《人民教育》每年的中国基础教育年度报告等，都可学习。

（8）看自己事为——回顾总结。总结自身的工作、课题、成果、奖项、大事等已有情况，立意好还要有得写。

（9）看同行探索——和而不同。类似问题的同行筛查，努力写出自己的句子。

（10）看国外发展——世界眼光。阅览国外相关前沿发展情况，找到自己项目的方向和定位，体现国际视野。

总之，站在高处向下看的视觉观点，会让人在脑中编织出更全的画面，更重要的是，形成在越来越大的框架下思考问题的习惯，这对成事立人都是十分有益的。

（3）锤炼题目，突出核心要素，主题一目了然。出局入局往往都是从题目开始。教师要通过提高概念能力，提高自己提炼题目的水平。通过题目将现象的位置固定住，这就是说，题目是对以往工作现象工作经验的理性提炼，这将在后面章节中重点论述。题目要简要，更能突出主题、明晰主线。着力于“老”——笔触老道、铿锵有力；“少”——言简意赅、突出核心要素；“边”——天边高远，深沉远阔的气象；“穷”——意味无穷，充满期待。

（4）梳理内容，围绕逻辑主线，升华素材归类。善于在混乱中建立秩序。素材归类的四个步骤（见图 2.3）：①围绕项目主题进行词句式汇集素材。即围绕题目主题按词云图方式，将所有涉及的方方面面的内容用一个词或一句话表示，将涉及主题的各类素材汇集到一张白纸上，如果是团队做的，则先由每个人在各自的纸上汇集，然后将每个人的词汇集一张纸上，同指一件事的选表达最贴切的一个词或句子。②围绕项目要求进行模块式词句分类。即将词云图上的所有词句按照项目各方面要求，仍在一张纸上进行词分类，分类后分别形成不同小主题要求的模块式的词群。③围绕项目重点进行逻辑性词序生发。即将词群中的各个词句，按照与项目主题的相关程度，从轻重、大小、前后等方面，采用思维导图的方式进行逻辑排序和生发，对扣题不紧的进行删减。④围绕项目特质进行目录式优化纲目。即将项目纲目变成目录式呈现在一张纸上，进行结构化的布局思考，从目录看，做到主题明晰、主线明显、重点突出、结构合理、特色鲜明。

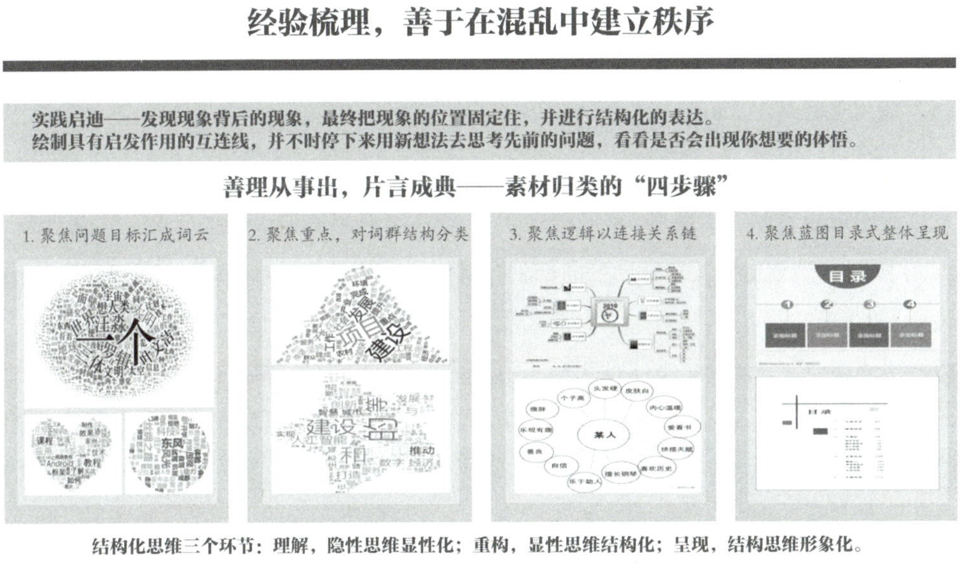

图 2.3

（5）概括成文，文字表达精确，特色层次清晰。做得好，还要写得好。好在妙笔生花，不断提高自己的文字能力；好在逻辑层次，结构的力量体现项目的分量；好在实践行动，强化动宾搭配的行为动词的使用，使文本“动”感十足。

（6）注重整体品质，文品务实大气，细节体现精致。做到：精工深度——细节展现的审美品质，让人产生就是要你喜欢的第一印象；整体协调——材料内容一致，风格一致；主题文体——积极向上、符合文体特点；逻辑层次——思路清晰、层级简约、层次关系，体现内在的递进、因果、并列、大小关系；语言表达——通俗的句短意丰、妥当的引首金句、关键的数据案例、讨巧的图文照应；审美细节——黑白间距、字形大小、创栏分类、左右表齐、装订规范、色彩悦目、分量适中等等。

填一份表格成思想：教学成果的实践建构与理论淬炼——检验方式

12 填表的过程就是自我建构的过程。结合国家省市教学成果奖的评选推广，积极参与，接受检验，不断提高科学评价水平，提高辐射引领能力。

教学成果是检验教学思想的尺子。国家级教学成果奖是我国教育领域意义最重大、影响最深远的奖项。作为一项重大制度安排，是国家实施科教兴国战略的重要举措，体现了国家对教育教学工作的高度重视。国家级教学成果奖评选三届以来，得到了不同层次、不同范围、不同单位的集体关注和重视，作为名师名家要积极参加申报各级各类教学成果奖，通过参评接受国家级专家学者的检测，以此保证自己所提的教学主张、教学思想立得住，并在以后的教育生涯中一直围绕这一主张和思想坚定地走下去。教学成果“入检”是教师优秀的必去方向、必经之路、必过关口。

有思有路有成果。1994 年国务院颁布《教学成果奖励条例》，对国家级和省（部）级教学成果奖励工作做出全面部署，明确了各项要求。2014 年，首次在职业教育和基础教育领域开展评选工作，实现覆盖各级各类教育的国家级教学成果奖评审。每四年评选一次。国家级教学成果的主要形式为有关教育教学研究成果的实施方案、研究报告、教材、课件（软件）、论文、著作等。三届教学成果奖评选活动的实践证明，做好教学成果关键在于“面对问题有思有路有成果”一句话，具体体现为“九有”：有思想、有思路、有思维深度，有方法、有路径、有逻辑建构，有实践、有实效、有实证成果。

13 成果价值首先是解决问题。解决问题是人生的最大价值。围绕问题导向，突出成果的整体构思。从聚焦问题看，要厘清难题破解的实践价值，沿着“提出问题—分析问题—回答问题—解决问题—延伸问题”的思路，进行问题导向的系统思考，一个问题一个问题研究，一个问题一个问题分析，一个问题一个问题解决；从材料要求看，要突出重点，把握成果上报“主题—主线—主表—主报告—主证据”的“五主”

要件，一一强化。主题，高在明确鲜明；主线，功在一脉相承；主表，难在名副其实；主报告，重在重点清晰；主证据，好在实证充分。在这一整体“五主”套件中，后三者的主表、主报告、主证据是实物材料，在实；前面的主题、主线是虚，体现在后三者的实体中，但为什么又要提出来？就在于这么多年的实践表明，教学成果中普遍的现象就是主题不清、主线不明，往往被做材料弱化了。针对这一问题提出主题主线加以强化，从而使成果主题更加突出，主线更明晰，增强成果的科学性、特色性和有效性。

14 抓住重点是成功的最好方法。围绕关键重点，突出成果的精准表达。成果材料中，重点先要做好主表，而主表中的关键则是题目，概要，问题、过程、方法，创新，应用推广等，为此，我们采用形象记忆法，提出填好国家级教学成果奖报书“题目是大拇指，概要是食指，问题、过程、方法是中指，创新是无名指，应用是小指”的“五指论”（见图 2.4）。

元创之道

教学成果申报书“五指论”

2022 年基础教育国家级教学成果奖申报书

封面	表一	表二	表三	表四
·成果名称 ·成果申报人（或申报单位） ·推荐单位名称及盖章 ·编号	·成果概要（500 字以内）	·解决的主要问题、解决问题的过程与方法（800 字以内）	·成果创新点（500 字以内）	·成果应用及效果（800 字以内）
统分结合——把握“五指论”表征：最难在于各表内容的区别与内在的统一				
题目是大拇指	**概要是食指**	**问题、过程、方法是中指**	**创新是无名指**	**应用是小指**

图 2.4

题目如同大拇指——在于言简意赅的主题表达。大拇指的特点是短、敦实，题目能让人竖起大拇指就成功了一半。要提炼有独特价值又通俗易懂的成果标题，让人一目了然你想“说什么”。存在的问题：题目长要素多、太宏大不聚焦、无重点无个性。

成果概要如同食指——在于突出特征的成果样态。成果这一“枪”能否打得响，就取决于你食指扣压扳机直至击发的“一指禅”功夫。

概要的关键就是产品说明书，要讲究真实性、科学性、条理性、可操作性等。逻辑结构强调为什么、是什么、做什么、怎么做、做得如何。落笔讲清缘起，始于问题导向，至于育人价值；重在突出主体，对整个成果进行不同维度的多元阐述，凸显教学成果的特色，这是成果概要的重点所在，可写成几个层面，也可以写成一整段，但即便一整段，内在逻辑层次也必须清晰，有条有理；收笔结语，要说清重大影响和所获赞誉。总之，概要要紧扣题目，说得清、实操性、样态感、很简练。这部分存在的问题是，报流水账，无条理、无层次、无样态、无重点、无特质。

解决的主要问题、解决问题的过程与方法如同中指——在于厘清表达的不同要求。中指位于人手的中间位置，最长也最有力量，这也是这部分表述的要求，是展示成果分量的关键所在。这部分可以按问题、过程、方法三方面分别表述。问题要清晰，围绕解决问题，从所立正题进行逆向思考；找反题，找问题的表现。过程要提升，重在阶段标志，看到具有里程碑意义的事。方法要科学，是解决问题的方法，始终体现科学的态度，说明你的方法是值得信赖的。常见内容如：调查分析，校本培训，课研引领，以赛促学，总结反思……存在的问题是不扣题，过程无进阶、无标志，像课题，体量过大。

成果创新点如同无名指——在于凸显个性的独特价值。婚戒是戴在无名指上的价值再创新。创新强调独创性。创新在于成果有新意，结果有突破，特别是能破解课改难题；要用创新的语态表达创新的特质；与简介内容区别分工；创新要有科学依据，站得住；创新点的条目数量要适中。创新视角有理念、机制、方法、模式、评价、视角、实践、环境等。存在的问题是：创新度不够，“普通话”多；与其他内容雷同多、缺少分工；缺少理实一体的表述；引首句太长。

成果应用及效果如同小指——在于扣题效果的实证挖掘。勾小指头是一种许诺，说明成果是有效的。先讲应用，注意成果应用的表述技巧。再讲效果：与题目呼应，突出育人；与问题观照，难题破解；用实践佐证，验证成效；用数据说话，样本要大；要深度挖掘，根性表达；要有前沿眼光，引领发展。存在的问题是：忘掉表达成果应用；不扣题，缺少本成果的专业性个性化表达；比较散，放到篮子里就是菜，将无关的办学成果和表彰等写成教学成果；无实证，缺少大数据的说服力；与简介、创新重复。

（关于教学成果详见《江苏教育》2024 年 6 月刊万字长文《优秀教学成果的实践建构与理论提炼》）

15 深度发掘是赢家最强的利器。基础教育教师往往实践强于理论，高等师范教育教师往往理论强于实践。恩格斯说：“一个民族想要站在科学的最高峰，就一刻也不能没有理论思维。”因此，要围绕强理论者强实践、强实践者强理论的思路，围绕深度发掘，突出成果的理论品质，增强拾级而上的理性思考。真理的味道非常甜。要按“事理—常理—学理—哲理—真理”的线路，步步走向真理。突出理论运用、理论转化、理论创新，提高金句含量，以金句的提炼运用增强文案的精气神。增强文图结合的逻辑结构，形成教育事业的实践地图。通过常读教育地图，不断产生见解、产生智慧、产生办法、产生信心。

元创观点

理性深度的根基探索

——基于感情。“人民楷模”王继才：守岛就是守国，国土到哪里国旗就插到哪里。

——在于本质。《共产党宣言》从一开始的《共产主义信条草案》再到《共产主义原理》而最后定为宣言形式的传世之作《共产党宣言》。在恩格斯看来，把共产主义作为一个世界历史现象表现出来的宣言，应当是一部永垂不朽的作品，而不是一本仅供浏览的论战性的小册子。这一思想得到了最后完成定稿的马克思的完全赞同。

——善于提炼。顾炎武在《日知录·正始》中首提“保天下者，匹夫之贱与有责焉耳矣”。梁启超将其提炼为天下皆知的“天下兴亡，匹夫有责”。

——敢于迁移。毛泽东一分为二的哲学思想源于马克思对立统一规律，马克思对立统一规律源于黑格尔否定之否定规律。所以毛泽东对外宾强调“黑格尔的书也必须看”，他把黑格尔称为“马克思、恩格斯的先生，也是列宁的先生，也是我们的先生”。

——贵于境界。境界的最高处是从国家、民族、人类的视角来看问题。1935 年 1 月，方志敏不幸被捕，半年后在南昌英勇就义，时年 36 岁。从方志敏在狱中写出的《可爱的中国》《清贫》等代表作和“敌人只能砍下我们的头颅，绝不能动摇我们的信仰”等名言金句，我们能看到方志敏作为领袖人物如此伟大的思想境界和崇高的革命信仰。

在一方天空亮思想：心中无缺是富，被人需要为贵

16 好酒也怕巷子深。要善于自搭平台、借助平台，扩大理论和实践成果的推广和影响，同时在交流中不断吸收各方营养，努力建立自己功业的教育山河。这在第六部分中有具体阐述。

让自己在书架上占有一席之地

17 教师是教书人，也是读书人，还是出书人。杨绛说：“读书不是拿文凭或者发财，而是为了成为一个有温度、懂情趣、会思考的人。”从读书到出书，是教师教育生命的跨越。心理学上有个著名的“赛点思维”，意思是：每个人一生中会遇到许多机会。有些机会无关紧要，但有些机会，就像竞技体育中的“赛点”，能否拿下“赛点”，直接影响一个人的命运。阿基米德说：“给我一个支点，我能撬动整个地球。”对卓越教师来说，这个支点就是著书立说。

2.3

会：教育家型教师要会经营自己

> 教育家型教师，本质上应该是教育的实践家。其教育思想也是教育大地上生长出来的。当一位教师有了比较稳定的教学主张、教学方法和体系化的教学思考，这个时候就要跳出自己想自己、自己做自己，更多以“诗”外功夫升华自己，以“五子”之径经营自己，并努力从做教育家型教师，走向教育家。

马道成功

自我经营是每个人人生的一篇大文章。

章序　人生是一场自我经营

1　人生是一个自我经营的过程。在这个过程中，你经营得好，人生会风生水起，否则会以屡屡失败而告终。因此，教育家型教师的自我经营过程中，需要深度了解自己，根据已形成的生活方式和职业发展优势，生发自己的优点、喜好、价值观等，根据自身的能力优势，进一步深度打造教育目标和追求，并以足够的耐心和毅力，灵活应对挑战，持续自我调整改进，沿着明确的目标特色发展，在人生的道路上走得更远，实现自己的价值和梦想。

以“五子”之路汇成范式

完善一个思想的点子：一个概念就是一个客观的存在。以思想成就有价值的人生

2　思想是历史拐弯处的路灯。研究考察中国思想史，可以说每一次的思想革命，都

与当时的政治、社会、经济等有直接且密切的关联。而每一个伟大人物的思想都成了历史长河中拐弯处的指路明灯。

3 通过概念将现象的位置固定住。现象指客观事物中可供观察到的各种显著的状态。世界是物质的，世界是概念的。概念是学科的关键支架，是思想的核心表达。黑格尔指出：“只有概念才是第一位的东西。事物之所以为事物，全凭事物中显示自身的概念。”人类在认识世界的过程中，把感觉到的事物的共同特点抽出来，加以概括，就成为概念。比如从白雪、白马、白纸等事物里抽出它们的共同特点，就得出“白”的概念。教师要通过科学的、准确的、个性的、有效的概念将自己日常的教学现象固定住，形成自己的教学主张，以核心概念，形成个人教育思想的重要标识。

4 价值观是概念的思想旗帜。通过概念将现象的位置固定住，怎么固定、固定在什么位置，都要认真提炼和建构。在这过程中最普遍、最容易忽视的往往是价值观的锤炼。在许多成果、项目中，往往缺少主题、主线，让人知其然而不知其所以然，其根本的原因就在于，缺少价值观的引领，也就是要回答“为什么”的根本问题。价值观就是旗帜，具有方向性、引领性、激励性和集聚性。因此，要挖掘立事立人的价值观，价值观发现了、立住了、稳固了，形成了价值观概念，主题、主线也就自然而然地清晰了。

元创例证

从“人人皆兄弟”到“全世界无产者联合起来”

考察马克思主义发展历史，一个极具标志意义的历史图景——“共产主义者同盟”首先出现在人们的视域里，成为研究马克思主义不可绕开的界标。其实，“共产主义者同盟”的前身是以德国工人为主体的一个秘密团体，名叫“正义者同盟”，于19世纪30年代成立。随着同盟的发展，成员数量也不断扩大，“正义者同盟”会员证上至少用20种文字写着同一句口号——人人皆兄弟。“正义者同盟”逐步发展成了一个按民主原则组建的国际性组织。

1847年初，正义者同盟邀请马克思、恩格斯加入并按他们的主张改组同盟。6月，恩格斯亲自参加了“正义者同盟”在伦敦秘密召开的第一次代表大会。在这次大会上，“正义者同盟”正式更名为“共产主义者同盟”。在几乎所有马列经典文献扉页上，都能读到的“全世界无产者联合起来”的战斗口号，代替了“人人皆兄弟”的口号。大会通过了《共产主义者同盟章程》，第一条即明确规定了同盟的目的是“通过传播财产公有的理论并尽快地求其实现，使人类得到解放”。至此，世界上第一个共产党组织雏形初步出现。

由此可见，从“正义者同盟”到“共产主义者同盟”，概念层次更高；从“人人皆兄弟”到“全世界无产者联合起来”，价值层次更高。这一点很能说明概念及价值的意义所在。在我们建构概念的过程中，往往容易忽视价值判断与价值追求。

5 以结构化思维建构概念的思想形象。做事做人做学问，都需要以模型思维建构思维模型。模型思维即结构化思维，最为经典的是金字塔结构。

元创链接

结构化思维的金字塔结构

最常用的思维结构是金字塔结构，由美国作家芭芭拉·明托提出，是结构化思维后形成三角形结构图，直观地体现结论、论点、论据组成的“先总后分”结构。纵向上由一层至多层组成，横向上进行分组排列，这样的排列具有完美的逻辑性和结构性。金字塔结构有四个原则：

（1）结论先行，先给具体结论，放在金字塔的最顶端，统领整个中心思想和表达。

（2）以上统下，上层观点统领下层内容，下一层的展开范围取决于上一层的中心思想。以上统下，最关键的是提炼关键词，画出上下分层结构，判断下层能否支撑上层，并且做到主语一致。

（3）归类分组，对具有共同点的思想进行分组，把性质、功能、方向、层次、对象、时间等具有相同属性的事物放在同一组内，做到无重叠、无交叉、无遗漏，体现的是平等的兄弟关系。

（4）逻辑递进，包括时间顺序（事情流程、步骤）、空间顺序（事物自身内外、左右等结构）、重要性顺序（轻重缓急）和演绎顺序（演绎推理主要有两种形式：三段式和常见式。三段式的结构是“大前提—小前提—结论”。常见式是“提出问题—找到原因—解决方案”）。

掌握金字塔结构四项原则，灵活使用金字塔结构，可以达到目标明确、结构清晰、有理有据的效果。

建构概念金字塔思维模型，是思想经营的第一步。从“概念内涵—价值主张—观念支撑—实践行动—能量机制”等，形成一个内在逻辑链条（见图 2.5）。

以结构化概念体系塑造思想形象

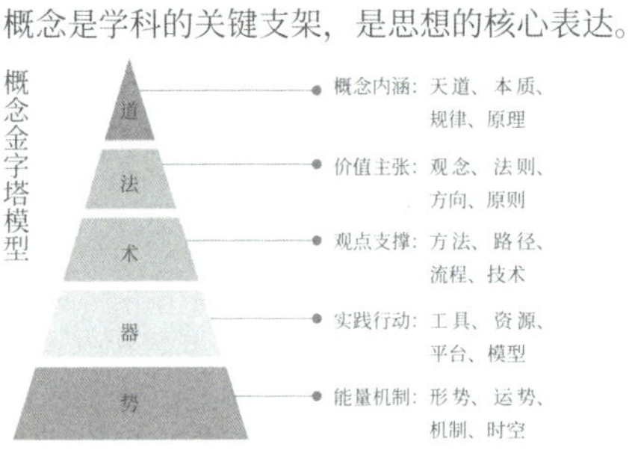

陶行知生活教育思想

概念内涵：生活教育（特点：生活的、行动的、大众的、前进的、世界的、有历史联系性的）

价值主张：一切教育都得从生活中来（原则：民主　大众　科学　创新）

观点支撑：生活即教育——内容论（有生活就有教育，教育以生活为中心、生活决定教育，教育改造生活）

社会即学校——场所论（社会就是一个大讲堂、是生活的重要场所）

教学做合一——方法论（在劳力上劳心、行是知之始、有教先学和有学有教）

实践行动：解放儿童——解放儿童的头脑，解放儿童的双手，解放儿童的眼睛，解放儿童的嘴，解放孩子的空间，解放儿童的时间。小先生制、艺友制。小先生制注意师生交往模式、而艺友制侧重教学艺术和手艺的学习。

能量机制：创办晓庄学校、生活教育社、山海工学团、育才学校和社会大学。

图 2.5

探索一条特色的路子：一招一式的操作路径

6　将理论话语与实践现实深度转换。将理论逻辑与实践逻辑相融合，沿着是什么、为什么、做什么、怎么做、在哪里做、依靠什么做、做得怎么样、如何完善等路径，形成实践操作方式的模型。结构化的知识最有力量。实践模型的建构是教师结构化思维能力的集中体现，是日常教学行动形成教学模式的范式表达，是中国式现代化的教师式样。图 2.6 是 2018 年笔者国家基础教育教学成果一等奖的成果建模。

江苏课程基地：整体推进普通高中育人模式转型

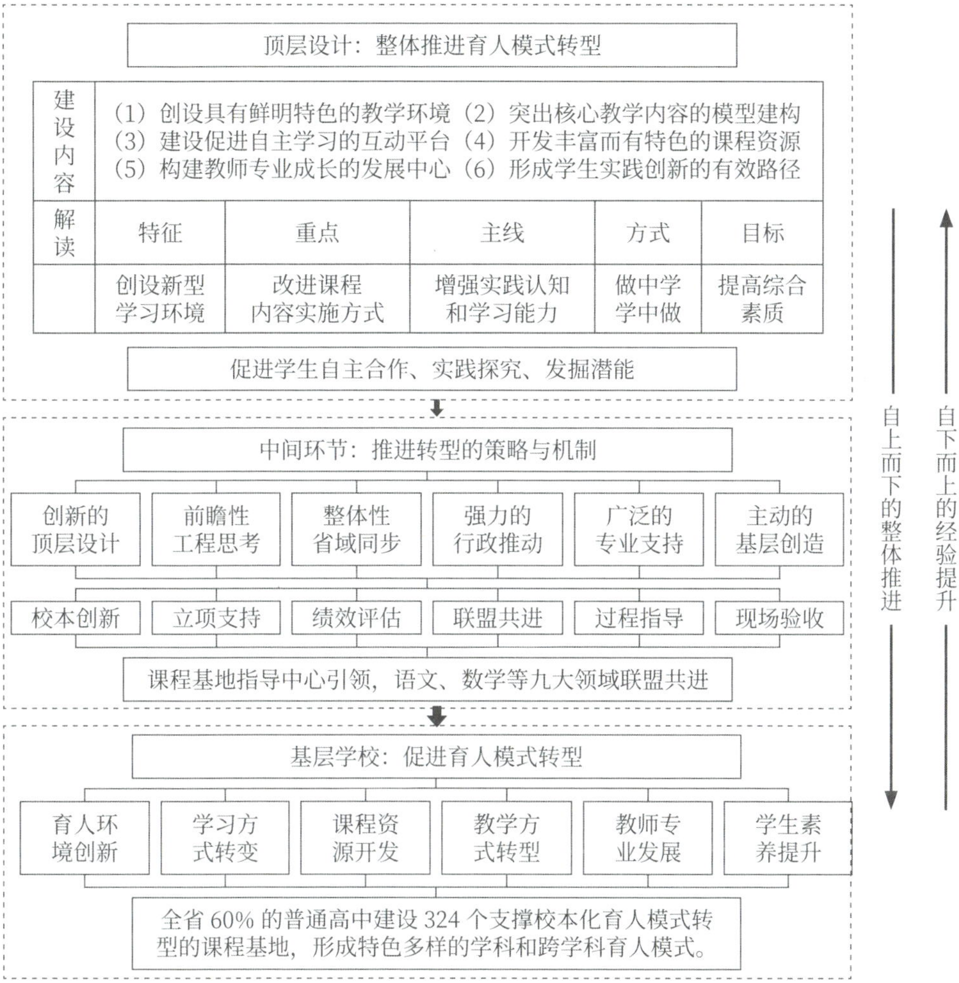

图 2.6

7 谁能得法谁就站在高处。方法为王，得法更为王。授人以鱼不如授人以渔。爱因斯坦得出一个成功的公式，即：成功 = 艰苦的劳动 + 正确的方法 + 少谈空话。其中充分强调了方法的重要性，方法成为勤奋态度与务实行动之间的中介，其桥梁作用是十分重要的。

元创观点

方法为王，务求法理

自求兵法：坚持与功夫——养成天天动笔的写作习惯
高在想法：思想与理论——奖次越高越要有理论建树
缘于说法：问题与本源——从根本上解决了某个问题
重在办法：实操与样态——有结构化的实践操作方法
讲究章法：科学与规律——体现在有学理支撑的科研
实践得法：效果与实证——呈现统计数据分析和案例
形成道法：模式与范式——建设一套科学的逻辑模型
可以效法：辐射与推广——用得上、学得会的普适方法

提炼一个科学的模子：形成可复制的范式

8 发挥模式的巨大力量。模式，指事物的标准样式。其实就是解决某一类问题的方法论，把解决某类问题的方法总结归纳到理论高度，就是模式。模式是主体行为的一般方式，诸如科学实验模式、经济发展模式、企业盈利模式等。模式是理论和实践之间的中介环节，具有一般性、简单性、重复性、结构性、稳定性、可操作性的特征。模式是一种指导，有助于你完成任务，有助于你做出一个优良的设计方案。模式是解决问题的最佳办法，能达到事半功倍的效果。在实际运用中，模式必须结合具体情况，实现一般性和特殊性的衔接，并根据实际情况的变化随时调整要素与结构，才有可操作性。因此，模式是对事物流程的剖析、是对事物本质的剖析、是对事物创新的剖析。

模式是理论实践循环的创造。拉姆说："你可以从别人那里得来思想，你的思想方法，即熔铸思想的模子却必须是你自己的。"作为教育家型教师，在探索教育教学一些具体路子的基础上，要构建多样化的模式、范式，形成"实践—理论—实践"的不断互动提升。

9 思想的图表、图形、图像。以结构的力量做出思想的力量。注重思想升华和结构化表达，通过图表、图形、图像、图文等方法将思想表达出来，形成具体的、有个性的思想图式。在结构化表达中，不仅各个要素组成结构要科学、合理，形成结构化、层次性的表达；还要注重各要素之间的关联，要素间的连线就是最重要的关系表述。没有关联也就没有关系，没有关系也就形成不了结构化表达，建立不起科学的逻辑关系。

元创链接

五行相生相克的关联图式

五行学说是古代中国人民创造的一种哲学思想，五行学说认为宇宙是由金、木、水、火、土五种最基本物质构成的，宇宙中各种事物（包括人在内）和现象的发展、变化都是这五种不同属性的物质不断运动和相互作用的结果。《尚书·洪范》中说："五行，一曰水，二曰火，三曰木，四曰金，五曰土。水曰润下，火曰炎上，木曰曲直，金曰从革，土爰稼穑。"木，具有生发、条达的特性。火，具有炎热、向上的特性。土，具有长养、化育的特性。金，具有清静、收杀的特性。水，具有寒冷、向下的特性。

五行学说认为，事物与事物之间存在着一种联系，这种联系又促进着事物的发展变化。五行之间存在着相生相克的规律。相生，含有互相滋生、促进助长的意思；相克，含有互相制约、克制和抑制的意思。五行相生：木生火，火生土，土生金，金生水，水生木。五行相克：木克土，土克水，水克火，火克金，金克木。

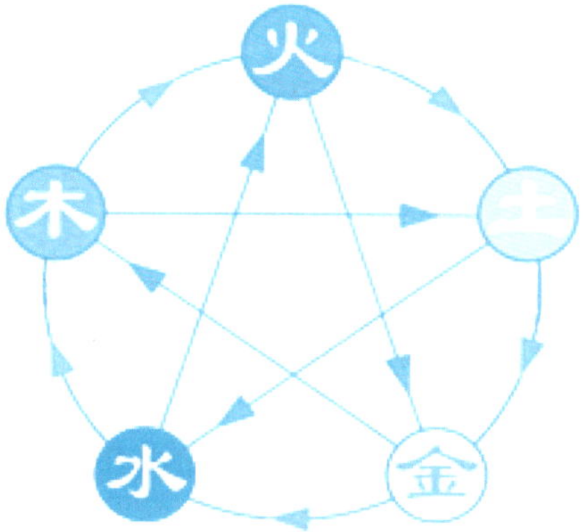

图 2.7

上述五行相生相克概述图（图 2.7），将火、土、金、水、木的五行相生相克的关联作了结构化的科学表述，并充分体现了"相邻为相生、相隔为相克"的关联特点。一方面，从行行相邻看，即相生，因火生土、因土生金、因金生水、因水生木，从而形成一个圆周的外环连线，体现五行相生的关系。另一方面，从行行相隔看，即相克，火隔土克金，以火炼金，所以说真金不怕火来烧；土隔金克水，所以说兵来将挡、水来土掩；金隔水克木，所以说以锯伐木、以斧劈柴；水隔木克火，最常见的就是以水救火；木隔火克土，所以说水土流失多栽树，从而形成一个圆内五角星形的五行相克关系。从五行的关联来看，相生一个圆、相克五角星，既形象又生动，既科学又简约，既深入又明了，值得在结构化思维中进行图构时好好学习与借鉴。

播下一批共鸣的种子：一群人走得更远

10 团队让思想越来越光辉。一个人走得快，一群人走得远。教师走向教育家，不仅是自己的精进，还要有团队的共进。团队是构筑思想的最强根基。

以成就他人成就自己——名师工作室平台的深化。各地各校都有不同层次、不同学科的名师工作室。名师工作室是一所学校、一定区域名师引领的教师专业发展平台，是优秀教师共同学习、互勉共助、集体成长的俱乐部。在名师工作室中，“引领”是前提、是责任，“克难”是关键、是担当，“发展”是核心、是目标，“研究”是内涵、是方法。其中，名师是灵魂，优秀教师是主体。因此，名师工作室也成为名师教学思想抱团向前走的重要标识。江苏省的名师工作室主持人建设，则是以名师领衔，在全省选择优秀同学科教师组成工作室，共同探索研讨，实现学科教学的高度引领、深度建构和难度突破。

11 好平台遇上好团队——以团队塑造好教师群像。一个人的力量是有限的，但如果将个人力量聚集起来就可以产生无穷的力量。这也是五人团结一只虎、十人团结一条龙、百人团结如泰山的道理。2014 年第 30 个教师节前夕，习近平总书记考察北京师范大学时发表重要讲话，勉励广大教师做“有理想信念、有道德情操、有扎实学识、有仁爱之心”的“四有”好老师。“四有”好老师是新时代教师发展的标准。同时，从 2001 年开始的第八次课程改革以来，特别是 2017 年和 2020 年，先后对普通高中课程方案和课程标准进行过两次修订，以及 2022 版义务教育课程方案和课程标准修订实施，新课改的深化推进又有了新的高度，强调跨学科育人。如何将团队建设与跨学科学习有机结合，就成为一个需要普遍探索的问题。江苏以“四有”好老师团队建设，推进跨学科共同育人，是一个前所未有的创新。

元创例证

“四有”好老师团队建设

从2019年开始，江苏省将贯彻习近平总书记“四有”好老师精神与落实新课改跨学科育人要求有机结合，在全省推进“四有”好老师团队建设（参图2.8），在学校所有学科中至少有一名教师参加，组织学校所有学科都有名师参加的跨学科“四有”好老师团队建设，突破以往将同学科教师组织在一起建立团队的做法，这是前所未有的理念创新、思想突破。教育家型教师应当之无愧地挑起原创性改革、创新、实践的重任，至2024年，全省已有省级“四有”好老师团队205个，可以说这些项目都取得了意想不到的实践效果。

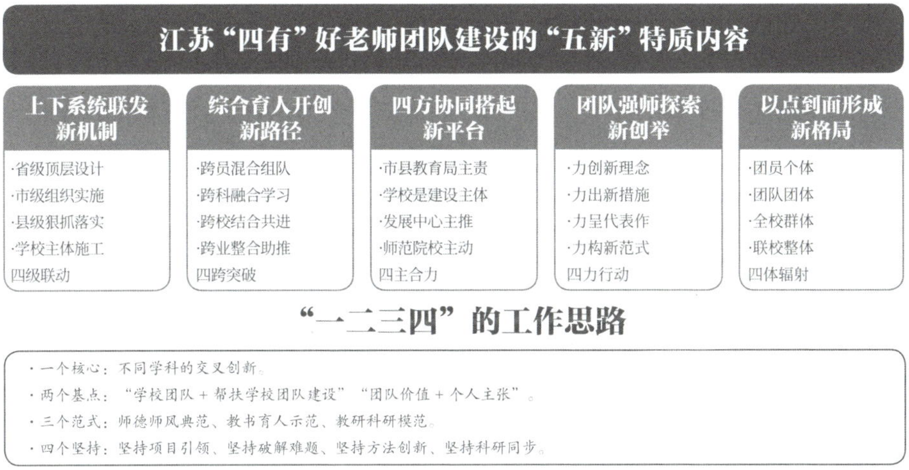

图2.8

扬起一面鲜亮的旗子：让自己的智慧带着别人前行

12 形成定型的团队精神图谱。在理论与实践的互动过程中，从不同的视角、不同侧面提炼围绕教学主张、教学思想的文化体系，构建体系化的精神图式和图谱。淬炼团队有追求、有标识、有响度的文化内涵。团队文化建设的视角从以下案例可以一见。

元创例证

国网南京供电公司石城共产党员服务队

2009年7月，国网江苏省电力公司成立了第一支电力抢修突击队——石城供电抢修服务队。为弘扬中国共产党“把支部建在连上”的光荣传统，8月份，石城供电抢修服务队党支部成立。2011年9月，国网江苏电力在石城供电抢修服务队党支部的基础上，吸纳南京供电公司青年党员和入党积极分子，成立了国家电网江苏电力（南京石城）共产党员服务队。其文化内涵为：

团队名称——党员服务队取名为“石城”，既象征着服务范围是“金陵石头城”，又寓意“实诚——实心诚意为人民服务”，这也是服务队的本色。

价值追求——党员服务队“守护石城光明”的承诺，在一代代队员心里深深地扎了根。

服务理念——做石城人、干实诚事，这是服务队的信条。

精神力量——成立第一天起，“能打硬仗、肯打苦仗、必打胜仗”成为石城的精神坐标。

实践行动——“为百姓解忧、为光明奔走”是队员们的追求目标，南京重大应急抢修抢险石城从未缺席。

社会声誉——铸就了“石城光明卫士”的金字招牌。

13 形成日益完满的教育主张体系。构建系统，锤炼教育思想，着力结构化表达的思想图景。

元创例证

李吉林情境教育体系建设

核心理念——情感活动与认知活动结合。

核心元素——讲究“真”、追求“美”、注重“情”、突出“思”。

四大特点——形真、情切、意远、理寓其中。

六大途径——图画再现情境、音乐渲染情境、角色体验情境、游戏比赛情境、网络拓展情境、语言描绘情境。

促进儿童发展五要素——以培养兴趣为前提，诱发主动性；以指导观察为基础，强化感受性；以发展思维为核心，着眼创造性；以激发情感为动因，渗透教育性；以训练语言为手段，贯穿实践性。

14 成为一方教育的示范和典型。示范作用是指通过行为、表现或模范的榜样所产生的影响，起到引领、激励和影响的作用，作为名词短语，它强调了示范行为的影响力和启发性。教育家型教师当然也应当围绕教学思想的建构，在立德树人、为人师表、理念创新、课堂教学、教研科研、建构范式、助人共进、攻坚克难和教育人生的某个方面上走在前、当表率、做示范、成典型。

元创典故

为什么毕加索比梵高会“经营”？

梵高与毕加索，一个穷困潦倒，一个富可敌国，原因何在？就在于不同的价值分享。

梵高 37 岁去世，一生就卖出《红色葡萄园》370 法郎，现值 9 亿美元。毕加索小梵高 28 岁，至 92 岁留下 80 亿美元。有人说，梵高是穷死的，毕加索是富死的。毕加索的经营之道在哪里？毕加索有自己的方法：

1. 在拍卖会上他会讲画这幅画的故事，故事的唯一性、不可复制性使画成了孤品，价值就高了。

2. 他喜欢沾亲带故，他全名有 102 个西文字母，翻译成中文有 52 个字，村里有个风俗，名字都将名人的名字绑上，产生生态价值，价值又上去了。

3. 让媒体宣传，带来舆论价值。

4. 买东西签支票，有他的签名，卖家舍不得取钱而保留。

5. 帮助人设计酒标，他不要设计费，只要酒，酒可以收藏升值，特别是有他签名的酒价值更容易提升。

区别：梵高在有生之年无法实现与他人价值共享，毕加索生前就实现了与他人价值共赢。

人生总是在“经营”中不断增值

人生是一个自我经营的过程。要经营就要讲运算，人生是离不开加减乘除的。经营自己的长处，能使你人生增值；经营你的短处，能使你人生贬值。要勇于挑战自我，不断提升能力和拓展视野，才能更好地经营自己的人生。想要经营好自己的人生，需要拥有明确的目标和计划，并且不断付诸实践和努力，才能实现自己的梦想和目标。

2.4

道：教育家一生只走一条道

“

教育家是指通过亲力亲为的教育实践创造出重大教育业绩，对一定时期、一定范围内的教育思想和实践产生重要影响的优秀教育工作者，是一个用于描述高层次杰出教育人才的概念。可以说，教育家是教育人的最高层次和最高理想。黑格尔说：“一个民族有一群仰望星空的人，他们才有希望。”教育家就是仰望星空又脚踏实地的教育者，以“五做”走出一条教育之道。

”

马道成功

真正有智慧的人一生只做好一件大事。

章序　教育家是照亮历史的明灯

1　教育延续传承人类所积累的知识、经验、思维和文化，促进了社会的进步和人类的繁荣兴旺。在人类发展的历史上，教育家对教育的发展做出了不可磨灭的贡献，改变了过去、改变着现在、影响到未来。作为教育家，他们是一生一世的教育者，有着深厚广博的文化知识和系统的教育专业知识、专业技能；长期从事教育实践工作，并具有系统、成熟或独特的教育主张、教育思想；取得广泛认可的专业成就，在系统、在社会有被广泛认可的专业声望；立德树人，品行高洁，无私奉献，堪称楷模。

以“五做”之道立业成家

做定一条教育大道：大道通天，只有一心

2 演绎教育家精神。在第 39 个教师节时，习近平总书记致信全国优秀教师代表，信中勉励全国广大教师：“以教育家为榜样，大力弘扬教育家精神，牢记为党育人、为国育才的初心使命，树立‘躬耕教坛、强国有我’的志向和抱负，自信自强、踔厉奋发，为强国建设、民族复兴伟业作出新的更大贡献。”教育家精神是一个系统的论述。心有大我、至诚报国的理想信念是教育家精神的政治灵魂；言为士则、行为世范的道德情操是教育家精神的鲜明品格；启智润心、因材施教的育人智慧是教育家精神的本质要求；勤学笃行、求是创新的躬耕态度是教育家精神的不竭动力；乐教爱生、甘于奉献的仁爱之心是教育家精神的崇高情怀；胸怀天下、以文化人的弘道追求是教育家精神的宏大格局。从“四有”好老师到“四个引路人”，从做“经师”与“人师”的统一者到成为“大先生”，从做学生为学、为事、为人的示范到弘扬教育家精神……习近平总书记一系列重要讲话和重要指示精神成为广大教师躬耕教坛、自我完善的方向引领。教育家就是教育家精神的诠释者。

3 教育家有着色彩缤纷的“精彩”。教育家是一个用于描述高层次杰出教育人才的概念。其实，教育家的专业细分可以看出教育家的多姿多彩。从职业内容看，教育家可分为从事广义教育活动的“广义的教育家”和从事学校教育的“狭义的教育家”；从职业地位看，教育家可分为以从事教育为主要生活来源的“职业教育家”和业余或临时从事教育的“非职业教育家”；从专业知识和技能看，教育家可分为以教育思想生产、加工、传播为主的“教育科学家”和以教育实践为主的“教育艺术家”；从教育场所看，教育家可分为社会教育家、家庭教育家和学校教育家；从个人贡献领域看，教育家可分为教育思想家、教育理论家、教育实践家、教育事业家等。

4 教育思想是教育家的教育贡献。教育者对教育事业的奉献关键在于建设性的贡献，教育家的贡献首先要体现在提出的教育思想理论方面，这既是教育家的标识，也是教育家应有的追求。分析教育历史，古今中外的教育家无不是提出了自己独特的教育思想、教育理论，并将其体现在代表作之中。可以说，没有论著就没有教育家，没有思想就没有教育家。

元创链接

古今中外著名教育家思想理论

（1）孔子，关于孔子及其弟子言行的著作《论语》，提出教育思想“有教无类”“因材施教”，在世界上第一次提出“不愤不启、不悱不发”的启发式教学。

（2）孟子，著作《孟子》，提出性善论、明人伦，理想的大丈夫人格为：富贵不能淫，贫贱不能移，威武不能屈。

（3）荀子，思想基础为“性恶论”。教育目的：化性起伪。学习过程：闻见知行。

（4）墨子，教育思想为“兼爱”“非攻”。教育作用：人性“素丝说”。教育内容：科学和技术教育、思维能力教育、文史教育和道德教育。教学方法：亲之、闻之、说之。

（5）卢梭，著作《爱弥儿》。思想：教育应该顺应儿童的本性，运用自然的方法，培养自然人。

（6）洛克，著作《教育漫话》，思想：“白板说”和“绅士教育”。

（7）苏格拉底，西方哲学的奠基者之一，提出“产婆术”苏格拉底教学法。主张美德即知识，首先要培养人的美德，教人学会做人，成为有德行的人；其次要教人学习广博而实用的知识。

（8）柏拉图，著作《理想国》。最高目标是培养哲学王。柏拉图是西方教育史上第一个提出完整的学前教育思想并建立了完整教育体系的人。

（9）亚里士多德，提出灵魂论，注重德育思想，最早提出教育遵循自然原则，提倡教学方法重视练习与实践，“吾爱吾师，吾尤爱真理”。

（10）昆体良，著作《论演说家的教育》，西方第一本教育专著，也是世界上第一部研究教学教法的著作。昆体良是西方教育史上第一个专门论述教育问题的教育家。教育目的：培养“善良的、精于雄辩的人”。

（11）培根，著作《论科学的价值和发展》，首次把“教育学”作为一门独立的科学提出。

（12）夸美纽斯，著作《大教学论》，近代第一本系统的教育学著作，是教育学开始形成一门独立学科的标志，提出“教育适应自然”“教师是太阳底下最光辉的职业”等观念，第一次提出班级授课制。

（13）康德，著作《康德论教育》，最早在大学开设教育学讲座的人，将教育学列入大学课。

（14）赫尔巴特，著作《普通教育学》，第一本现代教育学著作。赫尔巴特，“现代教育学之父”，是使教育学成为一门独立科学的先驱，是“教育性教学”的首创者和教学形式阶段的发明者。科学教育学的奠基人，提出了传统教育的三中心：“教师中心”“课堂中心”“教材中心”。

（15）杜威，现代教育学的代表人物，著作《民主主义与教育》，提出教育即生长、生活、经验的变革和“从做中学”基本原则。新三中心：学生中心、活动中心、经验中心。

（16）加里宁，著作《论共产主义教育和教学》，重视道德教育和劳动教育的作用。提出“教师是人类灵魂的工程师”。

（17）凯洛夫，著作《教育学》，提出了一套比较严格和严密的教学理论，被公认为世界上第一部马克思主义的教育学著作。

（18）杨贤江，著作《新教育大纲》，是我国第一部马克思主义的教育学著作。

（19）乌申斯基，著作《人是教育的对象》，“俄罗斯教育心理学”的奠基人。

（20）蔡元培，我国最早主张“以德育代宗教”的教育家，提出教育独立思想和五育并举的教育方针（军国民教育，实利主义教育，公民道德教育，世界观教育，美感教育）。

（21）晏阳初，平民教育家，“国际平民教育之父”。思想：提出了“四大教育，三大方式”。

（22）黄炎培，职业教育的先驱，提倡大职业教育主义；“使无业者有业，使有业者乐业”。

（23）陶行知，毛泽东称其为“伟大的人民教育家”。提倡生活即教育，社会即学校，教、学、做合一。

（24）苏霍姆林斯基，著作《给教师的一百条建议》《把整个心灵献给孩子》，理论的核心内容是提出人的全面和谐发展教育思想。

（25）杰罗姆·布鲁纳，著作《教育过程》，提出结构主义教学理论，重视使学生理解学科的基本结构。同时重视学生能力的培养，提倡发现学习。

（26）布卢姆，著作《教育目标分类学》，掌握学习理论，提出三维目标。

5 教师是没有“利器”的智者。教师与医生的职业手段不同，医生更多使用听诊器、手术刀等职业工具，为人看病治病，而教师更多是用自己的知识和才能、品德和智慧影响学生。可见，于医生，设备和技术的应用更明显；于教师，见识和智慧的运用更明显。所以说，教师是手上没有“利器”的智者。

教育家是教师最崇高的身份。教育家仍然是教师的一员，所以要一辈子扮好教师这个角色。要改变“教而优则仕”的现象，往往教学表现优秀的教师容易被调离教学一线，不当教师，变成局长、校长和行政部门领导等，除了当教育行政负责人外，教师当校长、当学校中层干部、当教科研负责人或学科带头人，职务变了、岗位换了、职称升了，都不能离开教师这一教育家安身立命的本行，不能离开教室这一教育家一生成长的舞台。在学校，要走向教育家，教师职务再变、工作再忙，也不能离开教室里的三尺讲台，可以少上课，不能不上课。否则，离开了讲台、离开了课堂、离开了教学、离开了学生，就是教育家旅程的休止符，也是教育家干涸的开始。

6 教育家要有专业性的奉献。教师专业发展是教师队伍建设、教师个人发展一直紧抓不放的专业重点、学科重点和职业重点。教育家首先是教育高级专家，专家专在专业突破、专业建树。基础教育教师涉及专业发展的词语有：专业素养、专业精神、专业理想、专业理念、专业态度、专业情感、专业道德、专业作风、专业品格、专业智慧、专业知识、专业能力、专业思维、专业方法、专业技能、专业实践、专业阅读、专业交往、专业影响、专业发展、专业水平、专业见解……凡此种种，无论教师还是教育家都可以就其中一点，重点突破。这就需要我们更多更好地厘清基础教育中学科、专业和课程的区别与联系，以更清楚地找到专业发展的方向和目标。

元创链接

学科、专业和课程

在教育界，无论是哪类教育，总是离不开学科、专业和课程。一方面，三者之间有异有同，另一方面，基础教育的学科、专业和课程与高等教育的学科、专业和课程又有所不同。

学科、专业和课程的异同。（1）学科与专业的关系。学科是对知识的分类，专业是根据科学分工把学习分成门类，偏向社会职业领域。学科核心在科研，动力是好奇心和社会需求的多元；专业核心在教学，动力仅是社会需求。研究生以上教育更多是学科，如“双一流建设”等；本科以下更多讲专业，如一流本科专业建设。学科中含很多专业，专业中含很多学科知识。（2）专业与课程的关系。课程一般指学生所学习的各种教学科目，是教学内容和进程的总和；专业是课程的一种组织形式，即专业由什么课程组成。（3）学科与课程的关系。学科是对知识的分类，课程既是知识分类又是知识的综合，考虑到学生年龄、基础、能力等；学科建设重在学术水平和创新，课程建设重在育人质量和传承。学科知识是构成课程的元素，学科人才培养靠课程中介实现。

学科建设、专业建设、课程建设的重点不同。学科建设是改善学科结构，主要指基础学科、应用学科、技术学科等；提高学科水平，指学科结构、队伍水平、学术成果、人才培养等方面的优化。专业建设是改善专业结构，主要指专业设置，提高专业水平，体现在专业目标、方案、条件、过程、毕业生质量等方面。课程建设是优化课程结构，主要指优化各类课程比例，提高课程教学质量，体现在统考成绩、同行评价、学生评价、学生创新成果等方面，其条件有教学计划、教学大纲、教学参考资料、教学方法、考核方法、教学手段、教师队伍等。

学科、专业和课程是相互包含、相互联系、相辅相成的关系。学科建设是龙头、专业建设是依托、课程建设是基础。高校建设，从时序上讲，先课程再专业再学科；从发展提高上讲，先学科再专业再课程。学科更高、更先、更为基础、更是前提。学科建设是高校建设的核心，是学校发展的平台，是教学、教研水平的重要基础，是学科的行动指南。

中小学的学科与高校的学科是有明显区别的。（1）从中小学学科特点看，国家学科课程设置统一标准，主要呈现为知识系统的课程特征。因此，长期以来，中小学课程意识极强，对学科建设认识不足，认为高校才搞学科建设，而中小学应搞课程建设。（2）从中小学学科重要性看，学科核心素养、学科育人都昭示了学科教育的重要性。课程是依靠学科支撑的，让中小学学科力量显现出来，必须要加强中小学的学科建设，国家提出学科育人，不仅仅是指高等教育学科育人，整个教育各阶段都有学科育人的重任，基础教育课程改革也越来越强调学科育人的重要性。没有学科建设的学科育人是没有力量的。可以说，中小学没有学科建设就没有学科育人。（3）从中小学教师学科背景看，医生与教师职业地位差异在学科背景、专业背景和专业水平上。细分才能深入，深入才能深刻。医学的专业细分使医生的专业水平、专业地位大幅度提升，相对而言，教育分类不像医疗卫生那样具体、细致、复杂。（4）从学科建设的经验看，学科建设是高校之命，高校自主推进学科建设，学科建设成为高校立德树人、教育教学、科学研究、知识创新和社会服务极为重要的抓手和平台。基础教育学科的真正建设可以说是从普通高中的课程基地建设开始的，也只有十多年的历史。基础教育的学科建设还没有引起教育行政部门、中小学足够的认识、重视和行动。基础教育专业发展往往体现在学科教学上，因此，教育家的发力点必须在于引领与创新，要在专业引领、专业建树和学科建设、学科育人上有所作为、大有作为。

做亮一件教学大事：师道根本，课大于天

7 做一辈子老师就要上一辈子课。作为教师，最重要的是要上好课、上好每一节课，教育好学生、教育好每一个学生。课比天大，这是师道的根本。教师的天职是教学，教师要顶天立地走向教育家，要始终与学生在一起、与课堂在一起、与学习在一起、与学法在一起，真正能够做到这一点，他才能在走向教育家的路上，披荆斩棘，不断跋涉，登峰造极。

8 教学风格是教育家的形象大使。何谓教学风格？笔者认为：教学风格是指教学活动的特色，是教师的教育思想、个性特点、教育技巧在教育过程中独特的、和谐的结合和经常性的表现。教学风格的形成是一个教师在教学艺术上趋于成熟的标志。教育风格具有思想性、独特性、稳定性、实践性、创造性、艺术性的特点，教育风格也是多种多样的，可分为情感型、理智型、自然型、幽默型、技巧型等多种类型。要以教学风格丰富教育家的内涵，并如春风般去滋润更多学生的成长、促进更多教师的发展。而每节课开的好场，则是教学风格演绎的序幕。

元创典故

民国大师的开场风格

辜鸿铭（1857—1928），学贯中西、名扬四海，自称是“生在南洋，学在西洋，婚在东洋，仕在北洋”。有句话流传甚广：“到北京可以不看故宫，不可不看辜鸿铭。”他在辛亥革命后拒剪辫子，拖着一根焦黄的小辫给学生上课，讲台下自然是笑声一片，他也习以为常。待大家笑得差不多了，他才慢吞吞地说：“我头上的小辫子，只要一剪刀就能解决问题；可要割掉你们心里的小辫子，那就难了。”顿时全场肃然，再听他讲课，如行云流水，似仙女散花，名不虚传。

章太炎（1869—1936），国学大师，大学问家。他来上课，五六个弟子陪同，有马幼渔、钱玄同、刘半农等，都是大师级的人物。章先生普通话不好，由刘半农任翻译，钱玄同写板书，马幼渔倒茶水，可谓盛况空前。他也不客气，开口就说：“你们来听我上课是你们的幸运，当然也是我的幸运。”幸亏有后一句补充，要光听前一句，那可真狂到天上去了，不过，章太炎的学问也真不是吹的，满腹经纶，学富五车，他也有资格说这个话。

梁启超（1873—1929），清华国学四大导师之一。梁大师授课时的开场白经常是：“兄弟我是没什么学问的……”稍微顿一顿之后，等大家的议论声小了点，眼睛往天花板上看着，又慢悠悠地补充一句：“兄弟我还是有些学问的。”先抑后扬，一下子把学生们的注意力全都吸引过去。

马衡（1881—1955），金石考古学家、书法篆刻家，故宫博物院第二任院长。马衡在北大讲金石学，带学生去故宫看商周青铜器。学生问他：“何以知道是真的？”马衡说：“若要知道什么是真的，先要知道什么是假的。”学生又问：“那么，又何以知道什么是假的呢？”马衡说：“若要知道什么是假的，先要知道什么是真的！”

刘文典（1889—1958），西南联大中文系教授，《庄子》研究著名专家。刘大师上课的开场白是：“《庄子》嘿，我是不懂的喽，也没有人懂。”抗战时期，刘大师跑防空洞，遇见作家沈从文，便大声喊道：“我跑防空洞，是为《庄子》跑，我死了就没人讲《庄子》了，你跑什么？”沈从文好脾气，从不与他计较。

陈寅恪（1890—1969），国学大师，百年清华四大哲人之一。陈寅恪执教于中山大学时，讲课时校内教授旁听者常多于学生，因此，他有“教授之教授”的称谓。陈寅恪说：“我的思想，我的主张完全见于我所写的《王观堂先生纪念碑铭》中……我要请的人，要带的徒弟都要有自由思想、独立精神。不是这样，即不是我的学生。所以周一良也好，王永兴也好，从我之说即是我的学生，否则就不是。”陈寅恪每次讲课，开宗明义就说：“前人讲过的，我不讲；近人讲过的，我不讲；我自己讲过的，我不讲。只讲未曾有人讲过的。”

闻一多（1899—1946），伟大的爱国主义者，近代诗人。上课时，要先抽上一口烟，然后用顿挫鲜明的语调说：“痛饮酒，熟读《离骚》——乃可以为名士。”闻一多讲唐诗，常把晚唐诗和后期印象派的画联系起来讲，引经据典信手拈来。闻一多大师的课总是座无虚席，外校也有不少人来“蹭课”，有的人甚至跑上几十里路来听他上课。

沈从文（1902—1988），小说写得好，可他的授课技巧却很一般。他也颇有自知之明，一开头就会说：“我的课讲得不精彩，你们要睡觉，我不反对，但请不要打呼噜，以免影响别人。”他的学生汪曾祺曾评价说，沈先生的课“毫无系统”“湘西口音很重、声音又低，有些学生听了一堂课往往觉得不知道听了一些什么”。听他的课，要会“举一隅而三隅反”才行。

可见，大师的风格源于大师的学识。风格是大师的外显，更是大师的自强。

做长一个每天同一时间的研究：一生坚持，难在天天

9 教育家的重要特质是研究创造。教育是寻找理论与实践的相生相融的平衡过程。没有理论指导，实践会偏离方向；没有实践支撑，理论会纸上谈兵。

基础教育数以万计、影响大局的广大教育工作者，一般分为三种：一种是教育工作实践者，主要是教师，他们辛勤工作在第一线，但相对较少有理论的思考、研究和创新；另一种是教育理论工作者，主要是高等师范教育研究单位的人员，他们有研究，学术水平高，但参与一线教育实践不够或较少；还有一种是教研科研和教师发展机构的人员，他们大多从教育教学一线而来，实践较强，有一定理论，但不均衡，参差不齐，总体上讲，他们的实践更多还是经验型、技能型的，理论研究和理论提升依

然需要进一步加强。为此，强实践的未来教育家就要强理论，在高校与科研的学习中，提升理论素养、学术涵养和专业水准。实证研究是教育家的重点方向，一方面通过实证研究找到自身教学思想的教育生产力，另一方面，要为广大教师的理论素养的提升找到方法、方式和范式。

10 **教育家是解决教育问题的先锋。**教育要培养学生发现问题、提出问题、分析问题、解决问题的能力。问题意识是教育人应有的责任，教育家应当是解决问题、发现规律的先锋。要通过“发现问题—分析问题—回答问题—解决问题—延伸问题”的模型建构，为破解教育内卷开辟通道，为探索教育规律开路架桥。

江苏省基础教育示范性育人模式研创工程坚持问题导向，为教育家型拔尖人才立式，做“中国式”的教育先行者。以“理论范式、实践模式、成事方式”的“三式”，三年中，每年侧重解决一式，实现思想立人、模式立事、团队立功。所以教师要形成自己的教育思想基础，就必须拜哲学大师为师，从自己喜欢的大师那里获取哲学的知识和营养。

元创链接

以哲学筑起解决问题的思想高墙——从大师那里学到什么

从亚里士多德那里，可以学到如何释放我们对生活的惊奇，珍惜所有人类获取的理解；像“尤利西斯”一样“去追随知识，像那西沉的星星 / 到那人类思想极限以外的地方”。

从伏尔泰那里，可以学到如何重燃激情，哪怕人已“老年”，重燃对偏见和不公的愤慨之情；推动智识行动的车轮滚滚向前，用智识的清晰度和力量震动一个民族的良心。

从尼采那里，可以学到反讽，把你最有说服力的措辞适时地脱离语境，用到你终生为之奋斗的动机上。

从叔本华那里，可以学到直面生活所需要的勇气，当你内心纠结或扭曲时，你知道，你必须继续生活——有意义地、有益地并尽量诚实地生活。

从奥古斯丁和克尔恺郭尔那里，可以学到如何接受成为人的罪：如何改变人类受苦的境况去服务他人（奥古斯丁），重新发现成为一个个体的人意味着什么（克尔恺郭尔）。

从培根和马基雅维利那里，可以聆听到流亡的痛苦——被割断与你的工作、你的朋友、你的生活的联系，有创造性地应对多年孤独的挑战，被迫学会一个人生活。

从托马斯·阿奎那和阿尔伯图斯（阿奎那的老师）那里，可以学到非常人的规训，拥有超出常人的力量。

从柏拉图和爱因斯坦那里，可以体会到"心灵冒险"——进入一个可能的世界，让人为之兴奋和着迷。

从伽利略那里，可以学到面对顺从的压力时坚持"我们自身信念"的勇气；有知识、证据站在我们一边，借助我们的勇气，去赢取一种个人的胜利。

从维特根斯坦那里，可以了解"用我们自己的思想去思考"是什么意思——不是去重复听到的单词和记忆的短语，不是诉诸套话，假装它们真的是我们自己的看法。

从斯宾诺莎那里，可以学习如何在四面八方的反对下坚守我们珍视的信念而生活，避免心怀怨恨，当别人直呼我们的名字将我们排斥在外时变得更加平和和明智。

此外，能教给我东西的，还有方济各、托马斯·莫尔、林肯、贝多芬、海伦·凯勒、贞德……

摘自《像哲学家一样思考》
［美］詹姆斯·克里斯蒂安 著

11 一生做精一件属于自己的事。人的一生说长也长，说短也短。躬耕教坛，强国有我。教师一生都在劳碌之中，特别是当下，尽管国家曾经发了关于减轻教师负担的意见，加之随即而来的"双减"，减轻教师负担的成效还不明显。在这样的情况下，能建立并"经营"自己的教育教学思想的校长们、教师们，真不容易，着实令人敬佩。因此，一方面，我们只能让我们回到成功的捷径——专注上来。庄子曾说："用志不纷，乃凝于神。"罗曼·罗兰曾说："与其花许多时间和精力去凿许多浅井，不如花同样的时间和精力去凿一口深井。"工作的繁忙反而促使我们确定正确的研究方法，聚精会神，单兵突进、重点突破，持之以恒、见缝插针去努力做成一件事，构建自己的思想高地；另一方面，专研一域，通晓天下。稻盛和夫也说，一项技艺做到极致，则万般皆通。院士和医生都是对准某一点一直深挖，最终都卓有成效。大千世界，总有一事在等你。总之，择一事终一生，终有所成。

做得一群高人智慧：巨人之肩，高看明天

12 教育家做得一群高人智慧。没有理论的支撑就没有“家”的存在。俗话说，读万卷书不如走万里路，走万里路不如高人指路。从李吉林等教育家的经历来看，一位中小学教师要走向教育家，必须要一直不停地提高自身的理论素养，既要以先贤圣哲为偶像，站在巨人肩上登高望远；又要立足未来，为国家和民族提升全民素质和培养领袖、领军、领跑和领导人才而奠基。同时，要多拜专家，博采众家之长，提高自己的综合素养、综合能力。

13 躬耕教坛，强国有我。这是 2023 年第 39 个教师节的主题，更是新时代广大教师落实立德树人根本任务的最新号角。作为基础教育的教育家型教师，在迈向教育家的征程中，要躬耕教坛，传承前人，探索规律。画家李可染先生说得通透：“基本功是从艺术修炼的全过程中，抽出最根本、最困难、最关键性的规律部分，只有这些最根本的规律被掌握、被攻破了，以后在创作上遇到具体问题也就容易解决了。”教育家要为教育规律的寻找、发现、共享作出贡献，提供共享的名家经验、名家方案、名家模式。同时，强国有我，不仅打好教育强国的基础教育基点，更要善于从历史的大师中学习传承、传递到未来的各类大师中去，这就要以教师阅人的慧眼、法眼，去发现、推荐、培养、激励未来国家兴旺与民族振兴的拔尖人才，真正体现教育立国、教育兴国、教育强国的基础性与全局性战略作用。

14 名师出高徒、高徒出名师。名师也好，名家也罢，都是以优秀的学子为自尊的。教育家重要的标志之一就是育人成果，是他培育的学生。这种育人不仅有他教过的学生，更有他带过的教师徒弟。在师带徒的过程中，把名师名家的教学主张、教学理念、教学思想、教学方法及其产生之道一以贯之地传授给教师徒弟，这是一个教师能站在历史长河的重要保证。

“将相本无种，男儿当自强……三千徒众立，七十二贤人。”这是出自古时家教经典之作《名贤集》中的几句话，其中“三千徒众立，七十二贤人”两句指的是孔子的弟子。试想一下，孔子如果没有一批学生尤其是优秀学生，也许就没有了

孔子。《论语》就是孔子及其弟子的语录结集，由孔子弟子及再传弟子编写而成，至战国前期成书，它较为集中地体现了孔子的政治主张、伦理思想、道德观念及教育原则等。《论语》是儒家学派的经典著作之一，与《大学》《中庸》《孟子》并称“四书”，再加上《诗经》《尚书》《礼记》《周易》《春秋》，总称“四书五经”。同样，名师以名生为名，名生以名师为名，相熠生辉。比如说苏格拉底的学生柏拉图，柏拉图的学生亚里士多德，亚里士多德的学生亚历山大等。还有欧阳修在唐宋八大家中，宋代的六位除欧阳修本人外的五位都是他的学生，分别是苏洵、苏轼、苏辙、曾巩和王安石，从欧阳修到苏轼到黄庭坚，这不仅是伟大的精神传承，更有历史的文化意义、经典故事和永恒魅力所在。教育家更当为党育人、为国育才，慧眼识英才、桃李满天下。

元创典故

有一种友谊叫“苏黄”

盛唐有李杜，隆宋有苏黄。有一种友谊叫“苏黄”，便是北宋时期的绝代双骄苏轼和黄庭坚，他们既有师生之情，又有深厚友谊。翻开史书，就能发现二人共沉浮，都曾因政治斗争而遭受排挤，被贬至边远地区，但他们互相支持，共度时艰。他们的友谊建立在对文学和艺术的共同热爱之上，表现出了中国传统文人间的深厚情谊。

苏轼第一次在孙觉（黄的外舅）座上见到黄庭坚，后就把黄庭坚、秦观、晁补之、张耒都招入了馆阁，人称“苏门四学士”。苏门弟子众多，苏轼唯独对黄庭坚宠爱有加，黄庭坚的文章声名鹊起也是源自苏轼。也正是有苏轼的喜欢才成就了黄庭坚不平凡的一生。苏轼和黄庭坚都是文坛巨擘，苏轼诗词以豪放派著称，而黄庭坚则以工整细腻见长，两人相互影响颇深。苏轼的豪放和直率在黄庭坚的作品中有所体现，而黄庭坚的细腻和深思也在苏轼的作品中留下痕迹。在两人交往中，生活中雅俗之事无不入诗。黄庭坚给苏轼送块砚要写诗，一起吃个笋要写诗，喝个茶也要写诗。光在开封相聚时，两人唱和的诗篇就多达百篇。黄庭坚诗题上最常见的高频词就是“子瞻”两字。两人常在幽默谈笑中，将各自的文学观点毫无保留地表达出来，相互警醒和提升。在书法上，苏黄虽然惺惺相惜，但也会直言不讳。苏轼对黄庭坚说，你的字虽清劲，而笔势有时太瘦，几如“树梢挂蛇”；黄庭坚也不示弱，回击道：“公之字固不敢轻论，然间觉褊浅，亦甚似石压蛤蟆。”直接把老师的书法比成扁肥的“石压蛤蟆体”。

苏黄之间能做到和而不同，是因为内心有一种恒定的价值观，能坚守士大夫的底线。人，一生都需要朋友，更需要一生的朋友。苏黄便是万世之楷模。

教育思想是教育家的历史性奉献

15 一家之言最早出自西汉司马迁《报任少卿书》，原意是一个学术流派的理论观点或论著，也用来泛指一个学派或个人的意见或理论观点。教育家就要成一家之言，有独特见解、自成一体的理论观点和学术论著，要以教育思想亮堂世界，照亮教育历史的天空。教育家能成一家之言，方可下自成蹊。

03 第三部分

地大物博：

职业本领的四大支柱

职业本领对人的一生至关重要
教师的意义首先在课堂
课堂是教师人生的疆场
学科都有其独特的美学特质
教学板书就是教师的尊严
课堂唯一不变的就是变化
每节课都是教育人生连续剧的精彩一集
教育是各种关系的总和

人的全部本领无非是耐心和时间的混合物。

——巴尔扎克

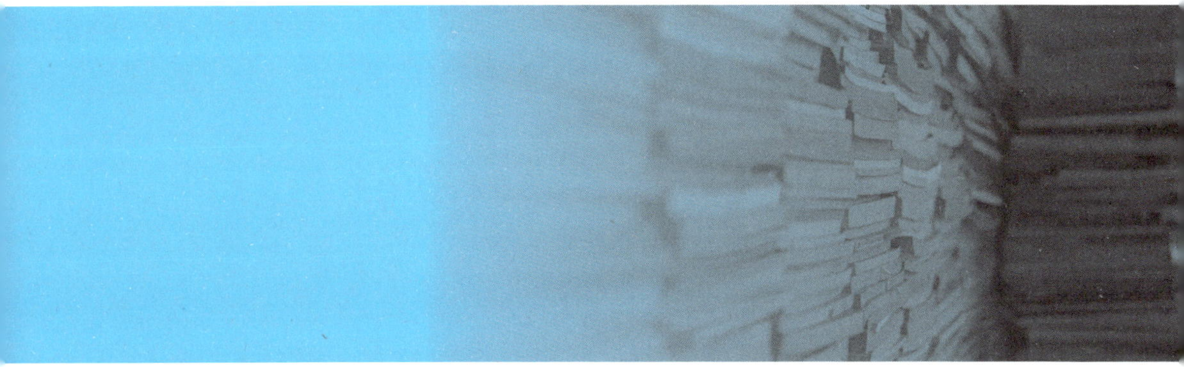

本领，是成功的关键所在。本领是个人最拿手而有特色的本事或能力。本领和能力相近，但本领大于能力。“能力”一般指某个专项，如逻辑思维能力；“本领”也可以泛指某人各方面综合能力强，如说本领高强。

人的一生，职业本领至关重要。敬业是一种态度，精业是一种本领。职业本领是教师安身立命的重器，是托起教师职业高度的基石。本部分所指的职业本领，更多强调教师能力的综合性和实用性，并以“地大物博”一词分别诠释体现教师职业特质的教学能力、心智能力、研究能力、提升能力等“四大能力”（见图 3.1）。

地大物博：教师职业本领的四个能力

教学能力——地基永远在课堂教学	心智能力——大先生源于从“心”交流	研究能力——物化的理论与实践成果	提升能力——博观约取的知识建构
·教学目标精准美	·如何当好班主任	·发现问题	·思想政治的学习
·教学内容学科美	·如何与学生有效沟通	·文献检索	·学习科学的学习
·教学过程节奏美	·如何与家长有效沟通	·淬练题目	·哲学知识的学习
·情境仪表意蕴美	·如何掌控教学气场	·结构层次	·社会科学的学习
·教学语言激荡美	·如何自我控制情绪	·迅速成文	·创新思维的学习
·教学机智方法美	·如何处理课堂偶发事件	·专家支持	·信息技术的学习
·教学技术交互美	·如何处理师生课堂冲突	·成果表达	·艺术审美的学习
·教学板书艺术美	·如何处理校园欺凌事件	·实证研究	·历史文化的学习
·师生关系融和美	·如何防止引发舆情	·展示应用	·典型名家的学习
·课堂评价励志美	·如何建立教育人际关系	·持续完善	·其他知识的学习

图 3.1

3.1

地：地基永远在课堂教学——教学能力

课堂是教师人生的疆场，是教师水平决战的擂台。**教师的意义首先在课堂。**课比天大——学校压倒一切的重中之重就是课堂教学。课堂教学是学校立德树人的载体，是教师最为核心的集体工作。教师备课、上课、批改作业、处理班级事务、找学生谈心、接待家长来访等……都是围绕课堂教学和学生发展展开的。教师从走进课堂、站上讲台的第一天起，就要把教学能力视为教育人生的“压舱石”，一生打好课堂教学的地基，演绎教师的人生价值：**每节课都是教育人生连续剧的精彩一集。**

马道成功

课堂是教师内修到外显的舞台。

章序　学习是一场美的相遇

1　审美是人生的启蒙。康德说：“美者是道德上的善者的象征。”审美导向一种道德兴趣，道德兴趣又会激发人们对美的敏锐感受，进入对美的鉴赏的更高层次。蔡元培说：“中国人是富于美感的民族。”五千年文明古国自有一种大美的存在。一个人如果有善于发现美的心灵，不仅是一种向美的存在，而且也会促进自我道德高尚。康德认为，优美与崇高都能激发人们的感情，一切崇高形象更易唤起人们的敬重之感，产生崇敬之情；所有优美事物都会引出人们的爱慕之情，产生愉悦之感。这也充分证明了课堂首先重在审美的力量。

2 审美是有不同层次的。审美可分感性层、理性层和超越层三个层次。感性层是审美活动的最低层次，主要依靠感官来感受美的存在，如色彩、构图、线条等元素，这是最为基础、较为直观和本能的层面。理性层是通过思考和分析来深化对美的理解，在这个层次上，人们需要具备一定的知识和技巧来欣赏和理解美的作品。理性层的审美能帮助人们探索和发现美的内在价值，体验更为深刻。超越层是审美活动的最高层次，涉及超越自我的境界，人们不再局限于已有的知识和经验，还能通过自我超越和创新来开拓新的审美视野，实现精神的飞跃。

可见，审美的层次性与教育育人的层次性是一致的，是由低到高的发展过程。美丽中国，也明显体现了中华民族审美上入古出新、美感与美育的有机统一。

3 美是源自天性的喜好。美感产生需要懂得美感，不懂得美就没有审美。比如学习书法，如果不知道、不了解、不把握草书的奔放，行书的灵动，魏书的刚劲，隶书的苍茫，楷书的挺拔，篆书的浑圆等各书体最本质的美学特征，那你无论是习字还是欣赏都是难以完成的。审美有天赋特性。“爱美之心，人皆有之”，比如，给一两岁幼儿吃东西、买玩具时，他有时会用手挡开推开，或以哭声拒绝，他虽不能言，但行为动作告诉我们，他不要、他不喜欢，当换上另一款或另一种颜色玩具时他就接受了。可见，天性，是物事之始，更是物事之终。“美”的教育要伴随人天性的始终。因此，学校从学习教育之始，就要发掘各学科之美并成为学科育人的基础条件。

4 学科之美促进育人之美。以美育人是五育并举的内在要求。蔡元培说：“美育者，与智育相辅而行，以图德育之完成者也。”以美育人不仅是重视美育本身，更是强化了美育的育人价值和力量。以美育人，不仅在校园建设中要强调物型课程的审美意蕴，更要展现学科育美、学科育人。知识、技能的学习掌握，还要通过各种各样的活动体现审美教育浸润，最终要落实在学生言行成美上。所以，席勒说：“若要把感性的人变成理性的人，唯一的路径是先使他成为审美的人。”审美让人理性、深刻。

学科之美无处不在，学科之美千姿百态，学科之美平易近人，学科之美价值无限。学科之美的育人价值就在于，通过学科之美激发学科志向：以学科历史、学科特色、学科体系，呈现学科情境、学科情趣，培养学生学科思维、学科情感、学科精神、学科伦理，树立学科志向，以学科学习方法和能力，提升全体学生学习能力和学习效能。

建设美感课堂的十个标准

5 学校的中心是教学，教学的中心是课堂，课堂的中心是学生，学生的中心是学法。课堂教学要敢于跳出应试课堂的桎梏，建设高效课堂，追求美感课堂。美感课堂，不仅是追求课堂美感的需要，更是以美育人、学科育人的需要，更是跨学科学习和五育并举的需要。美感课堂，重在建设。通过建设，逐步形成引好奇之美、读知识之美、唤实践之美、品情感之美、评表达之美，从课堂美感走向学习美感、领略教育美感、感受生活美感、领悟生命美感。为此，笔者提出了美感课堂建设十个标准（参图 3.2），以美感课堂，让孩子在课堂美美地学习。

美感课堂建设十个标准

教学目标精准美	教学内容学科美	教学过程节奏美	情境仪表意蕴美	教学语言激荡美	教学机智方法美	教学技术交互美	教学板书艺术美	师生关系融和美	课堂评价励志美

图 3.2

教学目标精准美

6 教学目标是教学将使学生发生何种变化的表述，是指在教学活动中所期待得到的学生学习结果。在整个教学过程中，教学目标起着十分重要的引领作用，是教学的起点，也是教学的归宿：教学设计要紧扣教学目标，突出重点而展开；教学活动以教学目标为导向，并且始终围绕高效实现教学目标而进行；教学评价要对学生学习结果进行测评，从而确定教学目标的达成情况如何。

因此，教师要养成“课前一分钟”的习惯：每位老师上课前，要在教室门口稍驻一分钟，有意识地思考一下本节课的教学目标、重点难点究竟是什么，以便在课堂教学过程中始终沿着教学目标的主线前行；下课离开时，对自己稍作自我估测和反思，本节课教学效果是十环，还是九环、八环……高，高在哪里？低，低在哪里，原因是什么，如何改进？由此养成每堂课后都有即时反思的良好教学习惯，并进行不断地比对、完善、提高。

教学内容学科美

7　课堂教学中因分科学习不同而异、因文体题型不同而异、因具体内容不同而异，展现千姿百态的教学之美。

（1）展现学科内容的特质美。学科都有其独特的美学特质。不同学科之美是本学科的“这一个”，是与其他学科不同的独特存在。挖掘发现学科之美，是加强美育、五育融通的重要载体。通过不同学科之美，呈现不同学科教学的学科美境，在不同学习美的惬意中美美地学习。

元创观点

各美其美的学科之美

语文的文道之美——文以载道，关注的是文学教育的审美性价值。语文是文道美的统一。中文之美，美在形体、美在趣变，美在朗朗上口、美在意韵无穷，亦美在风骨风情、气象万千。苏霍姆林斯基说：“阅读应当成为吸引学生爱好的最重要的发源地。我的教育信念的真理之一，便是无比相信书的教育力量。”所以，我国教育十分强调以文化人，以美育人。

数学的思维之美——人们学习数学是从婴幼儿的数数开始的。数学的本质特征是思维，形式特征是等式，底层逻辑是发现共性、找规律、识别模式。数学的美学价值，正如有专家所言，数学是一种非常美丽的学科，美在其简洁、严谨和深邃。数学的简洁和严谨让人震撼。同时，数学中的各种思想和方法也帮助人们更好地理解现实世界中的各种现象，从而发现更多的美。所以，笛卡尔也说：“数学，如此精确，如此清晰……真是美丽绝伦。”

地理的和谐之美——地理就是经纬世界。“天地有大美而不言”，从某种意义上说，地理就是替天地“说话”的一门学科。地理之美是内在美与外在美的统一。宇宙太空奇异美、自然地理景观美等是外在美。内在美表现为对称之美，如南北半球对称，南北极点、南北纬线、东西时区的对称等等。平衡之美，八大行星，各行其道、互不干扰；月球地球，相伴相随、阴晴圆缺等等。体验地理之美就是走向外界、走向内心。

化学的变幻之美——包括化学现象之美、化学物质之美、化学结构之美、化学工艺之美、化学器皿之美、化学历史之美、化学人物之美等等。

还有，外语的融合之美，物理的探究之美，生物的生命之美，政治的智慧之美，历史的品鉴之美，体育的健雄之美，音乐的韵律之美，美术的形意之美等，都值得挖掘、生发，汇合成以美育人的巨大力量。

（2）注重内容表达的形式美。学科内容的特质之美还因深入不同存在不少差别。如语文中的诗歌、散文、小说等，其内容的特质都会给人一种各美其美的快意和惬意。充分运用现代课堂教学多种黑板、多块黑板的灵活互补作用，互补地、立体地、有效地表达教学内容。

元创链接

大美语文的万千气象

语文的断句之美——“下雨天留客天留我不留”，不同的断句，大相径庭，可见汉字标点的力量。

一是：“下雨，天留客；天留，我不留。”二是：“下雨天，留客？天留，我不留。”三是：“下雨天，留客天，留我不留？”四是：“下雨天，留客天，留？我不留！”五是：“下雨天，留客天，留我不？留。”

语文的读音之美——一句话，读的重音不同，那意思可能会差了春夏秋冬一整年。

例如，冬天冷的时候，能穿多少就穿多少；夏天热的时候，能穿多少就穿多少。

同篇一音的美。如《施氏食狮史》：石室诗士施氏，嗜狮，誓食十狮。施氏时时适市视狮。十时，适十狮适市。是时，适施氏适市。施氏视是十狮，恃矢势，使是十狮逝世。施氏拾是十狮尸，适石室。石室湿，氏使侍拭石室。石室拭，氏始试食是十狮。食时，始识是十狮尸，实十石狮尸。试释是事。

语文的意趣之美——宋代大诗人黄庭坚写了首同旁诗《戏题》，一句诗中的每个字都用相同的偏旁或者部首组成，整首诗整齐而美：

逍遥近边道，憩息慰惫懑。晴晖时晦明，谑语谐说论。草莱荒蒙茏，室屋壅尘坌。僮仆侍偪侧，泾渭清浊混。

语文的形式之美——清朝朱杏孙的《虞美人》，可正读、倒读，调整句子后还能成为一首新的七律诗：

正着读：孤楼倚梦寒灯隔，细雨梧窗逼。冷风珠露扑钗虫，络索玉环圆鬓凤玲珑。肤凝薄粉残妆悄，影对疏栏小。院空芜绿引香浓，冉冉近黄昏月映帘红。

倒着读：红帘映月昏黄近，冉冉浓香引。绿芜空院小栏疏，对影悄妆残粉薄凝肤。珑玲凤鬓圆环玉，索络虫钗扑。露珠风冷逼窗梧，雨细隔灯寒梦倚楼孤。

调整句子后，成了七律：孤楼倚梦寒灯隔，细雨梧窗逼冷风。珠露扑钗虫络索，玉环圆鬓凤玲珑。肤凝薄粉残妆悄，影对疏栏小院空。芜绿引香浓冉冉，近黄昏月映帘红。

再倒着读：红帘映月昏黄近，冉冉浓香引绿芜。空院小栏疏对影，悄妆残粉薄凝肤。珑玲凤鬓圆环玉，索络虫钗扑露珠。风冷逼窗梧雨细，隔灯寒梦倚楼孤。

语文的意丰之美——一字多用，可以表达多种事情。

例如，这个锅有点脏，你赶紧弄干净；头发分叉了，下午去理发店弄下；电脑蓝屏了，弄了好久也没弄好；今天在家大扫除，弄一身灰；心情有点不好，别惹我，不然弄你。

语文之美，的确让人美不胜收，意趣盎然。

（3）升华内容提炼的情感美。没有动情就没有教育。学科育人、以美育人都归结到在“育”字上做文章，能不能“育”、会不会“育”、“育”的实效如何，就在于有没有让学生动心动情动脑。要通过学科之美激发学科情感之美，实现情知交融，引导学生沿着审美学科、审美学习、审美生活、审美人生的路向前行，实现不断发现美、引领美、传播美和创造美的人生增值。

教学过程节奏美

8 教学节奏就是指教学中可比因素的有规律变化。《礼记·乐记》上写道：“节奏，谓或作或止。作则奏之，止则节之。”就是说，当行则行，当止则止，就是节奏，这是对节奏的理论性概括。已知的第一个问出“时间是什么”的亚里士多德说，时间就是对变化的量度。亚里士多德认为节奏是“时间的秩序”。柏拉图则认为节奏是“运动的秩序”。英国人荷迦兹说：“差异的对立就是节奏。”如果没有快慢、强弱、长短、轻重、刚柔的差异对立，就没有节奏可言。中国古代哲人对节奏有独到见解。中国古人赋诗作文，都讲究起、承、转、合，就是对节奏的考量，以节奏增强人的美感体验。

9 文武之道，亦张亦弛。作品有节律，工作有节奏。节奏是通过适当的方式，把各种变化着的对比因素加以巧妙组织，以构成前后连续的、有规律变化的有序整体。节奏在课堂教学中有着重要作用，决定课堂氛围、时间掌控和课堂活力等。美国导演理查德·波列拉夫斯基说：“节奏是一件艺术品所包含的各种不同要素的有秩序、有节拍的变化——而这一节拍变化一步一步地激起欣赏者的注意，始终如一地引导他们接近艺术家的最终目的。”教育作为一门艺术，节奏十分重要。音乐为什么让人喜欢？就在于好的旋律和节奏。好的教学节奏，能够在关键的可对比的因素上，呈现出有美感、合规律、合目的、受欢迎的规律性变化。教师要从教学内容与目的出发，根据学生实际和课堂需要，进行灵活而恰当的调控，使教学呈现出强烈且和谐的律动美，跌宕起伏的课堂教学使学习更能够入脑入心。

节奏是学生专注力的指挥棒。要将教学节奏与学生注意力集中有机地结合。学习科学表明，孩子各年龄段专注力时长为：2—3 岁，约 5—10 分钟；5—6 岁，约 10—15 分钟；7—10 岁，约 15—20 分钟；10—12 岁，约 25—30 分钟；12 岁之后，约 30 分钟以上。为此，教师应当根据不同年龄段学生注意力时间，把教学重点放在学生有意注意时间内完成；在无意注意时间内，穿插一些实例或轻松愉快的情节。总之，要通过运用各种教学方法、教学手段，促进学生身心调节，不断增强学生专注力，激发学生学习新知识的强烈欲望和主动意识。

情境仪表意蕴美

10 教学情境是指教师在教学过程中创设的情感氛围。“境”是教学环境，是一种有意义、有意识的教学空间。包括以下几方面的内容：一是学校的各种硬件设施，如学生所处的物理环境；二是学校各种软件设施，如教室的陈设与布置，学校的卫生、绿化；三是具有一定情感氛围的教学活动和智慧课堂。

孔子说：“不愤不启，不悱不发，举一隅不以三隅反，则不复也。”在肯定启发作用的情况下，孔子尤其强调了启发前学生进入学习情境的重要性。在教学环境上，笔者提出物型课程的原创概念，就是指学校的一砖一瓦、一草一木都要有教育价值、课程意义、学科连接、学生需要，它们都是在育人。本处讲的教学情境主要是指课堂教学情境。良好的课堂教学情境可以增强学习空间的氛围，充分调动和激发学生学习的主动性、积极性、体验性，启发学生思维、开发学生智力、增强课堂活力，是提高中学学科教学实效的重要途径。

11 教学情境是课堂教学的基本要素。教育部印发《义务教育课程方案和课程标准（2022 年版）》强调："加强课程内容与学生经验、社会生活的联系……注重培养学生在真实情境中综合运用知识解决问题的能力。"新课改明确提出重视"情境式"教学，要求用"问题情境"整合各科学习内容，建立与"问题情境"相关的知识结构，防止"知识碎片化"。

12 创设教学情境是教师的一项常规教学工作。陶行知喻为"接知如接枝"，并说"我们要以自己的经验做根，以这经验所发生的知识做枝，然后别人的知识方才可以接得上去，别人的知识方才成为我们知识的一个有机部分"。创设有价值的教学情境正是"接知如接枝"，是教学改革的重要追求。主要体现在：

（1）情境创设的生活勾连。新课程呼唤科学世界向生活世界的回归。强调情境创设的生活性，是要解决生活世界与科学世界的关系，在学生鲜活的日常生活环境中发现、挖掘学习情境的资源，并挖掘和利用学生的经验，引起学生情感回应。美国教育心理学家奥苏贝尔说："假如让我把全部教育心理学仅仅归纳为一条原理的话，那么我将一言以蔽之：影响学习的唯一重要的因素就是学生已经知道了什么。要探明这一点，并应据此进行教学。"从而揭示了"学生原有的知识和经验是教学活动的起点"的教学理念。

（2）情境创设的形象力量。这是要解决形象思维与抽象思维、感性认识与理性认识的关系。教学情境创设，应该是形象、具体、感性的，看得见、摸得着，能有效地丰富学生的感性认识，有效地刺激和激发学生联想，促进感性认识向理性认识的转化升华；使学生能够超越个人经验范围和时空限制，促使学生形象思维与抽象思维的互动发展。

（3）情境创设的学科特色。基础教育是以分科课程的学习为主的。教学情境应紧扣学科特色和教学内容，体现学科知识发现的过程、应用的条件以及学科知识在生活的意义与价值的一个事物或场景。学科性是教学情境的本质属性。要挖掘学科自身的魅力和美感，利用学科自身的内容和特征来生发情境，如利用各学科的学科之美，创设各有特色、各展风姿的教学情境，利用数学的严密性、抽象性来创设数学教学情境，利用语文的人文性、言语性创设语文学科教学情境等。

（4）情境创设的问题意识。有价值的教学情境一定是内含问题的情境。教学情境中要有意识设定问题，形成发现问题、分析问题、解决问题、延伸问题的包袱；要紧紧围绕教学目标内容设定，使教学情境有利于促进教学任务的完成和学生学科学习；本着“跳一跳，摘桃子”的原则，问题情境设计要适合学生的实际水平，保证大多数学生在课堂上都处于思考状态；问题设计要有文化创意性，新颖、奇特、生动，以使问题具有真正吸引学生的力量。同时，要通过将生活的陈述句改成疑问句，顺设情境、顺用情境，有效地引发教学思考。

（5）情境创设的情感价值。德国教育家第斯多惠说：“教学的艺术不在于传授的本领，而在于激励、唤醒、鼓舞，而没有兴奋的情绪怎么能激励人，没有主动性怎么能唤醒沉睡的人，没有生气勃勃的精神怎么能鼓舞人呢？”情感、态度、价值观，是基础教育课程改革的重要内容。在心理学上，情感、态度、价值观属于三个不同层次的心理现象，三者是相辅相成、相互联系、相互影响的过程，积极的情感、态度，科学的价值判断在人们探索知识和技能的过程中会起到巨大的推动作用。积极的情感可以增加人的动力，从而影响行为的效果，这是积极心理学。在教学过程中，要重视学生的情感教育。态度是指在一定情境下，个体对客体以特定方式进行反应的一种心理倾向，是个体在情感体验的基础上外化出的对生活中各种事物和问题特定的认识，具有明显的个人取向。如学生对一门课程、一位教师的喜不喜欢就属于态度。就生活经验来讲，喜欢的事情，人们往往更容易对其投入关注和感情，更容易做好它。因此，在传授知识和技能的同时，也要关注学生的态度的培养，不仅仅是培养学生积极的学习态度，更是要培养学生积极的生活态度和人生态度。价值观则属于更高层次的心理活动，指个体看待客观事物及评价自己的重要性或社会意义所依据的观念系统，是在情感体验和态度选择基础上形成的高级性的价值追求与判断，具有重要的指导意义。

需要说明的是，教师仪表是直接影响学生的“情境”，教师衣着仪表要大方得体，昭示教师的职业形象、职业品味、职业气象、职业文化和职业美感。学生喜欢一位老师就会喜欢一门学科，就会喜欢学习。

教学语言激荡美

13 亚里士多德说：“人在本质上是个语言存在物。”语言是课堂最重要因素之一，课堂教学中的沟通行为绝大多数靠语言完成，所以课堂教学效果的好坏很大程度上取决于课堂语言的质量高低。一个优秀的教师首先要从他的口头表达开始。

（1）语词要有清晰感。音乐就靠声音。教师讲课字字清晰，学生才能声声入耳。教师话语，能迅速博得学生的好感，为拨动学生的心弦创造良好的条件。所以，普通话就作为报考师范院校的前提条件，为未来的课堂教学打下厚实的基础。

（2）语调要有节奏感。抑扬顿挫是语调的重要标志。重要处反复强调，快乐时欢畅淋漓，愤怒时情绪激昂，悲伤处沉郁顿挫。语调主要突出讲课声音的高低，以此交迭相伴形成节奏，作用于学生的感官神经，导致大脑皮层不断产生兴奋，引起学生丰富的联想和强烈的感情共鸣。教师语调高低相别、错落有致，“大珠小珠落玉盘”，学生听起来才能精神饱满，兴趣盎然。

（3）语速要有适度感。语速指说话的速度，主要表现为快慢、长短、停顿等。语速一般要根据教学内容和情节而定：重点强调讲，让学生加深印象；难点细细讲，让学生打通阻点；一般简明讲，让学生了解概要。这样使学生在教学的“节奏旋律”中把握需要掌握的内容，咀嚼赏鉴，有滋有味。

当然，无论是语词、语调，还是语速，都与教学内容的特质和教师的语言个性相关，是为了有效地表达教学内容和育人效果，以学生喜闻乐见为讲究。

教学机智方法美

14 “机智”是由“机”与“智”构成，“机”为机会、时机；“智”为智慧、智力，机智就是在“机会”或“时机”上表现智慧，即随机应变的本领。“教学机智”一词最早由德国教育学家赫尔巴特在 1802 年首次提到，“优秀的教育者和拙劣的教育者之间的区别，就在于你是否发展了一种机智感”。教学机智是教师教学过程中迅速调整教学状态的反应能力，体现在教师对课堂教学的灵活把控和精准反应，是教师教学智慧和应变能力的集中体现，是教学生命力的呈现。总体上看，教学机智主要体现为以下几种办法。

处理学生意外回答的机智——一种宝贵的教育资源。教师在课堂讲解、提问、组织讨论时，学生回答问题容易出现“不正确、不对标、不一般”的“三不”现象。不正确，就是学生回答教师提出的问题是错误的；不对标，就是学生讲的话没有错误，但不符合教师预设的问题答案；不一般，就是学生回答问题虽然不符合教师提问的要求，但却提出了一个很有意义的创造性的想法。面对“三不”现象，教师在备课或提问时，要进行预判，估计学生会出现的错误，提前做改错、纠错的准备。对其他问题，要灵活地运用知识，机智地处理，肯定学生长处，并以妙语相对，及时运用教育机智化不利为有利，必然会峰回路转。

处理学生意外行为的机智——一种重要的教育契机。青春年少、身心好动的时代，是人生美好的时光，也是不容易自我把控的时期。在课堂上也难免会造成与学习不相关的种种问题，甚至会出现课堂教学中学生失当的行为。比如，学生突发生理性或疾病性情况，以及其他的非正常学习行为。教师发现这种行为后，如果简单地用“不许做”、批评和处罚都是不妥、错误甚至会适得其反的。好的教师会以超高的教育机智处理，或迅速化整为零，或体现教育关怀，或巧入教学内容，以学生意外行为的发生达到教育意想不到的效果。

处理课堂意外变化的机智——一种难得的教育际遇。课堂意外变化是指因其他特殊情况发生而影响课堂教学进程的情况，更多是由外界某些因素引起的，如，天气变化的风声、雨声、雷电声，室外小鸟鸣叫或飞进教室来，走廊过道有人检查或行走，窗外交通的声音等，都会改变教学环境，影响教学过程正常进行。对于这类事件的处理同样考验教师教学机智的运用。一方面以教师讲课精彩提高学生课堂专注力，另一方面以名人大家的故事，如毛泽东身居闹市而专心读书的故事，增强学生自我专注能力。当然也可以根据突发事件的情况结合教学生发，也许是难得一遇的教育素材，产生难得一见的育人效果。

15 俄国教育家乌申斯基说：“不论教育者怎样地研究教育理论，如果他没有教育机智，他不可能成为一个优秀的教育实践者。”教师、学生、教材、教学环境这四种因素在课堂教学过程中交织并存，随时可能发生意想不到的情形，这就需要教师要有快速反应的机智能力。同时，学校可以列出影响课堂教学的各种突发事件问题清单，熟练掌握应对办法，进行总结汇编，供教师参考借鉴。让每位教师能做到“任凭风浪起，稳坐钓鱼台”。

教学技术交互美

16　教学技术交互美是提高学生学习体验和教学效果的关键性因素。交互性教学理论和建构主义学习理论都强调进行课堂互动教学。教学技术交互美的实现需要教师在教学过程中借助各种先进的技术手段和工具，例如多媒体技术、网络技术、人工智能等，从学生的需求和特点出发，通过这些技术手段的运用，营造出更加生动、交互性强的教学环境，从而提高学生的参与度和学习效果。同时，教师还需要不断地学习和掌握新的技术手段和工具，以更好地服务于学生。教学技术交互美需要借助各种先进的教学手段和工具，实现教学技术交互美的具体方法：

（1）利用多媒体技术：通过精心设计的多媒体课件、视频、音频等多媒体资源，让学生更加直观地感知学习内容，同时增强学生的记忆和理解能力。在多媒体资源的设计中，要注意美学元素的运用，例如合适的颜色搭配、精美的排版、流畅的动画效果等，以使学生能够更好地沉浸在学习的氛围中。

（2）利用网络技术：通过建立在线学习平衡社交媒体教学群等网络手段，扩大学生的参与面，让更多学生能够接触到优质的教育资源。同时，利用网络技术还可以实现多样化的互动方式，例如在线问答、讨论区交流、在线测验等，这些互动方式可以更好地满足学生的个性化需求，提高学生的学习效果。

（3）利用人工智能技术：人工智能技术可以帮助教师更好地了解学生的学习情况，例如通过数据分析和智能算法，自动生成学生的学习报告、学习进度分析等，帮助教师更好地把握学生的学习特点和需求。同时，人工智能还可以实现个性化教学和智能推荐学习资源等功能，为学生提供更加精准的学习服务。

教学板书艺术美

17　教学板书是教师传授知识、引导学生思考的重要工具。优秀的板书能体现课堂逻辑结构、提高教学效果、激发学生学习兴趣，更是教师以美育人的榜样力量。教学板书艺术美要体现以下几方面：

（1）简洁明了，条理清晰。注重板书的整体效果，用最简单的文字和图表形式呈现最重要的教学内容，让学生一目了然地理解知识。板书设计应该注意章节的划分和内容的安排，按照知识的逻辑顺序和学生认知规律进行合理布局，做到注重层次分明，便于学生掌握。

（2）布局合理，色彩搭配。这直接影响到学生的视觉感受和认知效果。根据教学内容和书写方式，合理布局、安排插图等，避免字数过多、挤在一起等情况，使得板书看起来协调美观。可以调配出合适的色彩，使得板书更加生动、有趣。同时，色彩的搭配也可以帮助学生更好地理解和记忆知识。

（3）字迹工整，内容丰富。这是教学板书艺术美的一个重要保障。书写规范、字迹工整的板书不仅能增添美观和可读性，也能够让学生感受到教师认真的态度和专业素养，从而在心理上产生信任感和敬意。教学板书应该内容丰富，通过多种方式呈现教学的内容。根据不同的学科和教学内容，尽可能地提供多种素材，包括文字、图表、公式、案例等，使得板书更具有思想性和创造性。同时，教师也可以通过增加与学生的互动，如提问、讨论等方式，来丰富板书的内容和形式。

（4）深度适宜，启发思维。好的课堂板书就是教学结构思维的表达。针对不同学生群体和教学内容，设计不同深度和难度的板书，使得板书真正符合学生的需求。同时，教师也应该注重循序渐进，逐步引导学生深入思考，启发学生的思维能力和创造力。教师可以通过提出问题、引导思考等方式，鼓励学生发现问题、提出问题、解决问题。同时，教师也可以通过设计一些具有挑战性的问题或者开放性的题目，引导学生进行深入思考和探讨。

总之，教学板书就是教师的脸面。教学板书是一门艺术，是教师的尊严，更影响学生思维路向的形成。需要教师在实践中不断探索和提高，通过精心设计，让教学板书成为一种高效、有趣的教学工具。

师生关系融和美

18 教育是各种关系的总和。师生关系是教育过程中最基本、最重要的关系之一，它不仅影响着教学效果，还对学生的个性发展和价值观形成有着深远的影响。在理想的教育环境中，师生关系应是一种融和之美，即师生之间相互尊重、信任、理解和合作，共同追求知识和真理，实现教学相长。建立融和美的师生关系包括以下几个方面：

尊重和接纳。尊重不仅是一种师生关系，更是人人平等的人格境界。师生之间应该相互尊重，接纳对方的观点和个性。教师需要尊重学生的差异和特点，不将自己的价值观强加给学生，同时也要接纳学生的不同意见和看法。学生也需要尊重教师的权威和经验，对教师的指导给予积极的回应和尊重的态度。

信任和鼓励。信任是人与人最为重要的粘合剂，一旦失去信任，好心也会被认为是恶意。师生之间应该相互信任，建立起一种互信关系。教师需要相信学生的潜力，鼓励他们积极探索、学习和创新，相信他们能够克服困难取得成功。学生也需要信任教师的能力和专业素养，积极与教师沟通交流，认真听取教师的指导和建议。

理解和合作。师生之间应该相互理解，建立起一种合作关系。教师需要理解学生的需求和学习困难，提供适合学生的教学方法和资源，帮助学生解决学习和生活中的问题。学生也需要理解教师的意图和要求，积极参与课堂活动和项目，与教师共同探究知识和真理。

求知和共振。师生之间应该共同追求知识和真理。教师需要不断更新自己的知识和技能，不断寻求专业发展，成为学生求知路上的引导者和合作伙伴。学生也需要积极思考、勇于探究、主动学习，不断追求知识的完善和真理的掌握。

融和美的师生关系需要师生共同维护和建立，只有在这种关系中，教育才会更富有成效性和人性，对学生的全面发展起到积极的推动作用。

课堂评价励志美

19 课堂评价是指课堂教学中教师对学生学习状态的表现性评价。课堂评价是以学生为主的重要环节，是课堂活力的重要表现，是教师水平的重要标志，是教学效果的重要保证。好评价会有好状态。积极态度是评价励志的关键因素。积极的心态表现在学生课堂学习更加乐观向上，更加勇于面对、挑战困难，更加专注听课交流，解决问题和困难。以积极的眼光看待自己的成绩和不足，从中汲取经验和教训，不断调整自己的学习方法和策略。所以，教师要通过课堂评价励志美不断激发学生的潜能和积极进取的精神状态，提高学生学习和生活品质。

元创之道

课堂评价励志美

促进课堂学习追随教学目标前行。目标明确是课堂评价励志美的首要条件。笛卡尔说：“时间应分配得精密，使每年、每月、每天和每小时都有它的特殊任务。”一个好的目标不仅可以指明学习方向，还可以激发学习动力。引导学生充分考虑自己的实际情况和需要，在课堂学习中要有目标，并将目标细化为具体的计划和步骤，以便更好地追踪和评估自己的进展。同时，将个人课堂学习目标与课堂教学目标有机结合，追求二者的同步相谐，以激发他们的学习动力和兴趣。

追求学生兴趣特长与教学方法相得益彰。教学方法是实现励志美的重要因素。不同的教学方法适用于不同的教学目标和学生群体。因此，教师需要根据实际情况选择最有效的教学方法。例如，对于理论知识的学习，可以采用讲授法；对于实际问题的解决，可以采用项目式学习法等。同时，教师还可以借助现代教育技术手段如在线课程、多媒体课件等提高教学效果和学生的学习体验。教学方法要充分体现学科特点和学生需求，注重学生的兴趣和特长，以促进学生的全面发展。

通过创新评价方法活跃课堂教学氛围。教学氛围对教学评价励志美的影响是不容忽视的。一个和谐的教学氛围可以促进师生之间的互动和交流，提高学生的学习积极性和自信心。为了营造和谐的教学氛围，以鼓励增强内驱动力，要充分利用评价的激励和导向功能，掌握多种评价方法。如赞美评价法——“这个同学的想法与众不同，请大家给予掌声鼓励。”榜样评价法——“这一组的同学讨论得很热烈，合作得真好，希望其他组同学也能像他们那样。”夸张评价法——“这个同学很认真倾听别人的发言，要是针掉在地上，他也能听出来。”假设评价法——“如果你在这个地方改一下，那就全对了！你能自己改正吗？”等等，避免过于严肃的课堂氛围，使学生在老师的赞赏中领略到成功的自豪感，在一个轻松、愉快的氛围中学习和成长。

尊重学生主体的课堂公正评价。学生是教学的主体，因此在实现教学评价励志美时需要尊重学生的主体性。教师应该鼓励和引导学生主动参与教学过程，例如组织学生进行小组讨论、课堂演讲等，以提高他们的学习效果和自信心。同时，教师还应该注重培养学生的自主学习能力和团队合作精神，以帮助他们更好地适应未来的学习和工作生活。评价公正是实现教学评价励志美的基石。在评价过程中，教师应该秉持公正、公平的原则，确保所有学生在评价中的利益得到保护，及时反馈每位学生的表现和不足，这是实现教学评价励志美的关键。同时，教师还应该注重评价的公平性，确保评价结果能够真实地反映学生的自主学习能力和团队合作精神，以帮助他们更好地适应未来的学习和工作。

通过及时反馈加强实践检验。及时反馈学生的表现和不足是实现教学评价励志美的关键。通过及时反馈，学生可以了解自己在课堂上的表现和学习进展，从而更好地规划自己的学习计划。同时，教师也可以根据学生的反馈调整教学方法和内容，以更好地满足学生的学习需求和提高教学效果。教学评价励志美需要关注学生的实践应用能力。通过实践，学生可以更好地理解和掌握所学知识，培养实际操作技能，增强自信心和学习动力。因此，教师应该在教学过程中注重实践环节的设计和实施，例如组织学生进行案例分析、社会调查、实验操作等实践活动，以检验和提升学生的学习成果。

在迎接挑战刻苦努力中不断卓越。迎接挑战是励志美中最具鼓励性的部分，刻苦努力是课堂评价励志美的核心品质，追求卓越是课堂评价励志美的核心主题。在学习的过程中，难免会遇到各种困难和挫折，只有刻苦，不断地努力和付出，才能收获成功的果实。没有学习的困难就没有学习进步。在课堂评价中，要引导学生敢找自己的不足与缺点，在困难和失败中，汲取经验教训，冷静分析问题、制定具体的改进措施，寻找有效的解决方法。坚持是最有价值的习惯。坚持到底是追求梦想的道路上不可或缺的品质。学习是一个不断挑战困难的过程，只有培养顽强的毅力和抗压能力，保持积极的心态和灵活的思维方式，不断提高自己的应变能力和创新能力，才能最终实现自己的目标，不断激励自己向前迈进，成为一个追求卓越的人。

课堂唯一不变的是变化

20 世界著名作家、大思想家斯宾塞说“世界上唯一不变的是变化本身”，变化本身指运动，体现了运动是绝对的，静止是相对的。时代在变，社会在变，我们的教育在变，我们的课程在变，我们的孩子在变，因而在课堂教学中，我们的教学内容、教学方法都要变。教师要以美感课堂立足课堂根基，以学科之美生发课堂之美、学习之美、生活之美、人生之美，为激发孩子终身学习的意志而奠定基础。

3.2 大：“大先生”源于从“心”交流——心智能力

在教师队伍建设和教师发展中，关注多、讲得多、要求多的是教师专业发展。同时，教师又是一个特殊的职业，教师教书更要育人，为人更要师表。教育最本质的核心是奠基孩子人生幸福。然而教育幸福不仅是孩子和家长，还有教师本身。因此，如何从“心”开始的心智能力，则是需要教师不断增长的利人利己的职业本领。对此，本章将作深入探讨。

马道成功

教育就是心心相印的交流成长。

章序　教育在于“心”的交流

1　教师的职业发展不仅仅是专业发展。高中生毕业面临的是读什么专业，大学生毕业面临的是找什么职业。那么，专业与职业异同在哪里？

专业是指在校学的什么方面的技术专长，主要研究某种学业或从事某种事业，反义词为业余。职业是一个人所从事的服务于社会并作为主要生活来源的工作。根据中国职业规划师协会的定义：职业 = 职能 × 行业。职业包含生产、加工、制造、服务、娱乐、政治、科研、教育、农业、管理十个方向。细化分类有 90 多个常见职业，如工人、农民、个体商人、公共服务、知识分子、管理、军人等。专业更加注重学术性，首先指所学的内容有独专之处，次指这个独专之处的具体内容；职业强调的是适用性，专业有庞大体系的理论知识，需要接受长时间的专业化训练，一般以是否接受过高等专门教育为标志。专业所呈现出来的东西大多都是抽象化的，而职业却是直观可视化的。

职业未必是专业，职业可能很宽泛，与具体的历史时期对工作岗位的界定有直接关系，也与表述的具体语境有关联。比如，工人可以作为一个职业，但工人绝对不是一个专业。但售货员既是职业，同时也是专业。教师的专业与职业有很强的一致性。

2 职业能力是指一个人能够在特定职业环境中发挥真正能力的能力，从技术能力、人际交往能力、分析能力、创新能力、承受压力能力以及决策能力等多方面表现出来。职业能力是一个人能力的综合，直接影响人生价值与职业目标的实现程度。而教师是以人为对象的特殊职业。没有爱就没有教育。因此，心智能力既是教师职业特质所需的特殊能力，也是教书育人的使命要求。

教师心智能力提升的十个方面

3 心智能力通常指一个人在认知、情感、社交等多个方面的复杂情况下，能够有效地解决问题、适应环境以及做出正确选择的能力。包括认知能力、情感能力、社交能力、智力能力等。心智能力是一个人发展和成长的重要指标之一，它不仅仅代表了一个人的智商，更关乎一个人生命力的强弱。

21 世纪以来，教育学正经历由“认知”到“情感”的重大转向，心智能力越来越受到各国研究者的重视，它在塑造教师良好的心态、加强与学生的情感沟通、促进积极思维、提升职业幸福值等方面发挥着重要作用，成为撬动教师专业发展的支点。教育心智能力的意义是由教育对象的“人”所决定的，面对千姿百态的青少年，教师工作的沟通交流、心理疏通等情感能力就更为重要，这也是一种育人能力。教师的心智能力可从“十个如何”方面加以提高（见图 3.3）。

教师心智能力的十个方面

- 如何当好班主任
- 如何与学生有效沟通
- 如何与家长有效沟通
- 如何掌握教学气场
- 如何自我控制情绪
- 如何处理课堂偶发事件
- 如何处理师生课堂冲突
- 如何处理校园欺凌事件
- 如何防止引发舆情
- 如何建立教育人际关系

图 3.3

如何当好班主任——班主任让人一生难忘

4 做班主任是锤炼教师的重要路径。班级是人生的第一个团队组织，要讲团队文化精神。心理学研究证明：人希望自己能置身在一个优秀组织，并且希望成为这个组织的优秀分子。班主任要负责加强班级团体精神建设，建设好班级文化和班风，强化学生的团体意识，并且教育和影响每一位学生。有位教育家讲过："教育了团体，团结了团体，加强了团体以后，团体自身就能够成为很大的教育力量。"教师要在建设优秀班级团体上下功夫，激励学生从个体到群体的抱团发展，共同成长成功。班级整体建设如何，班主任作用十分重大。班主任是"心灵"的工作，要讲科学，做到"十心"实意。

元创之道

班主任工作的"十心"实意

初心：孩子就是来学校求进步的，学校都是促进人成长的地方。教师伟大就在于促进学生，特别注意不要在无意中伤害孩子，使促进变成了"促退"；

公心：平等对待每一个学生，不因性格、相貌、背景、成绩差异而有远近；

爱心：教师视生如子，关心学生学习情况、生活情况、身心情况等多方面，帮助学生解决遇到的矛盾、困难和难题；

诚心：对学生真诚，成为学生可以交心和信任的朋友；

热心：热爱班主任工作、热爱孩子，满腔热忱地做好班级建设工作；

细心：工作细致，让学生感到无微不至的关怀，在细节中映射教师育人的伟大；

耐心：蹲下来面对学生，不急不躁，等待孩子的成长与觉悟，对不改甚至屡教不改的学生不放弃、不训斥、不否定；

宽心：对孩子要宽厚宽容，是学生就会犯错，是教师就会防错，学校就是允许人犯错、知错、改错、防错的地方；

恒心：班主任是长期的，育人也是长期的。要持之以恒，为学生未来和终身发展服务；

信心：每个孩子都是待开发的“金矿”，没有教不好的学生，只有教不好的老师，好与不好是方法问题。只要精神到，困难难不倒。信心不仅是教师有信心，更包括树立学生的信心。

5 班主任是一项综合性的工作，需要综合协调能力，其中班级平衡就是班主任的一项重要工作，通过平衡实现班级利益和学生发展利益的最大化。平衡工作内容包含以下四个方面：

平衡学生作业。根据班级和各学科授课情况，注意平衡课任教师所布置的作业，在时间上合理安排，在数量上恰当取舍，在质量上设计优化，进一步减轻学生过重的学业负担。

平衡学生差异。帮助学业困难、家庭困难、处境困难的学生。不以成绩高低评价学生，鼓励学生纵向有进步，特别是学习困难的学生更需要老师的帮助和安慰。教师要帮助成绩不理想的学生查找原因，明确有效对策，不断坚定学生学习的信心。

平衡强弱学科。班主任要重视学科学习的纠偏工作。经常与课任教师一起对班级学生进行学情分析，找出优点给予表扬，查出问题及时纠偏。对班级的弱科和学生的弱科了如指掌，做出客观的分析，查缺补漏，帮助学生全面提高成绩。

平衡学生心理。基础教育阶段的学生特别是处于青春期的学生，容易发生情绪多变的现象。班主任要经常与学生谈心，注意观察了解学生的思想动向、心理状态、情绪变化、行为情况，在学生思想沉闷、情绪低落时，鼓励他们；在学生心情亢奋、行为浮躁时，提醒他们。

如何与学生有效沟通——走进内心才能唤醒心灵

6 冰心曾说过："世界上没有一朵鲜花不美丽，也没有一个学生不可爱。"教师的教与学生的学是在师生之间的沟通过程中进行的。一项研究表明：在教育工作中有70%的错误是由教师不善于沟通造成的。所以，教师要善于与学生进行有效沟通，了解孩子的内心，躬下身来，从教师主动亲近孩子转为孩子主动亲近教师，这样的教师就走进了孩子的心里，滋润了孩子的心灵，也就回到了教育的初心。师生沟通是一门大学问，值得每位教师不断去研究。

（1）从"心"开始是师生沟通的前提。苏霍姆林斯基说："教育艺术的顶峰是师生间心灵交往的和谐境界。一个好教师意味着什么？首先意味着他是这样一个人，他热爱孩子，感到和孩子在一起交往是一种乐趣，相信每个孩子都能成为好人，善于跟他们交朋友，关心孩子们的快乐和悲伤，了解孩子的心灵。"教师，只有心里装着每一位学生，才能真正了解学生，也才能爱学生所爱、想学生所想、急学生所急，把学生的忧虑当成自己的忧虑。只有学生感受到老师热切的爱时，他才会把老师当作最可信赖的人，告诉你他内心深处的秘密，并毫无保留地将心灵的大门向老师敞开，老师才可能成为孩子最好的朋友、最良好的精神导师和最坚强的后盾。教师教书育人的职责也才更为有效。

（2）"朋辈"生活是师生沟通的路径。感动是通向教师心灵的钥匙，行动是获得感动的有效方式，民主是师生沟通的关键。加强与学生的沟通要充分体现民主性，新课程标准要求教师与学生建立一种平等合作、对话理解的新型师生关系。教师要摒弃"师道尊严""唯我独尊""我过的桥比你走的路还多"观念，放下身段与学生平等对话交流，以在同一起跑线上的姿态，以朋友的、同辈的身份和学生交谈，用亲切的眼神、和蔼的态度、热情的赞语来缩短师生之间的距离。"数子一过，不如奖其一功。"要注意理解学生的兴趣和爱好，与学生一起打球跑步、阅读交流，尽可能使自己的行为同学生相适应、相协调，成为学生中的一员。

（3）解决"三困"是师生沟通的核心。学生发生的问题多数是学习困难问题、家庭困难问题、处境困难问题等，帮助学生解决各种困难和问题是教师与学生沟通的目的，也是沟通的重要任务。无论学生如何，教师都切忌用容易产生负面暗示的话语，如"不行""还不懂""你怎么回事""你怎么会这样""你这么苦啊""你父母是这个样子的啊"等，这些暗示、标签化和"定义化"会让学生自然而然地自我放弃、自暴自弃。

（4）方法得当是师生沟通的钥匙。学生是多种多样的，存在很大的个体差异，开朗外向的学生能够直言不讳地与老师沟通，而内向腼腆的学生却很难做到。要想方设法设立让学生交流的平台，如“爱心小屋”“我想对您说”，让学生把自己的感受、困惑、烦恼等如实地写下来投进“小屋”，教师做分析、答疑。还可以通过学生日记、周记、作文把握学生心理变化，以写评语的方式，对学生进行激励与指导。对犯错的学生，不要简单地批评甚至训斥，要帮助学生分析原因，提出可能避免的方法。尽量让学生少写甚至不写检讨书。

元创典故

陶行知的三颗糖

陶行知在一所学校当校长的时候，有一天，看见学校里孩子打架，他说：“别打了，别打了，分开。”分开以后，就跟那个大孩子讲：“你去我的办公室等我！”被校长叫到办公室了，大孩子都吓死了，于是站那儿等着。

陶行知进来一看，大孩子站在那儿。他拿出一颗糖说：“给你颗糖！”这个大孩子发蒙了。他说：“为什么？”“奖励你啊，我让你到办公室来等我，你就来等我，说明你心中有我这个校长，懂得尊敬师长，很好，拿着吧！”拿着一颗糖，那孩子说：“谢谢校长。”

然后，校长又拿出一颗糖要给那孩子。孩子又问：“为什么？”陶校长说：“我刚刚去调查了一下，你为什么打那个小家伙呢，因为他欺负女同学。所以，你这个行为叫见义勇为。见义勇为值得奖励，来，拿着这颗糖！”那孩子也不知道咋回答了，只是连连说：“我也有不对的地方，我不应该动手打同学，校长我错了，我太急了，我下次再也不打了！”

“特别好，来，再来一颗糖！”那孩子更不好意思起来。陶校长说：“人非圣贤，孰能无过，改了就好。所以，知错能改，善莫大焉。行了，去上课吧！”

陶行知先生用这三颗糖，讲了三种理由，帮助孩子塑造了三个行为：第一个行为叫作尊敬师长，第二个行为叫作见义勇为，第三个行为叫作知错能改。

面对这三颗糖，我们想想看：如果你是这个孩子，你这辈子会不会忘记这件事？

对于一个受教育者，这才是价值观，这才是价值观层面最重要的东西。

陶行知给孩子发了三颗糖，说了三个理由，塑造了三个行为，这才是真正的教育家！所以，毛泽东称陶行知为“人民教育家”。

如何与家长有效沟通——家长是教师的关键伙伴

7 当前，家校关系日益重要和复杂，国家从以前提出的“家校社”结合到现在提出“校家社”结合，是新时代的重大决定，更加突出和重视了学校和教师在家庭教育中的重要作用和关键引领。这也需要学校和教师更多的担当和付出。

8 既是教育，就少不了学校与家庭、教师与家长的沟通。教师与家长密切配合，建立良好的合作关系，是促进学生健康成长的重要组成部分。教师与家长的沟通，主要目的是要让家长全面了解孩子，主动与老师共同商讨教育、促进孩子成长的方法，形成合力，共同促进孩子的进步。因此，教师要主动联系家庭，共同研究对学生的教育，以取得家长的配合和支持。

（1）沟通就是帮助学生成长的新机制。教师应成为学生家长的朋友。教师与学生家长都有一个共同的目的，就是让孩子更好地健康成长。要创新理念，提高与家长沟通水平，勤与家长沟通交流。克服学生出现问题动辄就找家长沟通的现象，但教师与家长也要建立经常性的联系，做到：学生取得成绩，教师主动与家长报喜分享；学生面临困难，教师主动与家长联系了解；学生出现问题，教师主动与家长合作及早解决。切实防止沟通和家访就是“告状”抱怨的现象。教师家访不能增加家长的心理负担和压力，这样有利于探讨与家长共育孩子的责任。

（2）不同家长的沟通要区别对待。不同的钥匙开不同的锁。面对不同的家长要因材沟通。

知识型的家长，如大学教授、科研人员、机关人员，这部分家长学历层次较高，比较通情达理，容易沟通，一般如实向家长反映学生的情况，并认真分析，虚心听取家长们的建议。

溺爱型的家长，这类家长总认为自己的孩子好，甚至会护短。教师在与家长沟通时，在肯定学生时要提出要求，先充分肯定学生的长处，同时，更多从爱学生的角度，用恳切的语言向家长反映情况，指出学生存在的问题及其继续发展的严重性。

脾气暴躁型的家长，生性急躁，处事简单，动不动就“打”字上前、棍棒相加，在沟通时教师要特别讲究方式方法，慢下性子，和风细雨，以柔克刚，以情赢得家长的信任，再提出教师沟通不是为了惩罚孩子，而是共同促进，争取更好，这就要家长的协助。

后进生的家长，这部分家长恨铁不成钢，知道问题，急躁而又无可奈何，重在让家长对自己的孩子充满信心，不能以成绩一般否定学生，要设法让家长寻找和看到孩子的亮点和孩子某个方面的进步，讲清孩子学业困难的原因及其解决方法，对孩子充满信心，主动加强与老师交流，配合老师做好学生的工作。

特殊家庭的家长，如留守儿童的家长、进城务工人员等，这些家长基于生计，很难对孩子提出什么学习要求，不少是“放羊”式管理，任其自然。教师要根据不同的家庭特点，提出不同的要求，重点要求家长加强对孩子基本学习习惯的管理。

（3）家访是加强沟通的重要手段。凡是转化学生成绩明显、带班带得好的班主任，无不在家访上下功夫，有的教师甚至对同一个学生多次家访。在与家长沟通前，教师要认真“备课”，对与家长沟通学生的在校表现、各科学习、兴趣爱好、学习习惯、优点缺点等要了如指掌，以便与家长沟通时能信手拈来，用事实说话，提高与家长沟通的实效。在和家长说话时，要注意斟酌语言，措词有分寸，有理有节，千万不可失礼。不要增加家长的负担，自己能完成的任务，就不要让家长参与。

（4）架起与家长沟通的更多桥梁。除了家访，还有多种方式可以与家长沟通，通过电话、微信、邮箱、书信等多种方式进行沟通，以便捷、快速、有效和家长乐于接受为标准，确定沟通方式。在班级群中发短信息提要求时，首先肯定大家和班级的优势，以正能量激发家长的自豪感和获得感。可能会引起家长反感的事情，不能在群里发通知，而应该单独发给每一个人，否则，若有一名家长在群里发起质疑的声音，就会有更多的家长紧随其后，小事情会演变成大事情。所以在班级群中，发信息时要有逆向思维，特别注意信息会不会产生意想不到的负面解读。

（5）巧妙处理教育理念不同的冲突。面对少数家长对学生问题的不认可、无所谓，教师要尽可能从家长和孩子的角度出发，易位思考，找到双方教育方式的相通点、平衡点，共同寻求更适合孩子发展的教育桥梁。站在学生发展的角度向家长分析教师坚持某些做法的原因，让家长了解教师是专业的，“一切为了孩子”。教师应注意满足家长的合理要求，对不合理的要求，教师内心坚持原则，但表达上要以委婉的态度讲清原因，争取家长的理解。面对气势汹汹的家长及其指责时，要克制住怨气、沉得住心气，不争执、不挖苦、不激化，始终面带微笑与家长沟通。对极个别偏袒子女、性格偏执、无理取闹甚至胡搅蛮缠的家长，教师要及时向学校汇报，校长要组织人员，本着化解矛盾、解决问题、坚持原则、不留后患的要求，研究讨论拿出对策，组织团队，积极沟通，在体现学校宽容大度的情怀中，赢得家长的好感，不让事情扩大、发酵，最终消除家长的误解和矛盾。

如何掌控教学气场——讲究教学秩序的无严而威

9 马卡连柯认为，教师的威信首先建立在责任心上。优秀教师都特别重视教学气场的建设和控制，把好开头、中间、结尾三个关键环节。在开头上，有两个头要做好，一是以静制动抓好入教室之“头”。教学秩序组织从教师入教室之前就开始了，教师切不可匆匆随铃声直奔讲台，要把握好进入教室前的控制期。上课铃响后，学生如果还没有安静，教师就不要急于进教室，可以站在门口以眼神暗示学生，待教室安静后再进入。对于不注意听讲或搞小动作的学生也可用眼神、表情、手势等体态语言提醒暗示。二是注重头彩抓好入课文之“头”。一堂课要有好的开头，老师不能每次上课都是“重复昨天的故事”：“同学们上课了，我们今天讲XX。”犹如一杯白开水，让学生缺少期待。开头开得好，就能先声夺人，造成学生渴望追求新知的心理状态。要用各种方法吸引学生注意力，除了把握好不同年龄阶段学生注意力集中的时间，教学中还可以采用投影仪、简笔画、实物、图片、实验、多媒体等多种教学手段，引起学生学习兴趣。结尾不能草草了之，要有韵味和悬念，讲究余音绕梁，引发学生再度思考，形成继续期待。

如何自我控制情绪——教师的情绪属于全体学生

10 教师应是自我情绪管理的主人。情绪，人皆有之，情绪是学校管理中一种重要的资源与资本。加里宁说，教师每天仿佛都蹲在一面镜子里，外面有几百双精细的、富于敏感的、善于窥伺出教师优点和缺点的孩子的眼睛在不断地盯视着，世界上没有人受到这样严格的监督，也没有任何人能对年轻的人产生如此深远的影响。教师情绪不仅影响学生情绪及其学习效果，同时，教师情绪也是个人品德、师德师风的重要表现。教师情绪对学生的影响是一个人到四五十个人的影响，这种特殊的职业影响无可估量。因此，**教师成为教师起就属于学生。**教师是无声的榜样、无形的动力。教师必须始终保持积极向上的良好情绪，管住自己的不良情绪，十分注意自身的修养，严格要求自己，把做人和育人统一起来，以人格、品行、情操、能力去感召学生、启迪学生，把真善美的种子播撒在学生心田和灵魂深处。

11 教师不良情绪的来源往往有以下几个方面：学生问题，教师每天面对各种各样的学生，难免遇到种种不开心之事；工作压力，面对教育质量提升、课程教学改革、各种交办事务等，产生职业倦怠；家庭繁杂事务，孩子教育压力、家庭关系和矛盾；身体状况，身体发生不适或遇到生理情况；突发事情袭击等，这些都容易影响教师情绪的稳定。可以说，教师工作是情绪稳定最重要又容易产生情绪波动的工作。教师管理情绪就更为重要。

元创之道

教师情绪管理的十种方法

自我修炼：教师不仅要重视师德师风，还要不断提升自己的人品、情怀，不断修炼自己，提升自己。教师要加强自我认知，了解、接纳、体察自己的情绪，分析自身的性格、气质等个性特征，并知道相应的心理抗压的对策措施。

责任意识：教师职责就决定了教师时刻要想到自己肩上的责任，既要教书育人，又要防止把不良情绪带到学校、带入工作、带给学生。

提升格局：人生不如意十之八九，教师为人师表首先体现的是精神力量，面对困难，发愤图强，敢于斗争、善于胜利。

知识学习：心理学表明，愉悦心境让人开心，心情愉快，无论是学习效率，还是工作效率，都有明显的提高。教师要多读心理学书籍和案例，并用于实践。

换位思考：这是消除不良情绪的有效方法。心理换位，与他人互换位置角色，将心比心，站在对方的角度思考、分析问题，体会别人的情绪和思想。如受到家长的批评时，自己要设身处地想一想，假如我是家长，遇到此类情况会怎样呢？这会使自己心情平静下来，有利于消除和防止不良情绪的产生。

学会冷静：情绪激动时，可采取一些让自己冷静下来的措施。如深呼吸、数数，或者散步、听音乐等一些让自己放松的事情，默默提醒自己，不要生气，不要动怒，逐渐找到内心的平静。

主动调节：通过运动促进血液循环，增加氧气呼吸，使大脑兴奋，情绪变好。通过阅读提高注意力，让情绪得以安定，忘却烦恼。通过饮食调节，碳水化合物有镇定作用，可以缓解焦虑或烦躁的情绪。通过颜色调节，灰色或白色有镇定情绪的效果。

合理宣泄：打太极或练瑜伽。打太极拳不仅要求四肢和身躯协调、动作柔、呼吸有节律，而且精神要高度集中，排除杂念，有利于调节中枢神经系统，进而排解压力。研究表明，每周 3 次，每次 1 小时的瑜伽可以提高体内神经传递物质的水平，缓解焦虑，使人自信。

心绪联盟：在学校里不妨有几个知心朋友，既是心情同盟，也是智慧同盟。改变单兵作战应对具体问题的状态，能够在遇到各种困难事情的时候，进行情绪的倾诉与相互调节，通过团队力量，消解情绪压力，释放情绪能量，共同维护情绪健康。

培养兴趣：自己多培养些兴趣爱好，你的兴趣爱好多了，以后产生负面情绪的时候，就找些感兴趣的事情去做，用来转移注意力。

如何处理课堂偶发事件——最见教师的教育机智

12 教师的教育机智，是指教师成功地处理教学中意外事件的特殊能力。处理课堂学生偶发事件，需要教师积累高超的教育机智。课堂教学是一项教师与学生的双边活动，教师课堂教学的对象是活生生的、年轻好动的青少年。几十名学生在一起学习，他们的知识水平、兴趣爱好、性格特点各有不同，家庭背景、社会关系也不一样。同时，日复一日、年复一年的班级授课制为主体的教学组织方式，也让学生个性不容易很快就适应、遵从，课堂教学中表现必然是千差万别。当偶发事件出现时，教师应当善于因势利导，正确地处理好课堂教学中的偶发事件。

13 乌申斯基说：“不论教育者怎样地研究了教育理论，如果他没有教育机智，他就不可能成为一个优秀的教育实践者。”课堂教学中，由学生引起的偶发事件占课堂偶发事件的绝大部分。偶发事件作为突发的事端，其背后隐藏的动机是多种多样的。

课堂学生偶发事情主要有：个别不良习惯、身体异常反应、学生之间使坏、内容联想搞笑、自身不当出错等，学生的失当行为无外乎是开小差、吃零食、打瞌睡、看课外书、起哄打闹、恶作剧等。为此，教师要针对不同情况，采取不同方法。

立即制止法，指课堂出现的行为，需要老师立马制止并教育。如对那些品德不良、没有底线、超过原则引起的偶发事件，教师必须高度重视，严肃批评教育，及时处理。

消除忽略法，指课堂上个别学生调皮、捣蛋、无知引发的问题，老师不必上纲上线，扩大事态，可以置之不理或忽略带过，悄悄处理而无伤大局。

巧妙暗示法，指对于学生发生的不自觉行为、无意识错误，老师针对个别情况，采用巧妙暗示的手段，不将事情公开化，以免影响全体学生的学习情绪。

机智带过法，指老师工作失误或外界干扰引起的课堂骚动或一些其他偶然事件，老师可以通过教学机智出奇制胜，超乎寻常加以解决，尽量避免引起课堂的骚动。

即时群策法，学校成立应急共助群，有了急事，在微信群中即时发送信息，有空的教师可随时帮忙。

如何处理师生课堂冲突——自卑与自信就在一念之间

14 在课堂教学中，常常出现学生爱“顶嘴”和“强词夺理”的现象，这时候，学生往往被老师批评。学生虽不敢言，但内心不服，以后学生即使被误解也不会再辩解了。其实，学生因错找理由，是为了求得老师的谅解，这是可以理解的。如果老师不让学生申辩，学生会认为老师不相信自己，表面上忍气，实际上把教师的话语当成耳边风，甚至在内心深处生出更多的怨恨心理，产生敌对情绪。因此，当师生发生冲突时，作为老师一定要保持冷静，柔性处置，不要与学生争一时高低，尽可能尊重学生，保护学生的自尊心，留着课后个别处理。

如何处理校园欺凌事件——让每朵花都在阳光下盛开

15 校园欺凌是校园中出现的一种特殊情况，更是教育的毒瘤，发生虽少但性质恶劣，影响极大。教师对此不可掉以轻心、麻痹大意。要特别注意观察学生，及时从蛛丝马迹中发现情况。熟知预案，对如何保护受害学生、如何惩罚施暴者、如何预防类似事件再次发生等成竹在胸。一旦发现校园欺凌事件，班主任应该立即采取行动。首先，立马找所有涉事学生进行谈话，了解事件的详细情况，并当面记录。其次，向学校领导汇报，寻求支持，寻求心理咨询师的帮助、组织校内活动等。第三，与学生家长进行沟通，告知他们事件的情况，听取学生家长意见和建议。第四，在班级内进行教育，向学生宣传校园欺凌的危害，并教育他们如何正确处理类似事件。

如何防止引发舆情——莫忘学校是社会文明的窗口

16 教育日益成为全社会更关心的事业，教师日益成为全社会更关心的群体。多年来，本可立即处理的事情，但因舆情发酵形成大的社会影响事件偶有发生，这不仅使当事人痛苦，对一个家庭、对一方教育的影响也是难以补救的。因此，教师要始终保持清醒自律的状态，像爱护自己的眼睛一样爱护自己的形象，一旦引起社会舆情，对自己对单位都会产生无法估量的影响。为此，必须居安思危，重在防范。

（1）育人责任不要丢失。加强教师的职业认知，教师要紧紧绷住为人师表的弦，一点闪失都会影响学生、影响自己一辈子。

（2）对标师德不得忘记。国家、省及各地各校既尊敬教师又严格要求，制定了大中小幼教师行为规范及违规处理办法，教师要经常自省，学校要经常提醒。师德始终扛在肩上，一般发生问题的概率就很小。

（3）课堂言语不能糊涂。研究无禁区，教育有原则。教师在课堂上言论要科学、严谨、准确。个别教师缺少课堂教育的是非观念，“满嘴跑火车”，甚至错得离谱自己还完全不知道。这就要求学校建立起基本的课堂语言规范、规则意识和行为准则。

（4）逆向思维不可缺少。教师要养成逆向思维的习惯，对自己的言行，前后想想会不会存有不妥、会不会让人误解、会不会引发舆情等。

（5）发生舆情不必慌张。迅速向领导报告实际情况，诚恳说明自己的本意情况，真诚地做出道歉，并做好一切补救工作。

如何建立教育人际关系——人际关系融洽是一门大学问

17 为人师表起于人际和谐。有人就有江湖，有江湖就有纷争。常见一些智商高、能力强的人就因为情商不高而人际关系一般，甚至形成窘境。其原因在于，缺少换位思考的意识，总习惯于从自己的角度看问题，希望别人遵从他并固执己见。所以从知识背景讲，要改变“文科容易一锅粥，理工容易一根筋”的现象，前者缺少条理，后者缺少变通。因此，必须山不转水转。人生处处皆是场景，氛围时时靠己创造。教育人际关系有教师与领导的关系、教师与同事的关系、教师与学生的关系、教师与员工的关系和教师与家长的关系，主要体现在对领导、对工作、对他人、对集体、对自己的态度等方面。

对领导，及时完成领导交办的任务。领导安排的工作任务，要认真准备、讲究速度、注重质量、按时完成及时反馈。领导临时交待的事情，无论大小，不要拖延，如遇到可能拖延的情况，要及时向领导报告原因，让领导知情。

对工作，把课堂教学放在工作第一位。教师最重要的是先要站稳课堂。人际关系是为教学工作服务的。要带着唯美追求，做好教师工作，虚心、耐心听取他人意见，重点放在创新工作理念、教学方法创新、辅导困难学生学业和提高全体质量上。平常低调做实工作，有了机会认真展示。

对他人，以他人之长补己之短。三人行必有我师。谦虚永远赢得别人的好感。特别是新入职的老师要虚心向大家尤其是优秀教师学习，使自己尽快融入集体之中。为人处事是每个教师的终身课题。加强人格修炼，严于律己，宽以待人，不计较个人得失。学会说话，重在得体。力所能及帮助他人，努力让自己在本学科、本年级及全体教师中赢得更多人的支持。

对集体，成为团队文化的建设者。懒汉人人烦，勤快人人喜。学会勤劳，服务他人。主动打扫办公室等工作场所卫生，人过留名，雁过留声，在为集体、为大家主动服务、无私服务上赢得大家的认可赞誉。关心集体的事，积极响应学校的号召参与各种活动，努力为学校争荣誉、作贡献。积极参加集体软环境建设，不聊八卦传言，不搭闲言碎语，不背后议论他人，不牢骚满腹、抱怨连连，用正能量充实集体的空间。

对自己，创造自己的好名声。正确看待自己，学会经常反省自己。遇到问题，主动解决，在看到自己不足、拉长自己短板上下功夫。在勤快中做事，在协同中共事，在互助中成事。自己的事情自己干，干好干响并得到领导和同事的认可。

共建新型教师人际关系

18 教师人际关系是人与人交往过程的感情连接，是社会交往的连接点，存在于现实的人际交往，是教师在学校教育与教学工作中通过直接交往而建立起来的人与人之间比较稳定的心理关系。在教师人际关系中，师生是最重要的关系，教师是最重要的对象。要从践行“立德树人”根本任务，转变观念、转变角色、转变任务，从“教书育人”转向“育人教书”。教育家加里宁指出：“教师与学生的关系是一种特殊的人际关系，区别于父子和母女，区别于兄弟姐妹，区别于朋友同事，在教育活动中不可忽视。”师生之间有正式的教育关系，更加重视“教师主导、学生主体”的教学关系；还有因情感交往交流而形成的心理关系，这种关系能把师生双方联结在一定的情感氛围和体验中，实现情感信息的传递和交流，将学习变成师生之间的美好相遇和相处，形成和谐融洽的新型师生关系。同时，教师以身作则，以良好的教师关系为学生做表率，并以教师与家长关系的重点突破，进一步形成真诚合作、理解协同的校家关系。这需要学校、教育系统、学生家长和全社会的共同建设。

3.3

物：物化的理论与实践成果——研究能力

物化成果，一般是指在经济发展和社会工作实践中被正式应用，并取得有益推动经济社会发展的实际成效。教师物化的理论和实践成果是指教师获得的教学实际成果，例如论文、专著、教材、课件、课程设计、教改项目、教学模式等，并通过出版、获奖、评优等渠道进行宣传和展示，体现了教师的教学水平和学术能力。成果不仅是理论成果、学术成果，还包含教师教学实践成果、实践模式，对学生思想品德、社会实践等方面的影响贡献也要体现在物化的教育研究成果中。

马道成功

"得寸进尺"的研究是教师永远向上的阶梯。

章序　没有研究就没有教师成长

1　在教育研究中，有教育科研和教研两种存在形式，二者职能又有些交叉。在此，笔者将二者综合在一起，统称教育研究。教育研究让教师发现一个更丰富的自我。成果靠理实一体的研究获得。教育研究主要包括教师的教育研究意识、教育研究经验、教育研究知识、教育研究技能、教育研究理论素养、教育研究信息处理能力和教育研究创造才能等。具体表现为研究能力的十个环节（见图 3.4）。

教师研究能力的十个环节

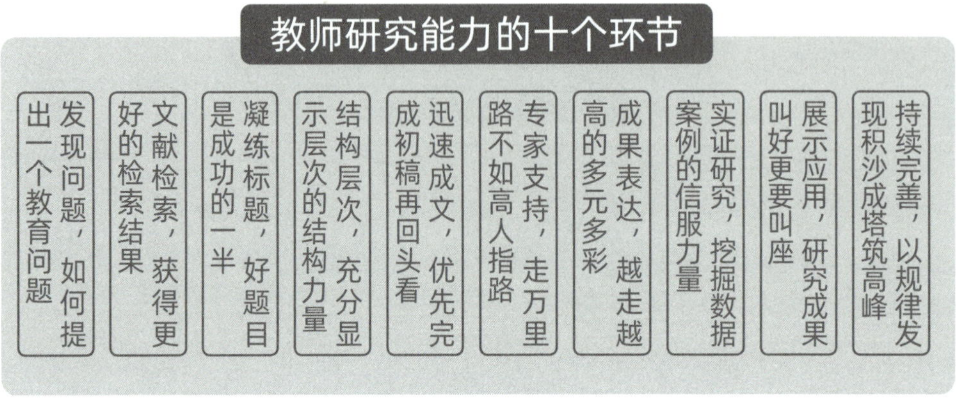

图 3.4

发现问题，如何提出一个教育问题

2　发现问题比解决问题更为重要，因为发现问题往往是从 0 到 1 的突破。发现问题是研究问题的前提，如果没有发现问题的眼光，就难有解决问题的思维与方法。培养问题意识，能够有问题意识，善于发现问题、提出问题，显得尤其重要。发现问题可从以下几个方面入手。

“学”出的问题。教师平常要注意学习教育特别是基础教育的法律法规，学习涉及教育的各类文件、学习领导的涉及教育的讲话、学习教育改革特别是课程改革的文件……在这之中有问题导向、有目标要求、有破题办法，通过学习发现教育的问题，尤其是落实中的问题，这也是教师与时俱进的重要体现。

“看”出的问题。在现实工作中教师都面临不少问题，但基本上是现象的问题，对这些问题要有追问意识，有追溯原因的本真思考，从而发现更深刻的问题。所以，将现实生活中的陈述句改成疑问句，遇到问题，不回避、不放手，就是对问题的引出和思考。

“想”出的问题。教师要努力寻找、发现、培养自己教书育人的兴趣爱好，有了兴趣就深入思考。同时，不断关注教育热点、难点、重点、堵点、淤点问题，始终养成“我在故我思”的习惯，不断反思自己，发现问题。

“读”出的问题。阅读能使人打开思维、触发灵感，从而提出问题。尤其要注意从经典书籍和大家新书中的新思想、新理念、新话语引出问题，注重与教学实践关联生成新的问题，读书之后要认真思考，反思教育理念，审视教育实践，以教育教学的眼光寻找现实的差距和疑问，从而提出真实问题。

"聊"出的问题。西方谚语说，创新在咖啡店里。许多问题和创新都是无意识中聊出来的。同事闲暇聊天时，没有思想负担，思维放松，不经意间很容易灵光一闪，发现平时不易察觉的细节，涌现出一些有价值的思维火花与教育智慧，从而提出值得探究的问题，不过有了刹那间出现的念头必须立即记下来，否则容易忘记。

"挑"出的问题。这主要是寻找自身的问题。当局者迷，旁观者清。教师要多请人听课，挑毛病、提建议，特别是不同专家的意见。通过别人的视角，发现自己教学中存在的问题，从而拓宽教学思路，找到优化教学的路径。对于自身的问题，要力求他人提出问题，自我找出根源，上升到寻找普遍性、普适性的共性问题。

文献检索，获得更好的检索结果

3 英国学者约翰逊说："知识可以分为两类，一类是我们所知道的知识，另一类是在哪儿可以获得这些知识的知识。"因此，教师要学会获得知识的知识和方法，学会开展文献检索。

（1）要明确文献检索内容。从文献看，要根据自己所查的内容，弄清属于哪个学科，如社会学、管理学、经济学、教育学等，然后再查属于哪种类型，如政策、法律、行业报告等，再明确涵盖内容，再明确关键词。

（2）要确定检索的路径和工具。从检索角度看，了解一些基本的检索途径和工具，如图书、期刊、标准文献、专利、科技论文、会议论文、学位论文、政府出版物等，善于使用平台和搜索工具。

（3）掌握文献检索的方法。常用的有直接法、追溯法、综合法等。直接法又称常用法，是指直接利用检索系统（工具）检索文献信息的方法。追溯法是指不利用一般的检索系统，而是利用文献后面所列的参考文献，逐一追查原文（被引用文献），然后再从这些原文后所列的参考文献目录逐一扩大文献信息范围，一环扣一环地追查下去的方法。它可以像滚雪球一样，依据文献间的引用关系，获得更好的检索结果。综合法是分期交替使用直接法和追溯法，以期取长补短，相互配合，获得更好的检索结果。

凝练标题，好题目是成功的一半

4 标题是一篇文章最为起眼的眉目，是科学研究的第一步。题目的分类有总标题、副标题、分标题；从字数看有长标题、短标题之分，等等。好题目表现在以下几个方面：

准确凝练。题目对内容主旨必须概括得准确凝练。准确在于不偏不歪，凝练在于恰如其分。如果提炼概括能够按照一定的规律，并形成某种固定的格式与句型，不断重复，就会突出重点，使人加深印象。

简明扼要。题目要明确集中，字数不能多，一般 25 个字以内，过长会有拖沓感；注意主旨明确集中，要素不能多，要素越多、定语越多，表述的难度越大，往往顾头不顾尾，逻辑上难以把握。要素一般以一到两个较好，三及以上就比较难处理。性质不同、不能相提并论的问题不能扯在一起。

考究语感。标题要讲求艺术性。一般来讲，金句式，富有哲理，反映规律性；对仗式，讲求字数对称整齐，而非严格意义上的对仗，要明晰二者之间的关系；排比式，显得结构紧凑，语势强劲，富于表现力。形象化的语句，要严谨妥帖，耐人寻味。

匀称和谐。同一纲目层次的分标题，形式上要整齐匀称，无论在句式还是在字数上，都要尽量做到和谐顺畅，讲究布局上的美感，不能长短不一，参差不齐。如同一层级的标题，有的一句话，有的两句话，有的三句话，就不合适，缺少句式之美。

结构层次，充分显示层次的结构力量

5 文章外在表现是层次，内在结构是逻辑。结构层次很大程度上是从各分标题的关系分析而出的，分标题要注意与总标题相呼应。

总标题是对全篇内容的高度概括，是“纲”，各个小标题均是从不同角度、不同层面对总标题内涵的展示，是“目”。

分标题首先要共同服务于总标题，呈现出一种“轮辐向心”和“众星捧月”的态势；其次，各个分标题设置要根据全文主旨，分清性质、轻重、主次，仔细考虑其排列次序，做到条理清楚。第三，各分标题之间要注意内在的逻辑关系，相互之间是并列关系，要对其进行合理地分类，不能彼此包容或者相互交叉。分标题一般都有规律性特征。如公文等，通常在第一个分标题提出问题的重要性及必要性，中间各题是有关指导思想、基本原则、总体目标、主要任务、具体做法、政策措施等方面的内容。最后则是组织领导、运行保障、激励机制等方面的要求。分标题都是从不同角度对总标题加以展示。

6 所以，任何文章先要列好提纲，提纲能清楚地表现文章的结构脉络。反复打磨好提纲后再成文，有利于提高效率。

迅速成文，优先完成初稿再回头看

7 写作者都有过以下的烦恼，因为日常工作太忙，面临生活琐事太多，写作的计划总被打乱，导致常常无法完成原定的写作任务。因为思考多，行文速度太慢，经常写着写着就卡住了，写作的过程就像挤牙膏一样，常常两三天还完不成一篇文章。因为总有避不开的事要完成，写写停停，时常回头去看之前写过的内容，总感觉不满意，反复修改，效率不高。伤其十指不如断其一指。方法永远决定效率、影响成功。因此，厘清提高写作效率的方法，就是一个十分现实而有效的问题。

元创之道

快速成文的七个方法

（1）平常积累，注重框架重链接。要注意文章的积累和孕育，不要一有想法就写，一有想法可以记下来，不停地丰富框架结构，在结构方面，要注重用做 PPT 链接的方法，将有些具体内容、案例链接上，并可进行分析。甚至可以几篇文章同时进行，等到积累足够了、构思成熟了、主题凸显了、思路清晰了、框架初成了、素材充实了，写作成文的愿望呼之欲出，就可以十月怀胎，一气呵成。

（2）设定期限，天天进入倒计时。要为自己的写作规定一个截稿时间，进行倒计时完成。如果是写作专著，要按估计文字数量，平均分配到每一天，以每天最低完成标准任务为底线，自我要求、自我督促、自我落实。这样的好处可以防止自身的惰性滋生，发生拖稿现象。在临近截止时间的时候，我们会达到惊人的专注力，倒逼自己达到高效写作的状态。实践证明，最后都超字数完成任务。

（3）拆解流程，模块式流水作业。对自身的写作习惯、写作特点进行分析，对整个写作过程做一个系统性的梳理，拆分模块。重点在于将自己的写作过程流程化，明确第一个模块做什么，第二个模块做什么，第三个模块做什么……流水线式固定下来，后面改进调整，不断优化自身写作的速率。因此，在规划好写作任务时，可以多篇文章同时展开，某个时间完成一个模块，一起做选题，一起列大纲，一起开始写，一起集中修改等。拆解步骤、分块处理与一次性完成一篇完整的文章相比，每个小模块所需要的时间相对较短，容易完成。甚至于某个碎片时间，你也可以写上一两百字完成一个小模块。由此每完成一个步骤，你会很有成就感，从而让接下来的工作更有效率。

（4）零整结合，确保写作时间。时间是写作的保证，定下写作目标，写作过程中要有足够的时间保障写作任务的完成。要减少睡眠的时间，在写作阶段内，要抓大片时间打“正规战”，如，早晨早起，可以有两三个小时的时间写作，每天晚上尽量减少其他可以不参加的任务，集中时间完成写作。若是在双休日，可以用好早上、上午、下午和晚上四个时段集中写作，往往效果明显；同时，要注意化整为零，利用乘车、等待的零碎时间写作，起到写一段少一段的作用；甚至，在排队等其他更零碎的时间里，也可以用语音转化为文字的方式写作。

（5）集中精力，快速优先出初稿。写作的过程不仅是动手劳身、思考劳神的过程，更是伴随着赶快完成任务、赶快脱手的心理压力，因此在先前构思好主题、大纲的基础上，要速战速决，不要拘泥于文采、不要死扣细节、不要咬文嚼字、不要纠结于某个句子……对个别难点写不下去的地方，可先空着，后面再补。总之，开始写作时，什么都不要管，先快速地写出第一稿，迅速地把脑海里的所思所想记录下来，其他的什么都不要管，最多做个标记。只要初稿出来了，后面的工作就简单了，按步骤来就行了。否则，陷于某种思考、囿于某个难点、偏于某个细节、止于某个空白，写写停停，边写边改，这样的写作效率是最低的，甚至导致心理疲惫感。有时候，你感觉自己的速度太慢，可以用语音的方式把自己想写的内容口语化表达出来。初稿成了，心理压力明显减少，在轻松自然的状态下，逐字逐句打磨、追求精益求精，就能够很神清气闲地去修改，新点子、新内容会自然而然地跳出来，增加一种获得感的喜悦。

（6）防止打断，以增加标注保速度。有时候写作过程中，忽然想到某一个可以加入到文章中的案例故事，可一时间又想不起来具体是怎么描述的，然后又回头去找资料，来来回回，再次开始写的时候，接下的内容却不知道怎么开始了，之前趁热打铁的写作思路全被打断了。在遇到这种情况的时候，要善于留“空白”：当你想不清楚某个案例细节的时候，想插入图片但是手头又没有现成图片的时候，想到某句名言又忘记原话怎么说的时候，就可以在一旁括号标注：此处插入某某故事、某某图片、某某名言，或者专门记录在一张纸上，这样做可以保证你的大脑一直在高效运转，防止写作思路被打断，能有效提高写作效率。

（7）修改优化，不断提高文章质量。写和改是两套不同的逻辑，写是创造性思维，改是批判性思维。好文章都是改出来的，而且往往越改越出彩。要实行清单式的修改。所谓清单，就是看是否有错别字、有语法错误；句子是否简洁、通顺；整体是否主线贯穿、条理清晰；案例是否有特色、有说服力；逻辑关系是否科学、上下文是否衔接通顺；文章高度、厚度、深度、宽度、精度是否体现；设身处地想一想，当别人读后是否有借鉴意义，等等。然后打印出来，放在身旁，边改边看边思。还可以放置几天再修改。总之，文章越改越精彩。

专家支持，走万里路不如高人指路

8 高人引领是教师不可缺少的成长之道。专家因为在某些领域有较高的水平，所以能够指导每个人去发挥自己最大的潜力。专家是撬动成长的杠杆。赢得专家的指导会让你获得超拔的成长。教师如何争取专家的指导呢？可从以下几方面做起：

（1）寻找主动赢得专家认可的机会。我们经常参加各种各样的活动，每次活动都会有专家参加，或做专题报告，或当活动主持，或是沙龙嘉宾。因此，在专家提问的时候要积极参与、主动回答，给专家赢得好的印象；或在会间休息的时候主动与专家交流，提出自己的观点。还有，在接送、接待专家的时候都可以主动与专家交流。这些都是最难得的契机。要克服羞怯自卑、不敢与专家对话的心理，敢于、善于与专家聊天、交流。其实，对于努力上进的人，专家都会乐于与其交流，也会更多地给予关心、指点和帮助。

（2）寻求专业咨询机构的帮助。对于一些经常遇到的特定的问题，可以寻求专业咨询机构的帮助，这些机构通常由行业内的专家和专业人士组成，能够为你提供专业的建议和指导。如果你想了解教育科研相关的信息，可以咨询教育科研单位；如果你想了解教学改革发展方向，可以咨询教学研究单位；如果你想了解教育改革发展的政策，可以咨询教育行政部门；还有各类专家工作室和团队，他们都会帮助你分析，提供相关信息、指点和建议。

（3）向领域内的专业人士请教。从入职开始，学校都会给每位教师确定师傅，以老带新。作为师傅一般都有较为丰富的教学经验，教师要从教学、备课、批改作业、与学生谈话交流、家访等最为关切的教师教学工作入手，认真学习、细心观察、动脑探因，加快适应，努力成为一名合格教师。在此基础上，一路沿着教学新秀、骨干教师、教学能手、学科带头人、专家型教师、教育家型教师不断努力，就会接触到更多领域的更高专家。对于一些科研教学方面的问题，他们能够给出专业的建议和指导。

（4）加入教师各类专业发展社区。为了得到更广泛的建议和指引，你可以考虑加入学校和某个领域内的专业社区，如加入学校的名师工作室、“四有”好老师团队和各类专业发展小组、联盟；加入本系统的组织，如本地的教育学会及其专业委员会；加入社会上与自己专业、学科和兴趣爱好相关的规范的专业组织。如今互联网上有许多社交平台和论坛，打造了许多针对特定领域的社区，通过加入进行交流，从中获得社会专业人士的建议和指导。包括微信群，也是一个较好的学习社区。

（5）积极参加各种专业比赛活动。为了促进本领域、本行业的发展，加强交流沟通，共同成长，每个行业都会有各种各样的比赛活动。教育系统的教师比赛活动也很多，如教学基本功大赛、征文比赛、赛课，还有各级各类的课题申报、项目建设申报，等等。有道是，一次参赛胜过十次培训。教师要主动、积极参与各种各样的比赛活动，尤其许多活动都是校校比、层层比，教师参加比赛会获得更多名师专家的指导，特别是随着校、县、市、省、国比赛的层次提升，越会得到更多、更高层次的专家指导，对教师自身的专业发展可以产生跨越式、综合性的提升。其实，赛友本身就是一个专业向上的群体。

成果表达，越走越高的多元多彩

9 学术成果是指系统的专门的学问研究，也指对学科及其规律的论证方面所取得的成就。对于教师的研究来说，成果形式一般是：论文、专著、研究报告、译著、调查报告、实验报告、经验总结报告、政策咨询报告、典型教育案例分析、典型教学课例视频、教育叙事、文献综述、教学改革实践方案、校本课程实施方案、工具书、正式出版的教材或编著、中小学已出版或未出版的校本教材、教学软件、教学工具等，还有其他成果，如一些学术报告等。

论文，这是大家最为熟悉的学术成果形式，不论是毕业还是晋升或者其他方面的考核，论文一直都是认可度最为广泛的学术成果形式。

课题，课题是研究或讨论的主要问题或亟待解决的重大事项的研究并得出相关结论的过程，课题类型有国家级课题、省级课题、地市级课题、区县级课题、校本课题等，不同级别的课题作用也不同。

著作，特指有创造性的文章和书籍，近些年著作在个人晋升中的作用越来越明显，如果出版一部高质量的著作，其优势明显高于普通的学术论文，著作分为独著、合著和专著，独著和专著较类似，作用也最为显著，另还有编著等。

教材，又称课本，是依据课程标准编制的、系统反映学科内容的教学用书，教材是课程标准的具体化，它不同于一般的书籍，通常按学年或学期分册，划分单元或章节。许多教师都参与了各类教材和教学资料的编写。

专利，是创造者发明创造所享有的权利，专利类型有发明专利、实用新型专利和外观专利等，发明专利价值最大、科技含量最高、申请难度也最高，在个人晋升中，实用新型专利是最常见的专利类型，难度适中。

实证研究，发掘数据案例的信服力量

10 教育研究报告主要有三种类型：实证性研究报告，如教育调查报告、实验报告、经验总结报告等。主要是用事实说明问题，材料力求具体典型，翔实可靠、格式规范。这类报告要求通过有关资料、数据及典型事例的介绍和分析，总结经验，找出规律，指出问题，提出建议。这种研究报告既注重理论，又重视实践，往往跟接触性的研究方法有关。

文献性研究报告，主要以文献情报资料作为研究材料，以非接触性研究方法为主，以文献的考证、分析、比较、综合为主要内容，着重研究教育领域某一方面的信息、进展、动态，以述评、综述类文章为主要表达形式。一般在教育史学、文献评论研究中用得较多。

理论性研究报告，狭义上的论文。以阐述对某一事物、某一问题的理论认识为主要内容，重在对研究对象本质及规律性认识的研究。独特的看法、创新的见解、深刻的哲理、严密的逻辑和个性化的语言风格是其内在特点。理论性研究报告没有实证研究过程，因此对研究者的逻辑分析能力和思维水平有较高的要求，同时还要具有较高的专业理论素养。在教育研究中，往往缺少实证研究，特别是在教学成果申报中，在应用与效果方面，普遍缺少有说服力的实证数据、案例等。

11 实证研究是社会科学领域的一种基本研究范式，也是科学研究的重要方法之一。实证研究基于证据、数据、事实性的观察，可以验证、可以复制。实证研究怎么做？华东师范大学举行的“第二届全国教育实证研究论坛”，重点围绕“怎么做实证研究”进行对话，展现了多样性的“怎么做”的实证研究成果，并给怎么做实证研究呈现有益的启示：

实证研究议题以解决问题为要旨。这就要求研究的议题必须蕴含理论的、实践的和逻辑的价值，即“值得研究”，而不是充满矛盾、无需证明的伪命题。

实证方法实践内化为一种学术自觉。实证首先是一种实证思想，然后才是方法。实证研究必须从专业化的角度来提升实证方法的实质规范，这需要研究者在研究实践中不断反思、沉淀和提升。

数据分析体现研究者的学术底蕴和智慧。实证研究就是要揭示事物之间的因果关系，科学的数据分析才能有一个确定的结论，这还需要研究者自身的经验与智慧，不断在原始资料与已有理论之间进行假设、验证和建构。

研究议题必须有经得起考验的诠释。这样的诠释才能避免研究结果在解释方面存在解释牵强和阐释肤浅的问题，甚至存在数据分析过程复杂但研究结果无需证明的矛盾与尴尬。在研究中，教师需要针对现实的一个问题，聚焦学术的一个话题，提出规范的一个答题，变成科学的一个命题。

总之，实证研究要将定性的议题做定量化的分析，求数字、求数据，求案例、求样本，求现象后的本质、求普遍性的规律。

展示应用，研究成果叫好更要叫座

12 研究结束后，要用什么方式展示自己的研究成果，是发挥科研作用、成果转化的重要内容，也是成果的辐射影响。加强学习交流，发挥成果更大作用就成为研究成果辐射的重要途径。**教育科研成果，不仅要叫好而且要叫座。**要通过各种形式进行推广应用，主要途径有：

专题发布。通过举行专题报告会，介绍教育科研成果的思想、操作方法和程序、应用中需注意的问题以及提供有关的信息资料等。由于专题报告会主题明确，重点突出，内容集中，介绍详尽，成果研究者现身说法，还可以当场答疑，因此，这是推广成果的有效途径。

交流研讨。在经验交流会和学术研讨会中，作者与参会者介绍自己的成果后，相互切磋商讨，互相借鉴，既可以使成果得到推广，同时可使自己在与他人的交流中吸取有效的意见，进一步修改和完善自己的科研成果。这类会议多数具有专业特点，与会者都是同行，因此更具有推广意义。

现场观摩。现场观摩是一种直观、具体的成果推广，多数以听公开课、优秀课、示范课的方式进行。通过现场观摩，可以具体介绍操作的方法、过程和效果。观摩结束后，再组织讲评，进一步介绍指导思想、理论依据、总体思路等，使观摩者从感性认识上升到理性认识，对成果有一个完整的了解。现场观摩具体、生动、形象，也是推广科研成果的一条有效途径。

换届实验。教育对象是不断变化的，老生毕业、新生进校。将已经获得的研究成果，在新的教育对象中进行再实验，实际上也是一种推广应用。这既可以由成果研究者进行，也可以由其他人进行。通过再实验，不仅可以推广成果，而且可以使已有的成果得到进一步完善和发展。

决策采纳。将自己的研究变成领导讲话采纳，变成行政决策吸收，这是最有价值的研究。把自己的研究成果作为教育决策的参考，转化为有关教育方针、政策中的内容；或由教育行政部门形成指导性意见下发。研究成果一经政府采用，往往就会在较大的范围内得到推广应用，形成较大的社会效益。所以，这是应用与推广教育科研成果的最佳途径。

媒介传播。为了在更大范围内推广科研成果，可以通过各种传播媒介。比如将成果整理成文字材料，在报刊上发表；制成录音带、录像带输送出去；大的成果，可成专著，出版发行。由于传播媒介的覆盖面较大，成果的推广范围也就相应地扩大了。同时，通过自媒体传播，将研究成果化整为零，做成微信文章等在网上传送或开展直播，通过研究者个人的继续应用，推广到更大范围中去应用。

持续完善，以规律发现积沙成塔筑高峰

13 持续完善可从以下三个方面展开。

加强交流。交流是成果研究者接受他人评价的一种形式。通过交流，研究者将自己的成果提供给他人，供别人学习、借鉴和参考，可以扩大应用的范围，更能丰富自己。

实践反思，要通过推广运用、自身应用，不断发现、不断检测、不断提升、不断深化。

理论深化。要力戒东一榔头西一棒的散点研究，转而从哲学、科学、心理学的角度，对教学规律、教育本质等方面进一步深度研究，依靠工作室、团队，进行掘井式、分岔式的细分研究，聚焦一点，深度挖掘，持续完善探索，努力让自己的研究在研究高原中矗立高峰。

体系建设。要坚持写出自己的教育句子、拍出自己的教育剧本，以教育教学思想、主张、模式等形成体系化的理论与实践互动的成果，但开风气不为师，以教育规律探索与发现，独具一格，自成一派。

在这方面，需要有自觉的信念、坚持的毅力、持久的时间、共同的努力，也是名师能否成为名家的“分水岭”。

校本研究关键在于全员教研

14 学校高质量发展，关键在于教师。教师要得到可持续的发展必须加强教研科研。2019 年的 10 月、11 月，教育部先后印发了《关于加强新时代教育科学研究工作的意见》《关于加强和改进新时代基础教育教研工作的意见》，可见国家对教师科研和教研工作的高度重视。文件提出，进入新时代，加快推进教育现代化，建设教育强国，办好人民满意的教育，迫切需要教育科研更好地探索规律、破解难题、引领创新。文件强调，基础教育要强化校本教研，以实施新课程新教材、探索新方法新技术、提高教师专业能力为重点，着力增强教学设计的整体性、系统化，不断提高基于课程标准的教学水平。学校要健全校本教研制度，开展经常性教研活动，充分发挥教研组、备课组、年级组在研究学生学习、改进教学方法、优化作业设计、解决教学问题、指导家庭教育等方面的作用。

3.4

博：博观约取的知识建构——提升能力

最是诗香能致远。教师是一生育人的人。经师易得，人师难求。人师取决于教师的知识建构，**教师认知的厚度，决定学生认知的广度。**这就要求教师要加强学习，努力向博学多才、博采众长、博闻强记、博古通今的方向行进。需要提醒的是，教师知识建构之“博”，不是无所不包，重点在于要围绕自己的学科教学、教育主张和方法创新上博观更要约取。要去掉现实阅读中无用无效的“知识肥胖”，形成有肌肉感的“知识健美”，从而发挥知识建构的高效作用。

马道成功

让结构化的知识成为教师最有力量的“肌肉”。

章序　教师当是博物君子

1　教师发展要以更上位、更广阔的知识开化自己。为什么教师专业发展不快？囿于专业、困于专业，反而难以发展专业。在现实中，提及教师发展莫外乎教师专业发展。教师专业发展是教师的立身之基，教师的专业发展、进修提升往往就更多体现在分学科培训上，但这种不停的培训内容常常让教师似曾相识，有收获但收获不甚明显，不够彻底。原因就在于，教师发展始终限于专业本身远远不够。我想说的是，一方面，教师发展基于专业化，毕竟专业化的本质就是要精通某一领域。另一方面，过于专业化，一切就只是你的专业了。你的注意力始终都被限制在你已知的和你想知道的东西上，除了专业你与世界上其他事物的联系都被切断了，甚至既没有了基于当下专业层次的知识学习，更没有了你身上利用其他知识启迪发展的可能性。**专业越陷越深，越难以回想起曾经广阔的自己。**爱因斯坦说：“所有困难的问题，答案都在另外一个层次。”这句话意在指明如果遇到难以处理的问题，就应该要跳出自己的思维定势，去更高层次探寻答案。同样，教师专业发展遇到的问题也要以更上位、更广阔的知识开化自己。因此，教师不妨“功夫在诗外”，从博物君子的视角做些自我探索和启迪。

2　博物君子是指博学多识的人，词语出自《史记·吴太伯世家》，用以形容延陵季子的仁心和智慧，他能够从微小的迹象中洞察事物的清浊，具有宽广的视野和丰富的知识。在《汉书·周荣传》中也有类似的用法，提到博物君子能够通览古今，知识广博。我们常说，要给学生一杯水，教师要有一桶水。从一杯水到一桶水，这不仅仅是数量的增加，更是质量的提升，这就要求教师从自身知识建构的角度，博览群书，博采众长，厚植自身的知识建构，既知学海无涯，更能拾级而上。

教师厚植知识建构的十个内容

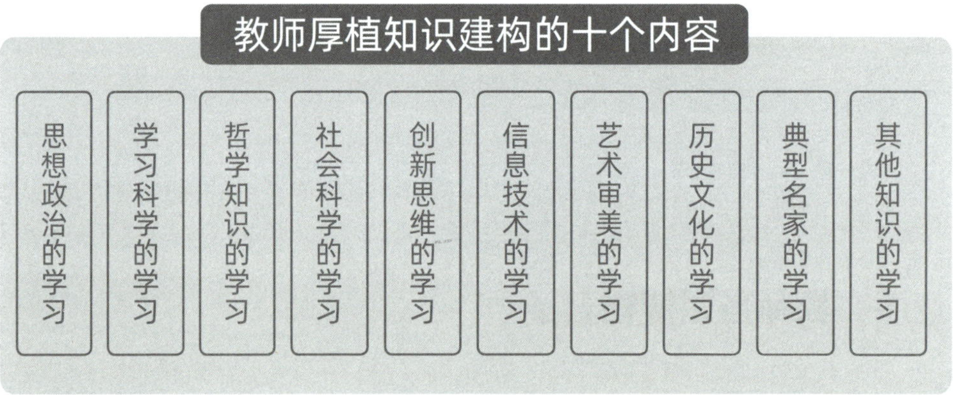

图 3.5

思想政治的学习

3　政治思想的学习方面的书籍在教育领域中具有重要意义。不仅是教师必备的参考资料，也是学生成长过程中不可或缺的引导文献。阅读这些书籍有助于教师提高政治素养，加深对国家政策和社会发展的理解，进而培养良好的思想道德品质，把教育教学工作放到国家和社会层面理解、认知，增强立德树人、教书育人的责任担当和行动。在阅读思想政治方面的书时，教师要有自己的政治立场，与党中央保持高度一致，不仅要善于思考和分析书中的观点、论证方法和逻辑推理，还要以理论联系实践的独特见解融于教学。只有这样，教师才能充分发挥思想政治方面书籍的作用，更好地培养有理想、有担当、有本领的青少年。

学习科学的学习

4 学习科学主要研究如何支持和促进人在整个生命历程中的学习活动，通过教学的、技术的和社会政策方面的创新来促进教育的改善。学习科学是在反思认知科学等学科、关于学习方法的研究方法和观点的基础上新近兴起的一门科学。在 20 世纪 80 年代由西方学者提出，科学家借助先进的研究工具逐步揭示了人类心理和大脑的奥秘，思维过程和学习过程逐渐变得清晰起来，这对学习领域的研究产生了重要影响，促进了学习科学的快速发展。学习科学专家认为，掌握科学的学习方法比占有具体的知识更重要。学习科学为课堂教学变革带来了新视角。只有提升教师对教育教学内在科学规律的认识水平，课堂教学水平才能提升，进而推动教育的深层变革。

5 教师不仅要指导学生，而且自身也要掌握科学的学习方法。“授人以鱼，不如授人以渔。”要使学生懂得，要想学习好，必须要注重学习方法的掌握。著名认知心理学家诺曼说：“真奇怪，我们期望学生学习，然而却很少教他们学习。我们希望学生解决问题，却很少教他们解决问题的思维策略。”

教学是广大教师最核心的主体工作。人们对教学往往有多种解读，普遍认知就是“教学”活动，或者就是“教”与“学”，其实最重要、最本质的是，教师教学生怎么“学”，但现实中“管教不管学”是一个共性问题。其原因就在于，教师本身也“不会学习”，缺少方法论的指导。结果导致“囊萤映雪”“凿壁借光”“头悬梁、锥刺股”的学习精神，演变成了“苦学”的学习方法，导致教师不懂、不会、不能掌握科学的学习方法，并用于教学活动。

6 教师掌握学习科学是为了学生科学学习。师生都要在以下几方面深化学习科学学习：

最适合的学习方法带来最高效的学习效率。学习科学的首要目标是引领学生更好地理解认知过程和社会化过程，以产生最有效的学习。其次是用学习科学的知识重新设计课堂、课外及其他学习环境，从而使学习者能够更有效、更深入地进行学习。第三是明晰不同的人学习方式方法都有不同，有的人喜欢一个人静静地学习，有的人喜欢在争论中学习，有的人喜欢在音乐伴奏中学习，有的人喜欢坐着学习，有的人喜欢躺在床上学习。

寻找最适合自身的学习方法。对一个人来说，只有最适合他个体的学习方法才是最好的学习方法。最好的学习方法因人而异，要根据学生类型特征、年龄特点和学习基础等多种因素确定。教师要通过开设学习方法指导课和结合学科教学等方式，不仅要指导学生懂得掌握学习方法的重要性，还要现身说法，以自己为示范案例，引导学生了解自己倾向的学习类型、思维类型、心理类型和智力类型，然后再按类型去寻找最适合自己的学习方法，而且更要注意引导学生在预习、听课、复习、考试等各种具体学习情境中，去感悟、选择、借鉴和综合运用好最适合自己的学习方法，以获得最佳的学习效果。

元创典故

烂苹果气味给席勒带来怎样的灵感

根据《歌德谈话录》记载，有一次，歌德去拜访他的好朋友席勒，去了之后却发现席勒不在家，于是席勒夫人夏洛特便招待歌德在席勒的书房里等候，并表示席勒很快就会回来了。歌德便在席勒的书房静静地等候着，顺便借用席勒的书桌写点什么东西。然而歌德坐下来没多久，就闻到了房间某个位置有一股很恶心的恶臭。歌德就在房间里开始寻找，最后发现这恶臭来自席勒书桌的一个抽屉之中。

歌德拉开抽屉，顿时万分诧异，因为这抽屉里装的全是发臭的烂苹果，扑面而来的臭味让歌德难以呼吸！夏洛特看到后表示："席勒是故意把这些烂苹果堆在里面的，因为这种气味能给他带来灵感。没有这些烂苹果，席勒就没法生活和写作。"

美学家朱光潜对席勒的这一怪习做出了科学的解释：因为烂苹果经过发酵的过程，会带着一点酒味儿，这股味道能对人的大脑产生一定的刺激作用。不过，歌德对于自己好友的这种特殊癖好另有看法："那种气味对席勒有益，对我却像毒药。"

作家的写作习惯还有很多。如鲁迅习惯于在家人们都熟睡之后，独自在小台灯下进行写作；老舍喜欢提前做好写作计划，然后每天按着计划进行写作。海明威习惯站着写作，而卡波特习惯躺着写作。巴尔扎克靠喝很多咖啡写作，有一种说法，说他一天至少要喝 50 杯咖啡，还有一种说法，说他一生喝下了 5 万杯咖啡。

哲学知识的学习

7 教育哲学，就是用哲学的观点和方法研究教育基本问题的学问。教师的哲学就是教育的哲学。美国教育哲学家索尔蒂斯认为，就像每个人都应该有个人的生活哲学一样，教师也应有个人的教育哲学，它能够使教师明晰什么是正确的、好的、值得做的。一个好教师应该具有裴斯泰洛齐的热情、莱布尼茨的学识、苏格拉底的智慧。有哲学观的教师，就会用智慧教书、以爱心育人，不停地思考“我在干什么？我干得对不对？”从而脚踏实地、有深度地去工作；就会善于思考宇宙、生命、生活、困难、死亡，拥有豁达的心境，富有智慧，精神充足，会更富有影响力；就能够辩证、冷静、理性地看待问题，不会对后进生束手无策。相反，一个没有经过哲学学习、哲学教育、哲学训练的教师，很难生长出哲学思考力，在教育实践中，就不会深刻反思，难以发现深度问题，更不会自主提出新问题，只能依照习惯，随大流地进行教学，除了埋头就知苦干。因此，教师不仅要有教学专业生活，更要有教育哲学生活。

8 帕斯卡说过，思想形成人的伟大，人的全部的尊严就在于思想。哲学就是探究和思考的最直接体现。作为教师如何提高哲学思考力呢？

元创之道

提高哲学思考力的八个方法

（1）多读哲学经典著作。培养哲学的思维前提条件是多读哲学经典著作，接受哲学的熏陶，与先哲对话，让自己的心灵不断获得思考的能力。涉及哲学的书很多，教师要学会选择，找自己喜欢的内容和风格去阅读，从而启发哲学思考。喜欢从哲学的视角看问题，立足生活，仰望星空，思索人生，树立科学的世界观、人生观、价值观。

（2）养成我在故我思的习惯。哲学是思考的学问，是一种思维运动，思考人生，思考生活，思考世界。亚里士多德说：“人生最终的价值在于觉醒和思考的能力，而不只在于生存。”哲学都是通过苦难和自身的人生经历提炼而来，我们要对万事万物保持敏感和好奇，身体力行地去参悟，接受命运的洗礼。破除生活中什么都信以为真、什么都理所当然的思维定势，增强生活理性思考，凡事多问几个为什么，多从不同的角度去想一想，多思考事情背后的本质和问题的根源。老子观水悟道，就是通过不断观察，思考心念，悟出“水”的哲学和为人处事的道理。用心去感悟哲学里的人生，用心去提炼生活中的哲学。

（3）善于从整体上思考事物。世界是物质的，所有的事物都是相互联系的。以全局意识培养自己系统思维，不单独、不割裂、不片面、不孤立地看问题，而是把所处的世界和各种事物当作一个整体来认识，并了解各个事物的相互作用和内在联系。如田忌赛马这一典故，就是“丢局部保全局”的思路，三局赢两局输一局，整体上就取得了胜利，这就是哲学思维。在学习、工作、生活中不能只看眼前利益，要用联系的、长远的、整体的观点去思考整体，以点带线，以线带面，以面带体，才能以小博大，到达最终目标。在这方面，毛泽东同志是我们学习的伟大典范。

（4）透过现象追问事物本质。发现问题，就事论事地处理问题，是一种解决问题的方式。但要从根源上解决问题，还必须要拿起哲学的“手术刀”，哲学的根本就是客观理性全面地看待事物，找到事物的根本原因和本质。在日常生活中要从眼睛所看到现象，转向心所看到的本质。现象是感觉经验的对象，理念则是思想的对象。人是思想的产物，要善于透过现象看本质。如，通过第一性原理，把事物分解成最基本的元素，从源头开始思考；通过系统思维，了解事情发生的来龙去脉；通过顺藤摸瓜、追溯本源，就能抓住主要矛盾；从现象转向理念，就能认识事实、找到事物的本质所在。

（5）在共性中研究事物发展规律。世界千变万化，但是每种事物都有自己的运行轨迹和自然规则。大道至简，万变不离其宗的就是规律。我们每天、每年都做了大量的事情，但经验总结时往往只知道罗列、不

知道逻辑。要想找到事物的共性和规律，可从道、法、术三个层面进行思考，道的规律需要一定的洞察力和智慧，法的层面就是讲逻辑和规则，术的层面就是突出方法和技巧。具体做法就是：找一个类似的对象，进行类比，然后去找到事物之间的相似之处，并进行概念处理，把具体问题抽象化，简单问题复杂化，并从事物里众多联系中抽象出根本因素和主要因素之间的联系和作用。比如，遇到问题要先理论上搞清楚问题的本质，把握问题的方向，定清问题的边界，再去学习相关的解决问题的方法和技术，并且要善于使用已有的工具来提高效率。理路是，事物抽象化概念化—研究各种相关事物之间的联结关系—提炼成功的经验—总结成功的方法论。在不断发现“勾三股四弦五”的现象中，最终提出“$a^2 = b^2 + c^2$”的勾股定理。悟出规律，事半功倍。

（6）用辩证法对待一切矛盾。对待任何问题，要用辩证的、全面的、发展的、客观的眼光看问题。坚持一分为二，既要看到好的一面，更要看到不好的一面；既要看到自己的长处，更要看到自己的短处；既要看到别人的短处，更要看到别人的长处。矛盾是普遍存在的，学会用矛盾的观点看问题，在矛盾中抓住主要矛盾，都会让人和事在矛盾的统一中发展。

（7）善于使用批判性思维。批判性思维不是对别人说的话提出质疑，批判别人的观点。批判性思维是对思考的再思考，对反思的再反思。哲学思维总的来说就是思辨，这就是要保持思维的清晰性、思维的逻辑性、保持理性态度。元创教育就是坚持对思考的反思，使思考不断科学合理化。

（8）学会经常性自我反思。人贵有自知之明。哲学思维最重要的是沉思默想，自我反省。人是哲学的奥秘，哲学是人的隐喻。中国当代哲学家冯友兰说：“哲学就是对于人生有系统性、反思性的重要思想。”苏格拉底也说：“未经反思的生活是不值得过的。”我们要深刻理解人和哲学的关系，学会审视自己的人生观和价值观，审视自己内心追求的东西。反思纠正自己的认知偏差，经常审视自己的价值观，情绪化和非理性思维，打破或重组价值观；反思自己的信息偏差，不道听途说，判定信息的真实性、科学性，避免被已知的信息误导；反思自己的思维定势，有没有僵化的思想，缺少应有的创新意识和创新方法，学会逆向思维，防止从众心理。

社会科学的学习

9 教育必须置于社会视角下的考量。社会学是一门研究人类社会行为、社会组织和社会关系的学科。社会学是横向地打通各个垂直的领域，这是一个构建生态的过程。社会中几乎所有发生的事件都可以从社会学的视角去切入，形成独特的洞察。社会学一个很重要的作用就是让我们能够透过表面的现象看到更深刻更本质的问题。

教育就处在各种各样的社会形态中。教育的许多问题都可以说是社会的缩影。社会学带来两个维度的影响。一个是纵向的，让你能够透过现象看本质；一个是横向的，整合地系统性地思考。作为教师如能从更广泛的社会视角去做更多的尝试，可能会更快、更好地解决许多问题。比如，一个学生最近学业成绩不佳，如果仅从教育的垂直视角来看待这个问题，那么教师的行为就是帮助这个学生学好某些知识点，给学生搭建学习的脚手架。而如果从社会视角出发，教师很可能会发现，影响这个学生学业成绩的是他最近是不是遭遇了家庭变故、是不是在学校被霸凌了、是不是出于什么原因还没有吃早饭……从社会视角看问题，会让你更能理解包容、更能解决问题、更能走入儿童的心田。

10 学习社会学，可以采用以下方法：

（1）阅读社会学经典著作。如马克思的《资本论》、韦伯的《宗教社会学》、涂尔干的《社会分工论》等，这可以帮助你理解社会学的基本概念和理论框架。一般可以读简本、通俗本。

（2）进行实地调研。社会学是一门实证科学，可以选择一个感兴趣的社会现象或问题，采访、观察或问卷调查，从而加深对社会现象的理解。

（3）阅读学术期刊和研究报告。阅读这些文献可以了解当前社会学的前沿研究和学术观点，同时可以培养批判思维和学术写作能力。

（4）参与社会实践活动。通过参与社会组织、社区工作或社会调查等实践活动，可以更深入了解社会问题、发现社会现象，并将所学的社会学知识与实际情况相结合。

（5）学习统计学和研究方法。社会学研究通常需要收集和分析数据，掌握基本的统计知识和研究方法，可以帮助你进行数据分析、研究设计和成果阐释。

创新思维的学习

11 习近平总书记要求全国广大教师从四个方面做学生的引路人，其中之一是“做学生创新思维的引路人”。创新思维是指以新颖独创的方法解决问题的思维过程。这种思维能突破常规思维的界限，以超常规甚至反常规的方法、视角去思考问题，提出与众不同的解决方案，从而产生新颖的、独到的、有社会意义的思维成果。作为学生引路人的教师，要想方设法成为培养学生创新思维的高手。教师要善于发现课本中的创新因素、工作中的创新因素、生活中的创新因素引领学生，同时自我提升创新思维。

科学思考是一门专业，教育思考是一门科学。让思维方法成为教师成长的起跳板。这就要掌握思维的方法，主要有十种思维，即简单思维、创新思维、发散思维、逆向思维、形象思维、横向思维、质疑思维、立体思维、逻辑思维、超前思维等，要学会这些思维方法，并运用到教学中去，从课堂语言创新、教学组织结构创新、教学方法创新做起，以教师的创新带来学生的思维创新。

信息技术的学习

12 信息化越来越改变教育，改变教师，改变学习。信息化手段应用于教学实践中，可以应用的内容包括：硬件、软件和资源。教师要会用硬件，其中投影仪、交互电视、一体机、电子白板同有线网络、WiFi、5G 等无线网络一起构成了基础环境；应用、服务环境包括：手机、平板、录播系统、远程互动系统、VR 设备、AR 设备、可穿戴设备等。

掌握软件。硬件是远远不够的，而且只有硬件，很多教学活动或教学环节也是不能做的，这些硬件必须要有好的软件来支持，利用各种平台，平台又包括：PC 端的，移动端的，还有各种社交工具，以及现在国家要求的人人通等。

丰富资源。信息化教学光有硬件和软件是不行的，还必须配合相对应的数字化教学资源，才能真正发挥作用。教学数字化资源包括：动画、视频、仿真软件和微课等。特别是人工智能让人的异想天开都成了现实，从 ChatGPT 悄然闪亮到 Sora 的横空出世，在让人们目瞪口呆的同时，更需要我们去思考新的教学方法。

艺术审美的学习

13 教育美丽需要教师之美。五育并举、以美育人已成为教育发展的大势，教师要按“美的规律”培养有“审美的人”。教师审美是构成教师崇尚人格的重要因素，没有教师的审美就谈不上学生的审美。苏联教育家赞科夫说：“美的尺度对于教育工作的成功也是需要的。”教育就是文化人用文化培养文化人的文化活动。教师的审美素养，能更好地发挥净化灵魂、提升人格、纯洁思想、丰富情感的功能和作用。

审美素养包括美学知识、美感能力、艺术鉴赏力和艺术创造力及审美情感等方面的素养。学校是审美的重要场所。教师具有发现美、感受美、鉴赏美、创造美等审美能力和审美情感，对教师专业成长和教师幸福指数提升，具有重要作用。教师要培根铸魂、启智润心，提升艺术审美素养至关重要。这就要求教师要突破一般的简单的美抑或不美的直感的浅层次艺术审美，加强艺术审美的深度学习。

14 懂得审美的教师是最美的教师。教师要努力提升自身的审美素养，这也是增强教师人文修养的重要渠道。

元创之道

教师审美素养提升的十条路径

（1）建立审美意识。美育在教育中的作用越来越被人们认知。教育之美需要教师之美，而提高文化修养是提高艺术审美的基础。要普遍提升教师审美意识，学习审美知识，拥有丰富的审美体验和审美感受，逐步建立正确的审美标准和追求。

（2）重在儿童美学。爱美之心人皆有之，喜欢就不觉得累。教师美学素养的提升是要让孩子更好地感受美育。要从儿童眼中学习审美，让学生学习一直浸润于审美的学习生活中，不仅可以消减教育的内卷，更能让学生憧憬美好生活、美丽人生。

（3）诠释学科之美。教师教授的每一学科都有美的因子，美的构成。要加强学科美感的挖掘、学习、感悟。尤其是在学科教学中，要善于发掘所在学科中的美育元素，将自然美、艺术美、科学美与社会美等内容有机融合，以期达到各美其美、美美与共的美育效果。

（4）感悟校园美学。加强学校物型课程建设，形成具有教育功能、审美情境的教育空间再造，使学校成为由一个个课程景观组成的教育旅游圣地。能够在校园教育和生活的各个方面敏锐地发现美、感知美、表达美和创造美，时刻充满着教师生动、新颖、美好、积极的品质与气息，以身心愉悦践行幸福教育、幸福职业、幸福事业。

（5）发现个性之美。用审美的眼光看待学生。人类的精彩在于人的个性多彩。没有个性难有光辉的人生。要理解、包容、欣赏美丽花朵的童年、活泼可爱的少年、青春奔放的青年，以至善、仁爱、审美的眼光看待学生，尊重学生个性，发现学生个性之美。以各美其美营造和谐的师生关系。

（6）塑造审美形象。教师注重塑造自身形象美，一方面注重外在的仪表美，穿着、言行举止有形象美；另一方面，更要突出内在心灵美，在智力、情感、道德、意志和人生观等方面，做一个有心灵美的完整充实的人。以教师的风度和心气塑造教师的教育家精神和人类灵魂的工程师之美。教师风度美体现在教师的机智、幽默、深刻、犀利的谈吐，优雅、严谨、谦和、友爱的行为，庄重、朴素、大方、得体的服饰，以及深邃的思想、渊博的知识、高尚的人格。通过教师完美形象的毕生追求，引领学生对美的向往。

（7）领养一门艺术。教师要跳出学科做教师。教师要培养自己的兴趣爱好，学会欣赏和喜欢一门艺术，作为生活和人生中的追求和润滑剂，有了一定的造诣，并可参加各类书法协会、美术协会、摄影协会、集邮协会、钓鱼协会以及各种文艺团体和艺术组织，更利于专业化的提升。腹有艺术气自华，精通一点，一通百通，这也利于促进教书育人。

（8）参加艺术活动。俄国哲学家车尔尼雪夫斯基说："好的艺术作品可以使人厌恶庸俗、丑恶的东西，爱好美的、高尚的东西，从而培养出人们的高尚情操、崇高的精神和健康的审美观点。"教师通过参加多种多样高雅的审美情趣艺术活动，在艺术美境界中不断升华自我，提升艺术审美素养。

（9）感受生活之美。法国雕塑大师罗丹说过："美是到处都有的。对于我们的眼睛，不是缺少美，而是缺少发现。"这句话可谓一语中的，现实生活中真的能发现美的人少之又少，与其说是审美素养低下的必然表现，不如说是缺少发现美感的意识和习惯。生活之美涵养人生之美。要注意时刻发现生活的美好，久而久之就会产生"我们的生活充满阳光"的信念。

（10）多看各类展演。多看艺术品是提升审美感的途径。只有见多见广，才能开阔眼界，才有比较鉴别，审美感才会逐步增强提升。多看各类艺术展览、博物馆、演艺活动，久而久之，就会提高一个人的美学素养。

历史文化的学习

15 历史是过去的现实，现实是历史的延续。历史是一门学以致用的学科，“以史为鉴，可以知兴替”。恩格斯说：“历史从哪里开始，思想进程也应当从哪里开始，而思想进程的进一步发展不过是历史过程在抽象的、理论上前后一贯的形式上的反映。”党的十九届六中全会审议通过的《中共中央关于党的百年奋斗重大成就和历史经验的决议》提出：“今天，中国人民更加自信、自立、自强，极大增强了志气、骨气、底气，在历史进程中积累的强大能量充分爆发出来，焕发出前所未有的历史主动精神、历史创造精神。”

历史主动精神体现为高度的历史自觉、强烈的历史担当、伟大的历史创造、坚定的历史自信。强调的是人能够认识历史发展的规律，在历史发展大势面前不是被动应对，而应该顺势而上、主动作为。教师历史自觉性既包含对历史运行规律的深刻领悟，也包含对社会发展前景的主动营造。梁启超说：“史学者，学问之最博大而最切要者也，国民之明镜也，爱国心之源泉也。”学习历史知识，以史为鉴尤为重要。

（1）在借鉴中学习历史知识。古之明君贤臣都十分重视历史的作用。西汉初年，汉初统治者重视、吸取秦亡的历史教训，运用黄老无为思想，采取轻徭薄赋、与民生息的政策，出现了封建王朝的第一个盛世“文景之治”。唐太宗总结隋亡的历史教训，认识到政权“莫不得之于艰难，失之于安逸”，必须“居安思危”“以古为镜”，因之出现了我国历史上“贞观之治”盛景。司马光正是知道历史的重要作用，才写下了史学史上一部伟大的名著《资治通鉴》，一部历史，“得可资，失亦可资也！”教师可贵的是在学习历史中古为今用。

（2）在传承中学习历史知识。中华民族是文明礼仪之邦，有着优良的传统美德。我们的先人在为民族团结、国家统一独立富强和社会繁荣进步的斗争中，创造了辉煌的业绩和丰富的嘉言懿行。这是学校进行道德品质教育的极好教材。如诸葛亮为治理国家而“鞠躬尽瘁，死而后已”；范仲淹的“先天下之忧而忧，后天下之乐而乐”的主张；顾宪成的“家事、国事、天下事，事事关心”的志向；顾炎武的“天下兴亡，匹夫有责”的情怀，都充分展现其崇高志向和博大胸怀。还有优秀传统文化，传统节日、古典文学、民间艺术、传统工艺、传统习俗，等等，因此，教师通过学习历史知识，增长历史见识，丰富课程教学资源，能够更好地培养学生树立面对社会及面对国家的责任感。

（3）在运用中学习历史知识。“天行健，君子以自强不息”，中华民族自古就是一个自强不息、勇于进取的民族。如为学习而刺股悬梁的苏秦、孙敬；被处宫刑后发愤著成“史家之绝唱”《史记》的司马迁；历经万次演算得到圆周率数值到小数点后第七位的祖冲之等。加强对这些人物的教学，让学生体会到立志勤学是人才成长必须具有的精神；自强不息、奋勇进取是我们中华民族历尽艰难而不衰亡的重要原因，使学生对他们勇于坚持真理精神产生崇敬之心。

典型名家的学习

16 站在名家的肩上超越。教师要虚心向他人学习，博采众长，丰富自己。学习书法，我们要揣摩历代书法家的碑帖，从字到质到韵，博采各家之长。这个道理同样适用于向名师学习。向名师名家学习要把握以下几点：

（1）入职拜师学名师。名师学习的五个步骤：

找准名师注重契合度。名师学习首先是向谁学习。在每位新教师入职的时候，学校会为其配上师傅，随着自己成长，要根据自己学科专业、兴趣爱好、个性风格、教育追求，去寻找相投和欣赏的名师。名师与你契合度越高越好，志同道合是最好。

研究名师学得准。“善问者能过高山，不问者迷于平原。”学习名师，应该了解他、分析他、研究他，将名师的师德风范、课堂教学、育人艺术、研修学习的做法理清楚，目标清晰，“靶样”学习都精准，效果才会好。

在揣摩中仿照学习。正如学习书法，名师即是名书法家，名师代表性课堂犹如书法名帖。教师就是书法学习者，在读帖、临帖、背帖中，临帖特别重要。年轻教师，要从“同课同构”开始，把他的典型课例找出来，特别是现场听课效果更好，在模仿中不断提高。

逐步“入古出新”。模仿再多，不可无我。齐白石说：“学我者生，似我者死。”郑板桥向石涛学画兰花，郑板桥说：“十分学七要抛三，各有灵苗各自探。”为什么呢？他解释说：“学一半，撇一半，未尝全学；非不欲全，实不能全，亦不必全也。”一个人有一个人的个性，学习名师，关键是学基础、学方法、学精神，最终为了形成自己。

青出于蓝胜于蓝。学习名师，一方面弘扬名师精神、名师之道，另一方面要努力形成自己的特色、风格，努力自我超越，即便不能像名师那样整体优秀，也可以突出一点，局部超越，在理论与实践中梳理自己、发现自己、构架自己、完善自己、做优自己，坚持下去，必会有大的收益。

（2）跨师拜师博采众长。随着专业成长，教师不要满足于拜一两个名师，有条件可以不同层面多方拜师，不仅仅局限于教师，其他与教育相关的教育工作专家，也特别重要，而且不同于教师的专家可以实现异质迁移，有效地丰富自己的特长特质。比如，可以跨地区，不仅有本地的，也可以有外地的，领略不同水土养育下的名师不同风采；可以跨年龄，不仅有年长的专家，也有正在成长中的中青年骨干，领略不同岁月浸染下的名师不同风华；可以跨行业，不仅有教师同行的，也可以有跨行的，像杂志社的编辑、教科研人员、教师发展培训机构的专家，以及专家型的行政人员，甚至是社会上的各种机构的专家，等等。这些不是教师，但都在各自职业、各自岗位上有所研究、有所建树，与他们加强交流，可以给予教师很大的帮助，尤其是能开阔眼界、扩大视野。名师出高徒、高徒出名师。不但以师为师，以师为友，也可以徒为友，以徒为师。亦师亦徒，教学相长。

（3）多学看不见的名师。学习名师的方法有很多，不仅仅是听课。除了以人为师外，还有更多的学习方法。如多读名师的著作，多看名师的论文，多听名师的讲座，多看优秀课例录像，然后通过与同行的研讨，把优秀教师的先进思想观念、课堂教学方法与模式吃透。读懂名师就要静下心来，沉到书中去，与名师进行心灵的会晤、人格的砥砺。我们要去掉浮躁心态，领会名师成长的内核因素。

（4）体悟名师精神成长。名师之所以成名，最重要的是因为他们十分注重自身的知识积累与人生修炼。加强对多位名师的学习分析，找出名师成为名师的规律，如名师成长都有共同点，就是坚守理想、执著教育、热爱学生、教学有方、勤于钻研、热爱读书、坚持不懈。特别是把读书与写作，作为终身伴侣。如李吉林老师，每天读书不少于 3 小时；在她重病期间，她不愿意到条件好一点的医院，而是坚持住到一家普通医院的普通病房，因为在这个病房里，李老师走到窗前可以看到自己工作的学校，躺在床上可以听到学生的声音。于永正老师刚参加工作时，规定自己每日看 50 页书，写一篇日记，每学期投稿不少于 5 篇。有爱才会写、才会读、才会坚持。

（5）写作是最真实的进阶。李吉林说："写作就是研究。"名师成长的密码之一就是写作，不少名师每年都会在公开刊物上发表文章，并养成了自己的一种习惯，已作为自己的一种追求，已成为一种生活方式。中小学教师都要写教学反思、幼儿园老师都要写观察日记，无论是一课一小写，还是一月一大写，都不要将写作看成是月复一月、年复一年的重复性任务，这样只能成为应付，难以有成；而是要将教学反思、保育观察作为百字文、千字文来写。文无第一，武无第二。在中国文学历史的长河中，二十字的绝句与二十万字的小说价值是不分上下的，优秀的作品不是以字数多少来划分的。教师一月一作的教学反思，都可以精心构思，作作立篇，一年至少十篇一万字，十年至少十万字，就可以出本教学千字文的图书了。其实，出书也不那么艰难，而是需要坚持，赢在时间、赢在毅力。人生的最大敌人就是自己。超越，就是认识自我、挑战自我、战胜自我、超越自我。

其他知识的学习

17 著名学者李政道博士说：“我是学物理的，不过我不专看物理书，还喜欢看杂七杂八的书；我认为，在年轻的时候，杂七杂八的书多看一些，头脑就能比较灵活。”除在学校上班的学科学习、专业阅读，在家的集中学习时间外，其实，我们时刻都处于学习之中，闲暇时随手拿一份报纸，扫描题目就是提升自己文章的立意与取名，乘车等待，随手翻翻手机，都会有各种信息，不断地习得各种“五花八门”的信息，正是你教育强身的各种“营养”。尤其是有些直感的方法都在名人逸事、历史趣闻中。教师要读书，还要会读书，教育方法是保证教学效果的根本之策。

元创典故

名家的读书方法

戴尔·卡耐基——宗旨是温故而知新。起初会用速读的方法，带着强烈的求知欲和改变的决心，读目标书籍中的每一个章节。遇到有用的就在旁边做个记号，觉得特别好的就画线 + 记号，目的是为后续的复习做准备。阅读时还会时不时地回顾之前学到的内容，边阅读边问自己能用到哪些知识，怎么运用这些知识点。全书阅读完以后，会回头仔细阅读书中的重点笔记 + 写日记 + 反思复盘 + 实践。之后还会长期地翻看温习。

曾国藩——读书的诀窍是一倔二稳三记：一倔，一本书没看完，绝不看第二本。二稳，每天坚持看 10 页书。三记，每次看完都要写读书笔记。

鲁迅——博览群书，只要能开阔视野，增加知识的厚度，无论什么类型的新知识，他都喜欢以开放的态度，大胆无畏地吸收入囊；毫无畏惧，再难的书也会硬着头皮看下去，直至看懂；粗中有细，博览期间，遇到好书会收藏精读；重视拓展，对于喜欢的图书作者的传记、专集也不放过。

纳瓦尔——他是一个特别“骄傲”的人，这个从他的读书方法中可以感知到。他什么书都看，但是 10 本中有 8 本会进行 80% 的略读、跳读。他会将 80% 的注意力停留在自己感兴趣的地方，然后对其总结提炼，末后将笔记分享到网络上。大多数书不会读完，掌握一本书的主旨之后就会果断换下一本，但遇到好书会重复看。

李嘉诚——主题阅读法，每个季度阅读一个专题。比如春季读哲学主题，夏季读科技主题，秋季读佛学，冬季读人文历史。既确保了读书的深度，又确保了涉猎知识的宽度。除此之外，他还会抄书。

李敖——中国台湾作家，读书方法更是特别：大卸八块 + 触类旁通法。一本书只读一次，同一时间会看很多同类书，融会贯通。有用的剪下来、或者影印下来。将其分类存档。需要用的时候，找档案就行。

结构化的知识最有力量

18 在知识积累的过程中，既要博览群书、博闻强识，也要博观约取、厚积薄发。很重要的一点，就是理解阅读是为了自己更强的知识建构、更好的高效课堂、更高的教学质量。怀特海说：“把学校学到的知识都忘掉，剩下的那一部分才是教育！”知识积累也是如此。知识本身很重要，但更重要的是知识学习的方法论。这就要重视知识的结构化。

知识与知识之间是相互联系的，是可以统合在一个大框架下面进行解释的。许多人读了很多书，却没有读出自己的思想。关键在于不是记忆了多少知识，而是学到的知识都是零散的，缺少系统性，学到的知识与知识之间没有形成有效链接，没有形成结构化、体系性，更不能提炼出一般性的认识规律。结构化的知识最有力量。

如何在知识与知识之间建立结构？可通过思维导图，将所获取的知识本身结构化；可将学习知识与自己教育思想、教学主张有机联结、融合；可就某个认知点写文章，进行系统思考；可进行反思，实际解决问题时，去验证新的知识结构是否符合客观现实。

04 第四部分 品学兼优：职业品质的四大追求

“

教师，更要有诗和远方

教师品格在于追求教育立意与育人境界的高尚

大学问在于大教师，大学校要有大教师

教师师德一时，影响学生一世

课堂是理想起飞的地方

学习是人生最长时间的挑战

最棒的老师总有最好的兴趣，无趣的教师很难教出有趣的学生

”

追求理想是一个人进行自我教育的最初动力，而没有自我教育就不能想象会有完美的精神生活。

——苏霍姆林斯基

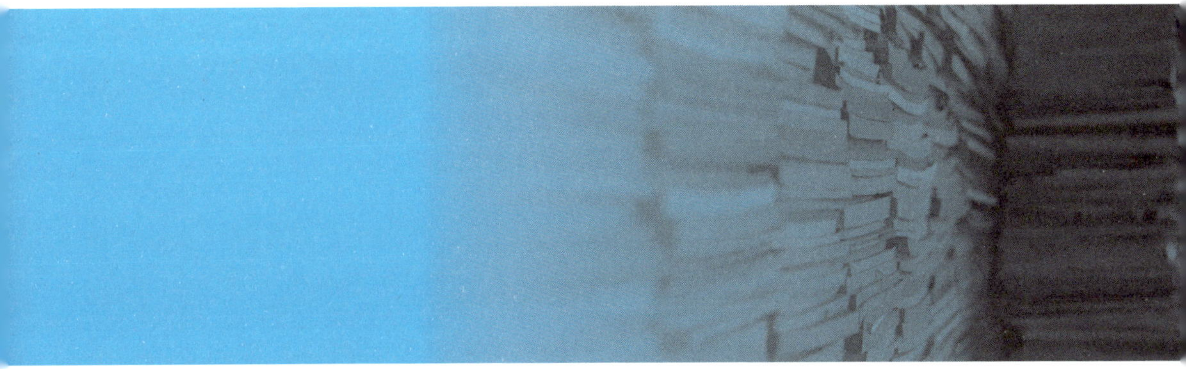

职业品质是指从事某种行业或担任某个职位时应该具备的道德和素质，涵盖品德、技能、知识、行为和作风等多个方面。杰克·韦尔奇说：“如果有那么一种品质是成功者共有的，那就是他们比其他人更在乎。”可见，“更在乎”的职业品质非常重要，它能够使人在职场中成为成功的人才。本部分以“品学兼优”演绎如何提升教师职业品质（见图 4.1）：品——品高行洁志当“大先生”；学——教师当为学师的角色转型；兼——兼收并蓄的兴趣特长；优——“思”情画意的优美课样。

品学兼优：教师职业品质的四个路径

品——品高行洁志当“大先生”

- 品格，追求境界的高尚
- 品行，人生自我的修行
- 品味，生活的本真和内涵

学——教师当为学师的角色转型

- 学生之学的“学”
- 学习之学的“学”
- 学科之学的“学”
- 学法之学的“学”
- 学材之学的“学”
- 学境之学的“学”
- 学业之学的“学”
- 学者之学的“学”
- 学风之学的“学”
- 学校之学的“学”

兼——兼收并蓄的兴趣特长

- 体育运动
- 读写视听
- 吹拉弹击
- 书法绘画
- 歌舞表演
- 摄影旅游
- 茶艺悟道
- 工艺制作
- 花木园艺
- 收藏欣赏

优——“思”情画意的优美课样

- 思——思维成长是“思”情画意课堂样态的核心
- 情——情感丰沛是“思”情画意课堂样态的关键
- 画——画面关联是“思”情画意课堂样态的能力
- 意——意味深长是“思”情画意课堂样态的水准

图 4.1

4.1

品：品高行洁志当“大先生”

“塑造学生的品格、品行、品味，首先要从教师自我塑造品格、品行、品味的教师“大先生”做起。品格与品味是内在力与内驱力，而品行纯粹是外在的。三者侧重点不同，但完整地构建起“大先生”的丰富内涵，也是广大教师高格人生的重要路向。”

马道成功

品质就是每位教师别有风味的品牌。

章序　每位教师都要志向“大先生”

1　“四有”好老师——“四个引路人”——“三品”大先生——教育家精神，习近平总书记一直十分强调教育的重要性、教师的重要性，尤为重视教师职业品质的锤炼。教师要提升职业品质，首先要从自我塑造“品格、品行、品味”的“三品”做起。

“大先生”的“三品”内涵

品格，追求境界的高尚

2　品格，谓品性，性格；指文学、艺术作品的质量和风格；也指物品的质量、规格等。从人的角度讲，品格是人的品质性格，是一个人的基本素质，表现出人的思想意识本质特点，强调一个人内在世界是否厚实，决定人回应人生处境的模式。教师作为教育事业的核心力量，品格充分体现了教师的职业道德和职业精神，直接影响着学生的成长和发展。教师品格在于追求教育立意与育人境界的高尚，可从以下“七个坚持”进行锤炼：

坚持理想信念，终身从教。理想信念是教师品格的首要要素。教育是党之大计、国之大计；教师是兴教之源、立教之本。教师坚定信念是培养学生坚定信仰的第一步。这“第一粒纽扣”首先要从教师做起，教师坚定信念，才能坚定自己的教育理想，塑造人的灵魂；才能为人师表，为学生树立一个良好的榜样；才能在教育、教学过程中尊重学生、欣赏学生、赞誉学生、感染学生、激励学生，形成向上的群体力量。教师才会更真诚地热爱教育，激发敬业精神，把教育事业作为终身追求，无悔奉献。

坚持职业操守，为人师表。道德情操是教师品格的重要组成。“百年大计，教育为本；教育大计，教师为本；教师大计，师德为本。”师德是教师具备的最基本的道德素养，师风是教师行业的风尚风气。师德师风是教师人格的重要体现。教师是塑造生命、塑造灵魂、塑造人的工作。师德至上，教师师德一时，影响学生一世。教师要站在民族发展、国家未来的高度去认识教育，认识自己的职业，恪守职业道德，守住底线，学生至上。

坚持尽责敬业，严谨治学。尽责敬业是教师职业品格的核心，精益求精是教师职业品格的重要体现，教师要不断学习，扎实学识，具备扎实的学科基础和广博的文化知识，不断完善自己的教学方案和教学方法，提高教学效果和教学质量。同时，要注重学术研究和实践应用相结合，以实践经验丰富自己的教学成果。

坚持仁爱之心，视生如子。爱学生是对学生个性的尊重，是教师品格的价值所在。没有尊重就没有爱，就没有开启心灵的钥匙。公正对待并尊重每个学生，是教师的基本素质之一，也是塑造教师品格的重要方面。教师要尊重学生的个性差异和需求，平等对待每一位学生，关注学生的情感体验和心理健康。尊重学生隐私权和人格尊严，不随意泄露学生的个人信息和评价结果。注重等待孩子，在等待中捕捉最佳的教育契机。

坚持无悔奉献，丰富内心。谁选择了教师，谁就选择了奉献。教师是播洒阳光的使者，教师是年轻生命的呵护者，教师是人类灵魂的铸造者。未来的学生往往是教师的模样。面对现实社会的方方面面，教师要跳出世俗、冲出功利，做一个淡泊明志的人。诠释教育家精神的“大先生”一定是一个国之大者，是一个追随理想、潜心育人、乐善好施、乐于奉献、忘我工作、甘为人梯、安贫乐道、知足常乐、不计得失者。

坚持高尚情操，谦虚向善。这是教师具有的良好的个性心理品质。高尚情操包括教师的操守、道德感、理智和美感等方面，**教师走向高尚，才能塑造灵魂。**谦虚品质是教师在行为作风上所表现出的虚心、不自满、不骄傲，乐于接受批评与建议，取长补短。正如孔子所说："三人行，必有我师焉，择其善者而从之，其不善者而改之。"

坚持刚强意志，坚韧不拔。十年树木，百年树人。教师工作是艰巨繁重的脑力、体力相结合的劳动，没有严格的时间和空间界限，不分八小时内外，全凭教师的良心、觉悟和意志去完成，有时为了解决某个教学问题、班级问题或某个学生的问题，会耗费教师许多的精力和时间。因此，坚强的意志和持之以恒的精神是教师个性心理品质的重要内容。

元创典故

富商是怎么考量儿子高尚境界的

在很久以前，有一位非常富有的商人，在他年事已高时，决定把家产分给三个儿子，但在分财产之前，他要三个儿子去游历天下做生意。临行前，他告诉孩子们："你们一年后要回到这里，告诉我你们在这一年内所做过的最高尚的事。我的财产不想分割，集中起来才能让下一代更富有；只有一年后，能做到最高尚事情的那个孩子，才能得到我的所有财产！"

一年之后，三个儿子陆续回到家里。老大先说："我在游历期间，曾遇到一个陌生人，他十分信任我，将一袋金币交给我保管。后来他不幸过世，我就将金币原封不动地交还给了他的家人。"他的父亲评价说："孩子，你做得很好！但是诚实是你应有的品德，称不上是高尚的事情。"二儿子接着说："我旅行到一个贫穷的村落，见到一个小孩不幸落水掉到河里，我立即跳下马，奋不顾身地把那个孩子救了上来。"他的父亲称赞说："孩子，你真了不起！但是救人是你应尽的责任，称不上是高尚的事。"三儿子迟疑了一下说："我有一个仇人，他千方百计地陷害我，有好几次我差点死在他的手中。在我旅行途中，有一个夜晚，我独自骑马走在悬崖边，发现我的仇人正睡在崖边的一棵树下，我只要轻轻一脚，就能把他踢下悬崖。但我没这么做，我叫醒他，让他继续赶路。这实在算不上什么大事……”他的父亲却正色回答：“我的孩子，能帮助自己的仇人，是高尚而神圣的事，你办到了。来，我所有的产业都将是你的。”

是啊，专行善事虽然也可称为好人，但还算不上是世间最高尚的事。以德报怨而不以恶制恶，以善心感化仇人，这才是世间最高尚的事。

品行，人生自我的修行

3 品行是品质行为，是一个人的行为是否端正的判断。品行是所作所为表现在外面的东西，与品德差不多，但又建立在品德之上。学高为师、行为世范。教师是优秀文化的传承者、传播者，是社会的脊梁、民族未来的托起人。崇高而神圣的职业，对教师品行风范提出了最为严格的要求，是教育事业发展的重要保障。教师应该具备哪些良好的职业品行呢？主要包括以下几个方面。

始终微笑，善待孩子。这是教师的首要品行。微笑是无声的语言，可以春风化雨、播散阳光、荡涤污垢、温暖灵魂、呵护生命。善待孩子，应该学会宽容，以宽容之心闪烁人性的光辉；学会倾听，了解学生的心声，了解自由的灵魂，了解纯真的世界；学会幽默，以幽默语言促进课堂鲜活、激励、生情，充满课堂活力。始终微笑，善待孩子，最终使学生亲其师而信其道。

诚实守信，言行一致。诚信是建立人与人之间信任的基石。人无信不立。言必行，行必果。诚实守信是教师言传身教的第一步，走好第一步才能步步为营。教师要以身作则，要求学生做到的，自己要先做到，对自己没做好甚至做错的事要敢于认错，这是一种美德，更能赢得威信，更好地使自己成为学生的榜样和表率，走进孩子的心灵。学校和教师都要经常提醒和反思自身是否言行不一，甚至有弄虚作假的做法，以信用立人立校。

心态积极，乐观向上。人生修行，贵在修心。心态积极是塑造教师品行的重要因素之一，教师要具备积极向上的心态和情绪，能够面对挑战和压力，保持心理平衡和乐观态度。同时，要注重调节自己的情绪和心态，以积极的心态影响和感染学生。约束自己朝着有纪律性、有责任心、有事业心的方向发展，正确对待工作压力，不要焦虑、压抑和产生职业倦怠。

恪守敬业，做好本职。敬业精神是教师品行的核心。教师要热爱教育事业，具备高度的责任感和使命感。把本职工作做到极致，是教师应有的品行。教师要认真备课，精心设计教学内容和方法；精心组织课堂教学，确保教学质量；关注学生的学习进步，帮助学生克服学习中的困难；关心学生的生活和心理健康，帮助他们解决实际问题；积极参加教育研究和培训活动，不断提高自己的教学水平。

不断学习，努力创新。不断学习是塑造教师品行的重要途径之一，要求教师具备不断学习和进步的精神、追求卓越的意识。在教育事业中不断学习和创新，不断地提高自己的教育水平和学术素养，为学生的成长和发展创造更好的条件，不断地实现自己的人生价值和社会价值。同时，只有通过学习才会不断有创新能力。

团结协作，相互帮助。团结协作是教师品行的基本要求。教师应该与同事、领导和其他工作人员团结合作，共同推进教育事业的发展。与同事友好相处，互相帮助，共同提高教学水平；配合领导工作，积极参与学校各项活动；与家长保持良好的沟通，共同关注学生的成长和发展；积极协调各方面资源，为学生提供更多的学习机会和帮助。

仪表举止，端庄大气。教师仪表包括精神面貌、仪容和言行举止三个方面。教师形象的美在于充内形外，既有内在美，又有外在美。教师形象，不仅表现在容貌、衣着上，还表现在举止、谈吐、表情、态度上。端庄优雅的举止、儒雅的风度、礼貌博学的谈吐、大方得体的着装和整洁的仪容仪表等，都是教师良好素质的外部表现，对学生具有直观、真实的教育作用，也将对学生的行为举止、仪表修养产生直接的影响。

品味，生活的本真和内涵

4 品味是品尝味道，一般指对食物的品尝；通常指一个人的品质、趣味、情操、修养，是更深层次的心理体验和感受。品味体现了由内而外的人格魅力、内外合一的身心风度。品味是一种境界，一种生活质量，反映了一个人的情趣。品味高的人，生活优雅精致，有情趣、有格调、有追求、有意义。随着时代的发展，社会的进步，品味其实离我们不远，每个人都可以有品味。作为教师，更应该有育人的品味。主要需要从以下几方面进行修炼：

（1）较高的人文素养。教师人文素养是教师所具有的人文精神以及在日常活动中体现出来的思想、道德、情感、心理、性格、思维模式等方面的气质和修养，表现为教书育人的强烈责任感和历史使命感，核心是关心学生生存、促进学生发展。主要包含人文知识、人文精神和人文方法等。人文知识是教师人文素养的基本组成材料，包括历史知识、哲学知识、美学知识、宗教知识等。人文精神是教师人文素养的核心要素，包括有强烈的教育使命感和责任心、不断追求教育理想、积极维护教育公平、以学生生存和发展为本、以宽容之心善待学生等。人文方法是人文知识、人文精神得以实现的手段，包括直觉、教学情境、体验、内省等。

（2）良好的生活习惯。为人师表是教师一生的光辉。教师养成良好的生活习惯，不仅是自身的需要，更是对学生的影响，是一种代际传承。可见，教师的生活习惯不是小事，应在以下几方面养成好的习惯：

读书看报。教师的品味是一种博学精神，通过阅读，寻求教育思想的营养、智慧的源头、人生的理想与人格的力量。教师阅读多了就会有感应世界、独立思考的能力，能敞开胸怀接纳学生的个性，充分发掘学生潜在的创造力，开拓出更加深刻的心思，以高尚的人格魅力熏陶、感染学生，传授给学生真理和人生的真谛。

健康运动。日本生活美学大师松浦弥太郎在《100 个基本》中讲到，最重要的工作是规律生活和健康管理。健康是人生最宝贵的财富，要从营养健康、饮食健康这个普遍被忽视的事情做起，提高师生健康水平。健康更是体育的要求。马雅可夫斯基说：“世上没有比结实的肌肉和新鲜的皮肤更美丽的衣裳。”不论是年老教师、中年教师，还是刚入行的年轻教师，都应当几十年如一日地锻炼身体，不停地储蓄健康，始终为学生表率，成为学校五育并举的现实图景。

按时作息。良好的作息习惯是美丽和健康的基石。教师工作十分烦琐，只有有效地管理自己的时间，才能在烦琐的工作中从容应对各种困难，如果校内工作相对有规律性，那么工作以外的时间更值得管理好，在生活、休闲、学习、睡眠等方面形成良好的生活习惯。良好的生活习惯也是教师传递给学生一生的无价之宝。

（3）高雅的生活方式。首先要创造快乐，要找到自己生活乐趣的支点、兴奋点，让自己更加充实、有趣，形成阳光、积极的生活态度。其次可以过一种慢生活，体会一种深入灵魂的境界、富足的精神状态和优雅的人生回归。林徽因说：“真正的平静，不是避开车马喧嚣，而是在心中修篱种菊。”看书、品茶、听雨、煮酒、静心、观展……都是慢生活的一种表达。再次，可以领养一门艺术，发展自己的兴趣、爱好、特长，静下心来，在回归自然、轻松和谐的意境中，寻找“超越自我之上”的感觉，给到内心之中向往的意义与永恒的表达。

（4）升华的职业幸福。幸福的教师产生幸福的教育，幸福的教育产生幸福的学生，幸福的学生产生幸福的家庭，幸福的家庭产生幸福的社会。可见，教师幸福关乎社会幸福大局。关于教师的幸福感，有人提出个人层面的满足感、专业层面的成就感、团队层面的归属感和社会层面的价值感四个层次：通过走路、打球、打太极、练瑜伽等带来个人层面的生理幸福感；通过教育教学促进学生成长带来专业层面的成就幸福感；通过团队共生的积极关系产生归属而获得心理幸福感；通过职业创造和学生成才成功体验到社会价值的精神幸福感。教师品味要关注幸福的内涵。“究天人之际，通古今之变，成一家之言”“藏之名山，传之其人”是司马迁的幸福，“政通人和，百废俱兴”是范仲淹的幸福，“晨兴理荒秽，带月荷锄归”是陶渊明的幸福。文臣以政治清明为幸福，武将以立功沙场为幸福；史家以作品传世为幸福，隐士以回归田园为幸福。可见，幸福与物质无关、与索取无关，体现职业幸福是人生的高品味。

教师要有自己的精神空间

5 立德树人的职责就要求教师要有丰富的精神世界，有自由的思想和独立的人格，有自己的理想和追求，有自己的工作方式、生活方式和行为方式，有尊严地立于天地之间。首先要让教师的精神光辉洒入学生的心田。由此，真正实现如夸美纽斯所说的“教师是太阳底下最光辉的职业”。

4.2 学：教师当为学师的角色转型

“有些事是很有意思的。我国不少公立机构前面都有人民两个字。比如人民政府，人民公安，人民法院，人民检察院，人民医院，人民防空……不过，很少有人民学校这样的称呼；为什么医院里的医生叫“医生”，而学校里教师不叫“学生”而叫“教师”；学生则是指在校读书的“学生”。为什么只有两个职业能被称为“先生”，就是医生和教师。所以，本章从教师的来源起，探索教师当为学师的角色转型。”

马道成功

教师成为学师就永远站在“学”的一边了。

章序　“教师”称谓是怎么来的

元创溯源

“教师”称谓的由来

“教师”称谓，最早出现在西周时的金文中，称为“师氏”，简称“师”，主要指军队的教官，是西周统治者为培养善战的贵族弟子而开办的“国学”，由高级军官“师氏”任教。随着社会经济和文化教育事业的发展，“教”日益成为“师”传授知识的重要手段，于是便把“教”和“师”结合起来。也许古人认为，教书像率师打仗一样需要极高的战略智慧。教师成为一个独立的职业始于春秋时期。此后，教师称谓在历朝历代各有不同，春秋时称“先生”“夫子”，孔子就是最早的先生，也称孔夫子。到了西汉武帝时期，董仲舒“罢黜百家，独尊儒术”，将教师地位以“天地君亲师”抬到了与君王同等的高度。

“老师”最初指年老资深的学者，《史记·孟子荀卿列传》记载道：“齐襄王时，而荀卿最为老师。”指荀卿是最“老”的“师”，并非今天的“老师”。后来，人们逐渐不再局限于年龄大小，习惯地把“老”和“师”并称，一概称教师为老师，“老”字在这里有尊敬的意味。“老师”一词最早见于宋金时期，如金代元好问《示侄孙伯安》一诗：“伯安入小学，颖悟非凡儿，属句有夙性，说字惊老师。”盛行于明清。清朝末期办学堂，称教师为“教习”，后来改为“教师”。1911 年辛亥革命爆发后，学堂变成学校，教师同其他政府部门官员一样依照法令任免，工资由政府发放，所以教师又称为“教员”，相当于现在我们称机关工作人员为“公务员”一样。中国现代教育奠基人之一何子渊先生等辛亥革命元老将西学引入中国，创办新式学校，遂开始在《学生操行规范》里明确将教师称谓定义为“老师”，但绝大部分学生约定俗成将“先生”改称为“老师”，则是从民国时期开始的，并一直沿用到现在。

1　学师，解释为教师，亦以称府、州、县学学官。《三国志·魏书·武帝纪》：“将士绝无后者，求其亲戚以后之，授土田，官给耕牛，置学师以教之。”《隶释·汉学师宋恩等题名》洪适跋：“《学师宋恩等题名》，今在成都周公礼殿门之西序，蜀人谓之‘学师题名’。”笔者在此提学师，是从医院称医生为医师，类化成学校称教师为学师。

从“教”字衍化而来的“教学、教授、教导、教化、教训……”无不从“教”字发端，围绕“教”字展开。韩愈《师说》云：“师者，所以传道受业解惑也。”教师如此，整个学校教育也概莫能外，就如陶行知《教学合一》里描述的那样：“论起名字来，居然是学校，讲起实在来，却又像教校。”传统教育向现代教育转变，关键在于“教”与“学”位置的变化，“教校”变成“学校”，“教师”变成“学师”。

教师当为学师的十大内涵

图 4.2

教师当为学师——学生之学的“学”

2 学生是学校的主人，是教育的主体，是教师工作的中心。教师的“作品”是学生，考量教师绩效、能力和水平的标尺在学生。可以说，学生不仅是教师的“衣食父母”，也是学校的“上帝”。学生好比学校的“消费者”，没有学生的存在就没有学校的存在，没有学校的存在就没有教师的存在。

3 教师当为学师，以学生为本，要做到几个方面：

（1）学生立场。自觉地坚持学生利益高于一切。学校的一切工作，教师的一切行为，都要围绕“学”的一头展开，从学生的视角入手、站在学生的立场考虑问题，将学生的成长和发展作为学校工作、教师履职的切入点、归宿点和考量点。

（2）角色转变。要突破学生是被动接受者的观念，突出学生的主体地位；突破一日为师终身为父的“师道”观念，突出学生的主人意识；突破学生在学校就是“读书”的观念，突出学生的全面发展；突破不能放手、不敢放手的观念，勇于探索，进行对比，放手激发学生的学习创造。

（3）师生和谐。建立良好的师生关系是教师要下的苦功夫，师生关系直接体现教师是否将学生放在学校发展的中心地位、主体地位和突出地位。以生为本、育人为本，形成良好的校园生态、亦师亦友的师生关系，引导学生青出于蓝而胜于蓝。

（4）课堂互动。传统的教学基本以“教师问、学生答”的模式进行，被动回答问题很难激发学生的兴趣。教师先从师生问答改起，将“教师问学生答”转变成“学生问教师答”，在学生提问、学生讨论、师生互动中促使学生成为学习的中心。

（5）激发悬念。无论是在课堂教学开始、教学过程还是教学结束时，教师都要精心设置悬念、预埋“包袱”，以激发学生主动思考、主动探索的欲望，增强学生自信，成为学习的主动者、积极者、坚持者。

教师当为学师——学习之学的“学”

4 笛卡尔说：“实在说来，没有知识的人总爱议论别人的无知，知识丰富的人却时时发现自己的无知。”学习之“学”，首先，教师教学生怎么学习。陶行知把世界上的“先生”分为三种：第一种只会教书，把那活泼的小孩子当作书架子、字篓子；第二种先生是教学生，但仍以教为中心；第三种是好的先生，“不是教书，不是教学生，乃是教学生学”。进入 21 世纪以来，西方众多发达国家都将新一轮的课程改革定于“人是如何学习的”。在教学过程中，“教”只是过程、手段和方式，“学”才是起点、目的和归宿。身为学师，就要围绕学生、研究学生、开发学生。教学有法，教无定法，贵在得法。这个“得法”，就是师生共同找到适合学生需求的学习方法。一名特级教师在一所学校上了一堂优秀课，如果全盘搬到另一所学校去，从教师的“教”来说，可能仍是“优秀”的，但从学生的“学”来讲，不一定就是最好的。不同的对象授之以不同的学法，这便是因材施教。

其次，加强教师自身学习。作为“学习”之师，特别要加强脑科学和方法论学习，要通过学习为人师表，通过学习创新学法，通过学习凝炼风格，通过学习增强魅力。“教育”的真谛不在于强制，而在于熏染。教师自身勤于学敏于行的“勤敏”姿态，对学生来说，常常是最好的教育。

再次，教师要身体力行。建设“学生读书我学习、孩子读书我学习”的教育文化，并不断影响一代又一代学生、一个又一个家庭，进而不断推进学习型个人、学习型组织和学习型社会形成。学师不仅能起到传授知识、传承文明的作用，而且还是学识渊博、经验丰富、道德高尚、积极向上、理智稳重的典范，不仅影响学生，也会影响家庭、影响社会、影响未来。这才是“人类灵魂工程师”称号的全部内涵所在。“学师”当是学生学习之师，当是自身学习之师，更当是社会学习之师。

元创观点

学习的四层境界

第一层为苦学。提起学习就讲“头悬梁、锥刺股”，“刻苦、刻苦、再刻苦。”这是当下的普遍现象。处于这种层次的学生，往往觉得学习枯燥无味，对他们来说学习是一种被迫行为，体会不到学习中的乐趣。长期下去，对学习必然产生一种恐惧感，从而滋生厌学情绪。结果，在他们那里，学习变成了一种苦差事，这才出现了高考之后学生抛书、撕书、烧书的极端现象和内卷的蔓延之势。

第二层为会学。学习本身也是一门学问，有科学的方法，有需要遵循的规律。学生能按照正确的方法学习，学习效率高，学得轻松，思维也变得灵活流畅，能够很好地驾驭知识。

第三层为好学。孔子说：“知之者不如好之者，好之者不如乐之者。”达到这种境界的学生，学习兴趣对学习可以起到重大的推动作用。对学习如饥似渴，常常到废寝忘食的地步。他们的学习不需要别人的逼迫，自觉的态度常使他们能取得好的成绩，而好的成绩又使他们对学习产生更浓的兴趣，形成学习中的良性循环。

第四层为爱学。学生从学习的必然王国走向自然王国，自觉学习、自主学习、自我学习成为一种学习常态，学生不仅能主动完成学习的任务，还根据自己的兴趣爱好和主攻方向，在教师指导下，拓宽知识，自觉追求，真正成为知识的主人，沿着学业、专业、职业、事业和伟业的路向，向人生的理想行进。

教师当为学师——学科之学的“学”

5 学生的任务是学习，学习的过程不只是掌握静态的“知识”，更要形成动态的“经验”。学生个人经验不断丰富的过程就是“课程”。因此，突出学科之“学”，要从过去只关注“知识”传授，转向关注“课程”设计、“课程”开发，为学生安排丰富的经验过程。

（1）加强学科研究。长期以来，中小学教师偏重于教学研究、考试研究、资源研究，而对学科课程的校本化开发、个体化开发则重视不够，研究不多。作为学科之师的学师，始终考虑如何将“教材内容”转化为“教学内容”，在转化过程中，不仅要达到学科课程的知识要求，更要加强学科知识的系统研究，关注学习过程的整体开发。特别是国家提出学科育人，如何育人，则更需要教师加强学科研究。

（2）激发学科兴趣。教师要想方设法提高学生的学科学习兴趣：基于多元化的生活经验，从某些经历、事件或人物激发学生对某个学科或领域产生兴趣；基于专业知识积累，增强学生对学科基础知识的熟悉了解，产生对该学科的兴趣；基于自我探索，使学生注意发现自己兴趣倾向，发现自己的学科偏好。

（3）开展学科实践。学科热爱也可能是你对学习过程的热爱。教师要开发学科文化，增强学科特色情境的营造，形成学生喜欢的学科育人氛围；加强学科实践，看千遍说千遍不如亲手摸一遍，在实践中不停地发现、生成，不仅可以学好、学牢学科知识，更能做到学科运用，培养学生的实践能力和思维创新。

（4）强化学科思维。分析学科特点，营造课程情境，建设教学文化，在引导学生掌握好基础知识、基本技能的同时，培养学生具有学科特点的思维方式、学习方式和个性倾向，重点寻得学科知识背后所隐含的学科观念、方法与价值。在真实的、深入的知识探究过程、问题解决过程中，体验、感悟，沉淀、内化学科核心素养。

教师当为学师——学法之学的“学”

6 苏霍姆林斯基曾对一位物理教师说：“你不是教物理的，而是教人学物理的。”学法特别重要，不同的学生有不同的学习方法。没有学不好的学生，只有没掌握好的方法。德国教育家第斯多惠说：“一个真正的教师指点给他学生的，不是已投入了千百年劳动的现成大厦，而是促使他去做砌砖的工作，同他一起来建造大厦，教他建筑。”现代教学论认为，教师在课堂上不仅要让学生学到知识，更重要的是让学生学会如何学习。

学习方法是影响学生学习质量的重要因素之一，是知识体系中最重要、最有价值的知识。教学方法本身就包括教师的教法和学生的学法，教师教给学生科学的学习方法，就交给学生一把打开知识宝库的“金钥匙”，能提高学生学习效率，增强学习效果，充分发挥学生在教学中的主观能动作用，获得理想的学习质量。

7 学法正确，越勤奋越有效；学法不对，越勤奋越糟糕。教师指导学习方法宜从以下方面展开：

（1）引领学生关注自己的学习风格。学生千差万别，犹如不同器乐，各有各调。如有的学生喜欢听课，有的学生喜欢看书，有的学生喜欢实践，有的学生喜欢思考，有的学生喜欢做题。不同特性，寻找不同学习方法：喜欢感性的，指导学生运用多媒体等手段加强学习；喜欢动手的，通过学科实验、学科实践满足学习特长的需要。同一门学科学习也会产生学习差异，如作文，有的喜欢说理，有的喜欢论证，有的喜欢描述，有的喜欢叙事，这要根据不同学生发现其特长，找到不同体裁的作文和资料积累方法，形成自己的写作优势和写作方法。

（2）指导学生实现学习目标的方法。目标对学生有非常积极的促进作用，教师自己要有阶段性目标的工作习惯，同时也要指导学生有目标意识，可将长期目标、短期目标和近期目标有效结合，也可将中远期目标分解成一个一个的近期目标，不断实现近期目标，不断产生近期目标，集零为整，可以很有效地看见自己的显现成长。

（3）引导学生发现高效的学习技巧。根据学习重要环节的要素组成，找到适合的学习策略和方法技巧，如时间管理、阅读方式、笔记方法、记忆技巧和知识积累办法等。同时，还要让学生懂得，学生进行学科学习，还要根据不同学科的特点找出自己的学习方法。也就是说，同一个人学习不同学科，也有不同的方法，做到“对症下药”，才会提高学科学习效果。

（4）帮助学生寻找攻克学习难点之策。学生学习，每天遇到的基本是新的知识，都会遇到学习困难。要帮助学生重点突破，解决学习的拦路虎，这不仅可以提高学习效率，更能增强学生的学习信心。遇到学习问题，要鼓励学生建立学习自信，有学习困难才有学习进步；帮助学生厘清思路、寻找原因、顺藤摸瓜、解决问题；还可以提供参考书籍、线上资源，帮助学生启迪借鉴；也可以让学生互帮互学、同龄交流，这样才容易产生学习共振，促进学习能力提高。

教师当为学师——学材之学的“学”

8 学材应当包括所有的学习资源。基础教育就是打基础，关键要见多识广。教学应当从“教材是学生的世界”转向“世界是学生的教材”，将一切可以用来促进学生学习的素材纳入学材设计的视野。因此学材设计应当是以开放的眼光构建开放的系统。

学材是指教育教学领域中所使用的各种教学材料，包括教科书、教辅材料、参考书籍、教学视频、教学软件等。学材是教育教学中不可或缺的重要组成部分。学材是面向学生的。学的主体是学生，学材必须面向学生，这才是学材的应有之义。合理选择和使用学材，可以提高教学效果，促进学生的全面发展。因此，应充分认识学材的内涵和用途，善于利用学材，着重从学生的已有认知出发，并联系学生的生活经验，实现教学目标，助力学生发展。

9 学材承载着教育教学的内容、形式和功能三个方面。学材内容指所包含的知识、信息和教学内容。课本是最常见、最主要的学材。此外，教辅材料和参考书籍是学材的重要补充，它们提供了更深入、更广泛的知识和信息，帮助学生进一步理解和应用所学知识。

学材的形式是指学材的呈现方式和媒介形式。传统的学材主要以纸质书籍的形式存在，如课本和参考书籍等。随着科技的发展，电子学材逐渐普及，如电子书、教学视频、教学软件等。电子学材具有便携、交互、动态等特点，可以更好地满足学生的学习需求，提供多样化的学习体验。

学材的功能是指学材在教学过程中的作用和效果。学材是教学的重要辅助工具，它可以帮助教师进行教学设计和教学组织，提供教学资源和教学素材。对于学生而言，学材是学习的重要依据和工具，可以帮助学生获取知识、巩固学习内容、拓宽思路和培养能力。学材还能促进学生的自主学习和探究精神，培养他们的信息获取和处理能力。

学材不是孤立的，学材不是教材从学生学习角度的“翻版”，学材应当是所有能够服务于学生学习的资源的共同体。学材要有助于学习，体现创造性。学材要能促使学生在学习的过程中产生有意义的学习，让学习结果的留存率更高。合理对学材进行开发和重组，让所有的学生都“在学”“会学”“乐学”。

10 学具是学材的重要内容。学具要注重使用，要充分发挥学具媒介的作用，促进学习的丰富性；要加强学具的组合性，如同魔方积木，在组合变化中探索学习的变通性；要加强学具的创造，根据教学原理制作各种各样的学具和作品，并实现跨学科的学习。如，在江苏省数以千计的课程基地，其中很重要的内容就是创造各种各样的学科作品，既是学具又是作品，既是原理下的产品，又能演示学习原理，双向互动，赢得江苏基础教育课程改革的先发优势。

教师当为学师——学境之学的“学”

11 学境，可以理解为学习环境的简称。罗杰斯说过，真实的问题情境和活动是最能引起态度和个性情绪的学习方式。学习环境是指直接或间接影响个体及群体学习的全部外在因素。在学校教育中，学习环境主要包括校园、教室、图书馆、实验室和教学软件平台、学习工具、各种学习资源等硬软件物质条件，以及校风、学风、校园文化等精神因素。此外，家庭和社区通常被认为是学生的校外学习环境。但笔者此处更多强调的是学习场景、学习氛围、学习环境，是指学习的场合、场地、场景和氛围等，这是个人理解的造词，自身提出的学术主张，就是强调场域，一个学习场域。

场域，就是一个特定的环境，其中包含一些特定的物品、人群和行为。“场”是横向的气场，是外在的情感张力，是对多元文化的包容吸收；“境”是纵向的意境，是内在的精神风尚，是面向未来的涅槃升华。这个环境可以是一间教室，一个家庭，一座城市，甚至是整个世界。当然在此注重的是学习场域。心理学表明：在良好和谐的环境中，人的思维敏捷活跃，比较乐于接受新的知识。另一方面是课堂教学，良好的师生关系会营造出很好的教学软氛围，学习环境的设置和营造是十分重要的教育要素。氛围是学习的氧气。长期以来，教室作为重要的学习场所缺少应有的环境建设，教师办公室也缺少相应的学习情境。这都是需要特别加强和创新的。尤其是整体新建的学校，一定要在当下和未来学习环境、学科情境建设上留下足够的空间。

教师当为学师——学业之学的“学”

12 关于学业的解释有四个：第一指文化、专业等学识水平的总称，如高中毕业、大学毕业等；第二指学问；第三指学术；第四指学习的课业。在这里自然指的是第四种解释，就是学生学习的课业。义务教育是国民教育的重中之重。一段时间以来，学生课业负担太重，成为义务教育中存在的一个突出问题，也是教育内卷的表现所在。

13 为切实提升学校育人水平，持续规范校外培训，有效减轻义务教育阶段学生过重作业负担和校外培训负担（以下简称“双减”），2021 年 7 月，中共中央办公厅、国务院办公厅印发了《关于进一步减轻义务教育阶段学生作业负担和校外培训负担的意见》，提出着眼建设高质量教育体系，强化学校教育主阵地作用，深化校外培训机构治理。

“双减”政策的落实落细，有效减轻了义务教育阶段学生作业负担、校外培训负担和家长经济负担，人民群众的教育获得感、幸福感不断增强。但是，学业负担问题不是一朝一夕的事，涉及众多因素的影响。作为一线的教师如何有效减轻学业负担，值得许多探索。2023 年 12 月，国家教育部对“双减”政策及开展课后服务工作做了进一步规范：学校课后服务应安排在上课日及完成国家规定课程和学校教学计划之后，结束时间应与当地正常下班时间做好衔接。从时间范围上，早到校看管和自习、午餐午休看管、晚自习等服务属于学校为学生提供的学习生活便利服务，不应纳入课后服务范围。课后服务应开设丰富多彩的德育、体育、美育、劳动、阅读、科学、兴趣小组和社团活动等，作为课程教学有益补充，进而促进学生全面发展、健康成长。同时，学校可从学生实际出发，指导学生利用在校时间认真完成作业，为有需要的学生提供辅导答疑和学习拓展指导，但不得利用课后服务时间组织学生刷题备考、讲授新课或集体补课。

14 减轻学生过重的学业负担，是涉及各级政府和全社会的大事。仅从教师的角度看，这就要求教师努力学习，不断提高自身的教学水平，尤其是加强教学改革，在学习科学、教学方法上下功夫，实现课堂增效；要增强对学业适度负担的科学性理解，确保减轻学生过重作业负担；坚持作业各学科统筹，细化作业管理，规定具体时间要求，实现作业必做、选做制度，适应不同学生的需要；确保满足学生多样化需求，全面开展课后服务，丰富课程内容，给学生更大的自主选择空间，不断激发学生学习的积极性。

教师当为学师——学者之学的“学”

15 学者属于社会学概念，广义的学者是指具有一定专业技能、学识水平、创造能力，能在相关领域表达思想、提出见解、引领社会文化潮流的人。狭义的学者在《说文解字》中，指通过学问觉悟之人，即专门从事某种学术体系研究而通达智慧的人。学者包括：思想家、哲学家、法学家、文学家、史学家、科学家和各类文化的理论或学术专家等。学者为师，师为学者。学者之学的“学”就是教师的职业追求，不能仅限于职业要求本身，还应该提升职业品质，再上一个层次，向学者型方向努力，不仅要有学者般的知识水准，还要努力使自己具备学者的视野、学者的气度和学者的风范，真正体现“学高为师、身正为范”。

16 教师如何走向学者型？学者之学体现学高为师，这就要从以下方面实践：

（1）了解学者型教师主要特征，有方向。学者型教师应具备宽厚的理论知识、先进的教学理念、明确的教学主张、扎实的教学能力、强烈的创新意识、较强的科研水平、高度的自我反思，能够自觉地在科学研究的观点与方法支配下参与教育、教学的全过程，并有一定教育、教学成就和教育科研成果，产生一定区域的影响。

（2）明晰专业发展的路径，立目标。教师从入职起就要明晰一条不断向上发展的路径和目标。现行教师激励机制中，教育行政部门普遍推进教师发展的四种荣誉称号，即“教学新秀”“教学能手”“学科带头人”“教学名师”，这都是教师走向学者型的方法路径。“教学新秀”是鼓励初露头角的青年教师，出道优秀，基础条件好但仍有不少路要走；“教学能手”基本上是教学的能工巧匠，也很不错，但离学者型还稍有距离；“学科带头人”是指有丰富教学经验、突出教学成果、专业领导能力的教师，是某个教学领域的专家，已接近于学者型的教师；“教学名师”，这是教师业务发展的最高级了，这几年国家也在加强这方面工作，教学名师基本上就是学者型教师了，但还要加强哲学知识、思维科学、逻辑学的学习，加强学科教学、专业发展的理性思考、系统建构，提出明晰的教学思想、教学主张，形成范式、体系和实证，并有效引领和辐射。

（3）坚持天天读书学习，成习惯。树立不断学习的思想，教师天天读书应作为一种生活方式和生活习惯。苏霍姆林斯基在《给教师的建议》中指出，教师的教育素养主要取决于教师的读书，他提倡教师“要把读书当作第一精神需要，当作饥饿者的食物”。培根说：“读史使人明智，读诗使人聪慧，演算使人思维精密，哲理使人思想深刻，伦理学使人有修养，逻辑修辞使人善辩。总之，知识能塑造人的性格。”教师要不断学习，一专多能，这在本书相关章节已作专门阐述。

（4）坚持教学专业反思，会升华。教师专业发展是一种不断自我反思、自我完善、自我建构的过程。美国心理学家波斯纳提出教师成长的公式：成长 = 经验 + 反思。为此，教师提高研究能力，首先表现为把自我反思作为专业化的组成部分，不断精进，教师要改进“一课一小反思、一月一大反思”中的“完成任务、疲于应对、只谈表象、泛泛建议”的状态，在教学反思的学习和讨论中，建立学者思维，透过现象追根溯源，寻找普遍性规律，将完成任务式的教学反思写成有思想、有思考的千字微论文，随身随时随地可以请人指教，不断修改可以投稿，只要坚持几个月即会收到成效，长期积累会有大的效果。为此，学校要加强学科“教学医生”建设，建设专业化的教学诊断及其系统建设。

教师当为学师——学风之学的“学”

17 学风既指体现学者个人学术品格的学术风格，也指整个学术界的学术风气，所以有学风浓郁、学风向上、学风严谨、学风端正、学风优良的描述。学者的学风好坏，体现了学者的人品高低和道德素质优劣；学术界的学风好坏，体现了整个学术界的道德水准高低。

教师学风是凝聚在教与学过程中的精神动力、态度作风、方法措施等，根据不同学校的不同特点表现出独有的特色和丰富的内涵，并经学校全体成员的意志与行动，逐步地形成和固化，成为一种传统和风格。教师学风是学校校风建设的重中之重，是学校教育管理水平的集中体现，是教师精神风貌的重要样态。

18 更为重要的是，教师学风直接影响学生学风。以师学带动生学可谓事关重大，其方法可为：

（1）以引导重学风。古人云：“非学无以广才，非志无以成学。”学风问题不是一个人或少数人能带动的，是全体人员的整体建设。教育引导是学校学风建设的核心措施，要从学校书记校长带头、学校班子相随、中层干部紧跟、教师全体响应，在全校塑造务实、高效、持续的学风氛围，增强全校全体人员的学习凝聚力。

（2）抓问题改学风。针对问题建设学风是学风建设的核心之道。“四有”好老师重要内容之一就是有扎实学识，作为一名教师，要有极强的自学意识和钻研精神。教师是普遍好学向上的群体，但由于缺少方向、缺少指导、缺少方法、缺少动力，易产生学风上的不足，自我学习热情不高，缺乏脚踏实地、勤勤恳恳的学习态度；学习意识不强，自觉性较差，学习兴趣和动机明显不够；学习方法不对，导致学习效果不明显，容易产生“躺平”心态等。比如，开会听报告时魂不守舍，或不作思考，或上网游玩，或窃窃私语，或心猿意马等，自我约束力和自律性较差。

（3）以教风带学风。教风正则学风正，以精益求精的教风引领一丝不苟的学风。教师的每一个教学环节，都应体现严格的学风意识，加大教学内容、教学模式、教学方法和教学手段的改革力度；回归本真，积极开展新老教师公开课、优秀教师示范课、新教师观摩课等活动，提高教学质量，形成良好教风；在备课、授课、批改作业、个别辅导过程中，时时身先士卒，率先垂范，体现认真、严谨、好学的职业品质。

（4）以教师带学生。教师学风决定学生学风。身教重于言教，教师以身作则，是学生学风训练最好的教育方式。教师认真读书，学生就会认认真真地读书；教师认真板书，学生就会认认真真地写字；教师认真备课，学生就会认认真真地作业。教师从严治教，学生才能从严治学。而且，以教师带动学生正学风，一正就是一个班级，一个人带动一群人、一群人带动一所学校，产生块状效应。

（5）以骨干树学风。学风是一个学校学生综合素质的集中反映，既体现着师生的外在形象，又体现着师生的内在素质。优良的学风是激励师生奋发向上、努力成才的强大精神力量，是提高育人质量的重要保证。学校注重骨干教师、教师注重骨干学生，以骨干带动学风建设。以"近朱者赤，近墨者黑"的理念给师生塑造一个优良的学风氛围。

感受学风优良的成语

饱学之士	博学多闻	不愧下学	长材茂学	持之以恒	道山学海
笃志好学	笃学不倦	笃实好学	高才绝学	好学不倦	鸿儒硕学
绩学之士	家学渊源	教学相长	困而学之	力学不倦	力学笃行
临池学书	敏而好学	品学兼优	人才辈出	实事求是	书声琅琅
水滴石穿	万世师表	有条不紊	专心致志	锲而不舍	严谨求实
精益求精	开放包容	团结协作	创新突破	知行合一	专心致志

教师当为学师——学校之学的"学"

19 作为学校之学的学师，教师要有全局意识和校长思维，从学校的全局观测、处理一切事情，体现以下意识：

（1）主人意识。没有学校就没有教师，没有教师就没有学校。教师是发展学校的主人。建好学校、发展学校是每位教师应有的责任。教师是学校的第一资源，大学问在于大教师，大学校要有大教师。教师要增加职业的附加值，就是要求教师不仅要做好自己的本职工作，而且要破除"各人自扫门前雪，不管他人瓦上霜"的陋习，以关联思维，增强学校主人翁意识，凡是涉及学校发展的大事，任何人都可以超越本职工作，提出积极性的建议，形成"我为人人、人人为我"的校园风尚。

（2）大局意识。学校就是你中有我、我中有你的一个整体。学校发展就是每位教师心中的大局。只有缩小个体利益、放大集体利益，才能在关键时候果断摒弃各种干扰，最大限度地保证各项工作落实并取得工作实效。学校可持续发展的大局，是每位教师工作的出发点，这也要求全体教师加强沟通、团结协作，保证各项工作相互补充、整体推进。

（3）质量意识。质量是学校的生命线，是职业品质的具体呈现。学校质量的核心就是学生的发展、学生综合素养的提升、学生潜能的挖掘和终身学习能力习惯的养成。教学质量提升在于每一位学生、每一位教师、每一节课、每一次活动。每位教师都要把课堂作为自己的人生擂台，时刻与自己打擂，时刻寻找自己教书育人上的不足，不断深度自我反省，改变教学方法、教学关系、教学环境，以教师高水平的教学实现学生高质量的发展。

（4）发展意识。皮之不存，毛将焉附？学校的发展关系到每一位教师。学校不发展教师没发展。因此，教师当为学师，体现学校之学的“学”，就要有主动性，一起谋求学校的发展。为学校的发展“多事”就是教师贡献给学校的附加值，就是把学校作为自己的家。

学校本来的意义就在“学”

20 学校到底是什么？耶鲁大学教授路易斯·康曾认为，学校源于一个人坐在树下，与另外几个人谈论自己的想法；谈的人不知道自己是老师，听的人不知道自己是学生；学生听得入了神，不禁想，要是这个人能留下来多好啊。于是，他们就在所在地划出了一个地方，世界上就诞生了第一所学校。这种场景，让我们想起苏格拉底无数次地在雅典的古市集上畅谈辩论自己的思想和柏拉图建欧洲历史上第一所固定学校——柏拉图学园的一幕。梅贻琦在《大学一解》中对学校有一段非常形象的描绘：“学校犹水也，师生犹鱼也，其行动如游泳也，大鱼前导，小鱼尾随，是从游也，从游既久，其濡染观摩之效，自不求而至，不为而成。”这就是有名的“从游论”。

这两个典故，对学校的产生到学校的意义、价值、学生学习、师生关系都做了准确、形象、生动的表述。特别突出了学校“学”的情景。毛泽东说：“好好学习，天天向上。”学校是知识的殿堂，人生发展，没有起步的课堂学习就没有未来的登堂入室。学校是一方水土的心向神往。学生至上、“学”之至上就是学校概念的内涵和学校本来的意义。

4.3

兼：兼收并蓄的兴趣特长

“人无趣不可交，强调兴趣爱好对人的重要价值。兴趣是增强内心动力、自信引力的重要举措。教师是文化的传承者，应当过有人文的专业生活，应当有诗和远方。兴趣爱好是教师人生的另一扇窗，是教师人文生活的重要营养。但现实教师队伍中，相当一部分教师没有或很少有兴趣爱好。**没有兴趣就不可能有情趣**。因此，本章重在探索教师如何培养兴趣爱好，并促进教育迁移，做一个更有职业品质的教师。”

马道成功

每位教师有一项兴趣爱好就是学生最大的福音。

章序　兴趣比智力更能促进人的发展

1　没有兴趣就没有意趣丰富的人生。这就是说一个人一旦对某种事物有了浓厚的兴趣，就会主动去求知、去探索、去实践，并在求知、探索、实践中产生愉快的情绪和体验。兴趣是智力活动的巨大动力，是人们求知活动和学习的心理因素。兴趣是能力发展的最根本动力，有了好的兴趣，无论是学习运动还是绘画音乐的水平都会得到提升。

兴趣特长往往无意之中光鲜出彩。爱因斯坦说：“教师的最高境界在于唤醒（学生）对于创造性表达和知识的热爱。”兴趣不仅是丰富的教学资源，还有利于提高教学效果。因此，教师不仅要有丰富的专业知识、技能和经验，更要培养广泛的兴趣、爱好和特长。

2 最棒的老师总有最好的兴趣，无趣的教师很难教出有趣的学生。笔者基于教师的职业特点和知识结构，将其兴趣爱好特长分为体育运动、读写视听等十个方面（见图 4.3），教师可以聚焦其一，在着力于学习知识、掌握技能的基础上，感悟其道，迁移教学，熏陶学生。这也许是“歪打正着”，毕竟，兴趣比智力更能促进学习。

激发教师以趣育人的十个方面

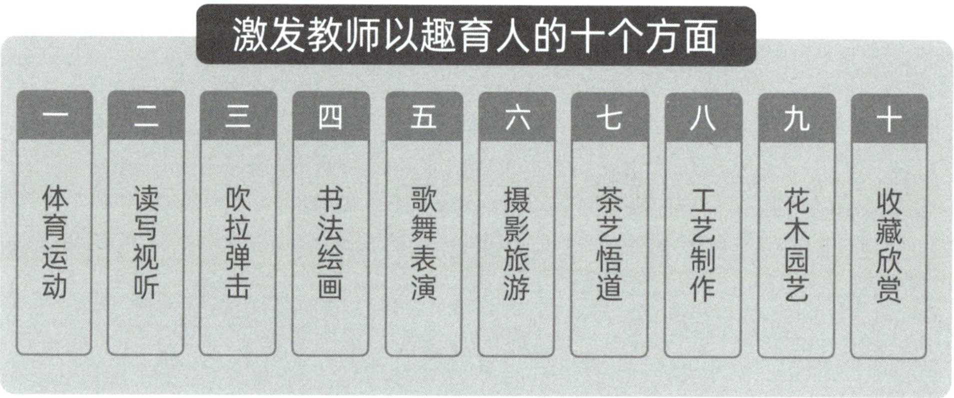

图 4.3

体育运动，做五育并举的表率

3 身体健康是学习的第一要素。1917 年，毛泽东在《新青年》杂志上发表文章说：“近人有言曰：文明其精神，野蛮其体魄。此言是也。欲文明其精神，先自野蛮其体魄；苟野蛮其体魄矣，则文明之精神随之。”即，最近有人说：文明其精神，野蛮其体魄。这句话是正确的。想要让人们的精神变得文明，应该先让他们的身体变得更加强健。如果一个人体魄强健了，那么他的精神也会变得文明。

体育对学生学习的促进作用非常重要。体育锻炼，不仅可以改善学生的身体素质，维持身体健康，改善体能，还可以增加学生活力和精力，增强学生的心理素质，提升自我形象，促进身心健康发展；还可以增强学习的兴趣和信心，增强记忆力和注意力，有助于改善学习习惯，提高学习能力、学习效率和学习效果。

4 运动场的教师，强健体魄的表率。从教师看，每位教师至少应有一项体育运动项目作为兴趣爱好，或是伸展运动、拉伸动作，如练习瑜伽和柔软体操等；或是有氧运动，如游泳、慢跑等；或是无氧运动，如短跑、举重、投掷、跳高、跳远、拔河、俯卧撑、肌力训练等。体育运动场上每天都有教师运动的身影，不仅能增强教师自身的体质，更可为学生坚持体育锻炼做出表率。

读写视听，增强教学时的代入感

5 读写视听是教师兴趣的重要内容。科学研究表明，听、说、读、写在人们交际活动中的时间分别占 45%、30%、16%、9%。可见，听说所占结构比例特别重要。科学研究还证明，正常人通过视觉获取的知识占 83%，听觉占 11%，味觉占 1%，触觉占 1.5%，嗅觉占 3.5%。实证说明，视觉感官在人们汲取知识中起着很重要的作用。如果把视听觉感官有机地结合起来，形成通感，必然能够大大地促进记忆效率的提高。捷克教育家夸美纽斯指出："应该在可能的范围内，尽量通过各种感官的联合来汲取知识，以便以付出较少的劳动去增强记忆能力，获得更多的知识和技能。"教师在读写视听上的兴趣爱好，如善于阅读、喜欢写作、观看影视和音乐欣赏等，都自然会积累不少经验，这可以加强与学生特别是在课堂上的交流互动，直接为学生所学习接受。教师每年总要观赏一两场音乐会。

读书是教师的共同爱好。教师通过阅读各种类型的书籍，不仅可以丰富自己的知识，还能够提高自己的修养和素质。教师通过读书，能够更好地理解和应用教育理论，提高自己的教学水平。

吹拉弹击，发掘物我合一的器物精神

6 吹拉弹击泛指吹奏乐器、拉弦乐器、弹拨乐器以及打击乐器等技艺，是一种运动技能。运动技能也叫动作技能、操作技能，是通过学习而形成的合乎法则的操作活动方式。本处吹拉弹击主要指的是器乐。乐器分为吹奏乐器，如笛子、箫等；拉弦乐器，如二胡、马头琴等；弹拨乐器，如古筝、琵琶等；打击乐器，如鼓、梆子等，各类乐器难易程度也不一样。有的说吹难，所以排在第一，也有的说拉比较难，有小、中、大提琴或二胡等，各有不同。民间的说法是：三年琴五年箫，一把二胡拉断腰；

千年琵琶万年筝，一把二胡拉一生，唢呐一出定乾坤。这些其实都是表达乐器入门的难度，都需要非常好的功夫才能掌控好。相对而言，民乐中的弹拨类乐器包括古筝、古琴、箜篌、琵琶、月琴等，较好学的是古筝；民乐中的吹奏类乐器包括葫芦丝、笛子、箫、埙、唢呐、笙等，容易入门的是葫芦丝和埙，还有比较流行的陶笛也会相对简单一些，这些乐器都可以作为教师的业余爱好。

总的来说，乐器是人类音乐文化的重要组成部分，并以其独特的声音和演奏方式，为音乐创作和演奏提供了无限的可能性，也让人们享受到了音乐带来的美妙和情感上的享受。笔者在此归类，是希望教师能喜欢一两种乐器，去享受人生的乐子，从而更有气质、更有品位、更为聪明，也为学生提供更多的影响和示范作用。

7 音乐是教师常见的特长。许多教师都具有较高的音乐素养，能够弹奏乐器或演唱歌曲。教师通过音乐表达，能够更好地激发学生的学习兴趣，提高教学效果。学一门乐器，不仅让教师有兴趣，更会让学生在教师的影响下也开始学习乐器，通过学习乐器、学习音乐、理解音乐、运用音乐为学习服务。如听音乐，选择适当的音乐类型，匹配音乐与学习任务，以及使用正确的技巧等，让音乐成为你的学习助手，并享受音乐带来的乐趣。音乐是师生沟通的重要桥梁。

更重要的生物学肌理告诉我们，人的大脑分两部分，左半球是科学性的，更多管思维；右半球是艺术性的，更多管运动和艺术。学习乐器必须要全面动用脑的两个部位。练习乐器的时候，右手要动，左手也要动，眼睛要看乐谱，耳朵要听音高，脑子里还要记乐谱、背乐谱，可以说是一心多用，大脑的左右两个半球都得到活动，既调动思维又调动动作，这是对脑部动能的最好锻炼和平衡，而且在这种一心多用的状态下，无法再分心于别的事情，这对培养人注意力是大有好处的。

书法绘画，最具中国艺术的符号

8 书画是最富有中国特色的经典文化之一，学习书画不仅是弘扬中华优秀传统文化的重要举措和路径，也是立德树人的爱国主义教育。书画不仅是艺术形式的体现，也是人们心灵和身心健康的重要载体，对人的生存、生活、生命都有着十分重要的作用。为此，国家教育很早就提出将书法列入课程，提出了从小学到高中的书法学习要求，并在学校专业书法教师、语文教师带头学习书法和其他教师都要有书法教育的意识等三个方面提出了教师学习书法等艺术的要求。书画可以更好地书写人生，对教育有着十分重要的积极意义，是以美启智的重要载体。

元创观点

书画以美化人的十大意义

（1）爱国传承。学习书画，可以感受到它背后所承载的历史、艺术和情感，通过欣赏经典书法的独特魅力，可以更好地了解一个时代的文化，传承一种优秀的艺术传统。可以说，学习书画是爱我中华、爱我祖国的重要传承。

（2）审美提升。书画的审美教育和熏陶能够提升个人的审美情趣和对美好事物的感知能力。书画可以陶冶情操，培养审美能力。从小学习书法、绘画等艺术形式，可以使人的视野扩展、审美眼光变得更加敏锐，更容易欣赏和赏析美的艺术品，有效提升个人的艺术素养、审美能力和艺术鉴赏能力。

（3）哲思启迪。书画之中有许多哲学知识和科学原理，如笔画的长短、粗细、曲直、浓淡、疏密等，通过对书画作品的深入理解和欣赏，人们可以获得哲学层面的启示和感悟。

（4）心灵净化。学习书画是一种精神的寄托。学习书画能够改善人浮躁的性格，帮助人们净化心灵，让你对待任何事都平心静气，提升内在的精神境界。

（5）智力提升。学习书画需要全面的脑力活动，能够锻炼视觉记忆，操练一个人的大脑记忆力，养成勤于详尽观察、考虑、总结的好习惯，有助于思维能力的提升。学习书画能够激起对事物的热爱，愈加地自信，增强自信心和自我价值的认知。

（6）品格塑造。学习书画能够培育人的耐性，锻炼专注力和耐心，增强自身的思考能力，可以培养高尚的品格和坚定的意志，这都是一个人成长和发展的重要因素。

（7）创新能力。书画鼓励创新和个人风格的发展，这对于培养个体的独特性和解决问题的能力有很大帮助。

（8）心理调适。书画可以传递正能量，通过艺术形式来表达个人的情感和内心世界，可以放松身心，缓解内心的压抑和紧张感，有助于人们调节情绪，缓解压力，保持内心平和，鼓励人们积极面对生活、学习和工作，提升个人的心理素质，达到心理调节和治疗的作用。

（9）生理健康。长期练习书画能够促进身体健康，如提高视力、预防近视、改善颈椎腰椎问题等。

（10）社交互动。书画交流可以增加个人与他人之间的交流，增进友谊，提升社交技巧。

总之，中国书画博大精深，蕴含着大量的教育资源、教育素材和教育案例。教师喜欢书画，影响引领学生学习书画，不仅是美育的落实，也是素质教育的落实，更是增强教师自我的生活品味。

歌舞表演，富人一生的多元语言

9 歌舞表演是学校最常见的艺术形式，学生活动、年终总结、音乐舞会等都需要。唱歌来源于生活，是生活的提炼。在日常生活中，有很多人喜欢听歌曲，高兴时还会哼起歌来；听到一些快节奏、欢快的音乐时，会情不自禁地扭动身体，从而表达自己的心情。

歌舞能增加学生的知识，增强记忆力、思维能力，还能培养学生想象力，还可以让孩子用心去感受一种意境，从而体验到艺术本身的魅力与力量。歌舞，不仅能让学生站得直，增强动作协调肢体灵活性和柔韧性，还能纠正驼背、端肩等形体问题，提高身体素质。歌唱提高肺活量，舞蹈促进人生长。有报道称，同样性别同年龄的儿童，参加舞蹈训练的比不参加者身高平均高 4—8 厘米，有利于形体优美。因此，学生都可学习歌舞，通过动作、音乐、表情、姿态表现出自己的内心世界，潜移默化地接受艺术表演的熏陶。学生会因此更加热爱生活，并能欣赏美、体验美，增强自信心和勇于克服困难的精神。因此，教师能歌善舞无疑会影响学生的歌舞才艺的发展。

摄影旅游，带着镜头看更大的世界

10 摄影作为一种视觉表达方式，实质是人们在自然与人文、怀旧与崇新、传承与变迁等多层面上进行的影像记录。它能够帮助我们更好地了解不同地区的文化和风俗习惯，拓宽视野和思维方式。摄影离不开旅游。旅游摄影就是记录旅行的各种景色和经历，用摄影记录旅游的过程、旅途的风光，记录游览时的所见、所闻、所历、所感，包含人文、动物、风光、运动等等。手机摄影已成为最为普及的一项艺术。

摄影和旅游都是不少教师的兴趣、爱好和特长。通过摄影，大家能够更好地记录师生成长和教育活动，留下美好的回忆。教师通过摄影，能够更好地开展艺术教育，培养学生的审美意识和艺术欣赏能力；教师通过旅行，能够更好地开展地理教育，培养学生的地理意识和国际视野。其实，教材都离不开旅游题材和内容，古代诗歌很大的比例都是歌颂祖国河山的自然题材，如屈原、李白的诗歌等，不计其数。要鼓励师生旅游时有意识地结合课程学习，开展方便快捷的手机旅拍，交流摄影照片，这将会大大丰富教学课程资源，激发学生的学习兴趣。同时，学会摄影可以有效直接地提高学生的审美水平。

茶艺悟道，在心的最深处品味

11 有道是，文人的灵感往往是茶余饭后发生的。茶，是中华民族的举国之饮。中国是茶的故乡，是世界上最早发现茶树、栽培茶树和利用茶叶的国家。中国茶文化是中国五千年历史文化的重要组成部分。茶香，在心的最深处。心的味道决定茶的韵味，所以佛家常讲“茶禅一味”。人之饮茶，茶的品质不是最重要的；泡茶者的心情、同饮者的心境，是决定茶道的根本。一人得智，二人得慧，三人得趣。茶的真味就是于任何情境下，都拥有一份不被打扰的心情。茶艺还是学生学习的内容，不少学校都设有茶艺学习室。

师道如茶道。品茶茗香是一种境界，是对美好事物的欣赏感悟，需要用心去品味；教育如茶，教师用心泡制和品味，需要用爱去呵护。茶道，追求一种静谧与和蔼，把繁杂的世界化为淡然的茶香；师道，同样要用一颗平静的心，化知识为甘泉，滋养学生的成长。茶道和师道，都需要一份耐心、一份专注、一份奉献。在教育的舞台上，每个教师都是茶道师，静坐于知识的海洋，调制出香醇的茶汤，滋养学生的成长与向上，品味人生的香醇。让每一个学生都能感受到那份深沉而静谧的爱，让每一个学生的人生之茶散发出独特的芳香。

工艺制作，“手艺”教育促进手脑心合一

12　工艺制作是一些教师的爱好之一。工艺制作不仅包括手工、剪纸、刺绣、贴画、陶艺、雕刻、漆器等工艺，还包括现代的木工制作等。手工制作中许多都是非物质文化遗产，值得继承。教师通过手工制作，能够更好地开展实践教育，提高学生的实际操作能力，传承非物质文化遗产。

工艺制作，往往都有设计、备料、制作、检测、装饰等流程。设计决定工艺品的外观和功能；备料是工艺流程的第二步，目标是确保原材料的质量和稳定性；制作是工艺品的关键环节，是成品所在；检测是工艺流程的重要步骤；装饰是工艺品的最后一步，可增加美观度和实用价值；每个步骤都有其独特的目标和要求，但它们共同构成了一个完整的工艺流程。一个良好的工艺流程能够确保产品质量和生产效率，满足客户的需求和期望。因此，在实际生产中，需要重视并优化工艺流程的各个环节，以提高生产的效益和竞争力。师生通过手工制作，借鉴工艺流程，能更好地培养学生的工程思维、动手能力、实践能力、创造能力和工匠精神。

花木园艺，水木清华以物化人

13　学生是祖国的花朵，教师是辛勤的园丁。园丁指从事园艺工作的人，在教育上更多用于比喻教师。养花和育人同理。花草是一种美好的事物，本身作为一种植物存在学习、探索、研究的意义；水木清华，文学赋予了花草许多人文意义、人格寓意和人性关怀；教师喜欢花草树木，自然地影响学生关注花草、爱护花木、热爱自然；花木还可以做成各种盆景。李白《上安州裴长史书》中说：“天不言而四时行，地不语而百物生。”养花和育人，都要顺势而为，道法自然。既要合乎规律，又不能放任自流。养花除了要顺应花的习性，浇水、施肥之外，还要按时去剪枝、除草。育人也是如此，既要因材施教，又要扬长去短，慈威并重，促进学生科学健康成长。

收藏欣赏，心怡的人生乐趣

14　收藏品是指人们因为其独特的历史、文化、艺术价值而收藏的物品。收藏品的种类繁多，包括邮票、硬币、古董、艺术品等。收藏品往往有较高的文化价值、历史价值、艺术价值、科学价值和经济价值。教师有意识地培养自己的收藏兴趣，在书画、陶瓷、钱币、赏石、玉器、报刊、扑克牌、票证、古典家具、文房之宝、体育

纪念品、民族艺术品、烟酒茶艺、紫砂艺术等多个门类中，根据兴趣爱好可择其一收藏。同时要有一个相对固定的无问大小的物品收藏空间。

收藏不仅是储存物品，更是在整理藏品的过程中，增加知识，对藏品分类，汇集各个方面的知识，并从多方面有机挖掘收藏品的课程价值、教育价值、人文价值。如，收藏邮票可以了解邮政历史和各国文化，收藏硬币可以了解货币发展史和各国历史，收藏古董可以了解古代文化和生活方式，收藏艺术品可以了解艺术发展史和各种艺术形式。通过研究收藏品，教师可以更好地了解历史和文化，从而更好地传承和发扬文化；可以探索藏品的认知，将其充分地作为自己教学的独特资源，形成特色的教学；更能通过收藏修心，提高人的生活质量和生命质量。

15 2023 年 12 月，教育部印发《关于全面实施学校美育浸润行动的通知》，强调校园美育文化营造行动，提出“营造向真向善向美向上的校园文化氛围，把美育融入校园生活全方位。……支持学校根据实际建设小型美术馆、博物馆、展览厅、音乐厅、剧场等。”其实，不少教师都有收藏，收藏物件多了，学校可以为教师建设微型收藏博物馆，可以不到他校交流，以激发教师收藏更好地为学生、为教学、为学校服务。教师收藏乃至社会收藏应当成为学校美育文化营造的重要资源和建设路径。

兴趣专长的本质在于玩物壮志

16 苏霍姆林斯基说：“滋养儿童对知识的热爱的第一个源泉，就是教师。”“要让学生们把你教的学科看作是最感兴趣的学科，让尽量多的少年像向往幸福一样幻想着在你所教的这门学科领域里有所创造，做到这一点是你应当引以为荣的事。”一个稳定而强烈的兴趣，是发展活动产生的重要保证。教师的兴趣会引发学生的兴趣。

通过兴趣实现人的品位升华。兴趣的产生发展分有趣、乐趣、志趣三个层次。有趣是感官的兴趣，如喜欢听音乐，喜欢散步，喜欢读书等，处于金字塔的最基层。有趣是兴趣发展的第一阶段，也是兴趣发展的低级阶段，往往短暂易逝，非常不稳定。第二个层次是乐趣，当兴趣从觉得一首歌好听到主动探究了解歌词背后的故事、歌者的人生经历与解读等内容，进而产生新的兴趣，这就从单纯的感官兴趣上升到了有思维、有情绪参与的自觉兴趣。在此阶段，人们会投入其中，乐此不疲。这是兴趣发展的中级阶段，兴趣变得专一深入。志趣是潜在的兴趣，这一阶段中，兴趣不仅有感官和认知能力，而且还加入了“内在发动机”，即志向与价值观，支撑着人们执着梦想，“虽九死其犹未悔”。志趣是兴趣发展的第三阶段，当乐趣同你的社会责任感、理想奋斗目标结合起来，乐趣就变成了志趣，志趣具有社会性、自觉性和方向性，是取得成功的根本动力和重要保障。可见，教师有兴趣也是教书育人的重要方法，其目的是通过兴趣爱好特长，玩物壮志，不仅培养有情有趣的学生，更对学生的心理健康发展不失为一个重要的良策。

4.4 优：“思”情画意的优美课样

笔者与教师多次交流，他们无一不期待加快专业发展，提高课堂教学能力。但往往是心有余而力不足，无人指点、无路可走、无法入手，最终变得无可奈何。课堂是教师的第一阵地。能否构建一堂好课的结构化图式，让人按图索骥，摸上门道，然后逐步去自我探索、创新求进十分重要。为此，本章提出了“思”情画意的优美课堂样态，让新教师有个“拐杖”、其他教师有个“桥梁”的路向。

马道成功

课堂是教师一生的伟大所在。

章序　高品质课堂是好教师的疆场

1　课堂是师生共同的成长历程和生命体验。教师职业品质最根本的体现就在高品质的课堂。高品质课堂坚持以人为本，充分关照学生人人发展、共同发展、全面发展、自觉发展和终身发展，以“思”为核心发展智力，以“情”为火把点燃氛围，以“画”为载体提高效能，以“意”为归旨成长学生，发挥高品质课堂彰显育人根本、浸染课程文化、遵循教学规律、强化核心素养、活化教学方式、激发生成创新的力量（见图 4.4）。

构建“思”情画意的课堂样态

“思”情画意的课堂样态

思维成长是核心——

·见思考：我在故我思
在思索、在回应、在设问
·见思路：思路是工具
教学理路清晰、教学重点突出、教学流程科学
·见思想：关键有想象
课堂学科思想出彩、解决现实问题出新、学生人人互动出色……

情感丰沛是关键——

·见激情：增强代入感
面部表情、语言展现表情、方法助生表情
·见真情：体现公平感
师生平等尊重、公平对待每个孩子、爱生如子
·见热情：洋溢氛围感
知识有活力、教师有活力、学生有活力……

画面关联是能力——

·见画图：培养图文意识
画面的、图表的、结构的
·见画境：想象知识图景
多种情境产生方式、多种情境教学资源、多种情境呈现手段
·见画眼：烙入灵魂心田
创造让孩子过目不忘的课堂一幕……

意味深长是水准——

·见意思：学懂了内容
知道内容、理解内容、掌握内容、迁移内容
·见意义：生成了价值
内容意义、学习意义、生活意义
·见意志：升华了品质
知道困难、不怕困难、解决困难、战胜困难……

“思”情画意的“十二见”课堂样态成为教师成长的支架

图 4.4

思——思维成长是“思”情画意课堂样态的核心

2 见思考——善于思考是学习的第一习惯。思考是课堂辉煌的火花。学习是充满思想的脑力劳动。思考是学习的本质，学习是思考的过程。爱因斯坦说：“学习知识要善于思考，思考，再思考，我就是靠这个方法成为科学家的。”因此，思考不仅是整个学习过程的核心，而且处于学习的中心地位。笛卡尔认为“我思故我在”，我们则要培养学生“我在故我思”，培养“我在”课堂即思考的习惯，做到：我在就思索，课堂上专心，追随教师的教学活动，一直处于思考的状态；我在就回应，课堂上专注，教师教学的提问和要求，积极回应，有效互动；我在就设问，课堂上要敢于提出问题、敢于质疑问题，敢于创想不同的方法和思路。如果课堂上没有足够的时间去讨论交流，要及时记在笔记本上，在适当的时间与同学教师研讨。

3 见思路——思路让思维不断增加深度。优质的课堂教学前提是思路清晰。课堂要提升思维能力，发展思维的深度与广度，其教学思路必须清晰地指向深度思维，步步衔接、层层递进。思路主要表现在方法：

工具性教学思路。思路是思考的工具，它对学生和老师都起作用，工具可以增强

师生互动，有利于学生论证自己的观点，意味着学生真正成为了独立的思考者，具备阐述自己思考过程的能力。思路能够帮助学生更好地思考和学习。

结构性教学思路。所有的思考步骤都是依照思考顺序层层向外延伸的。因此，教师不能只满足于完成思考步骤，而要探究这一步和下一步之间的联系，随后就会发现这种连续的思考步骤非常有效，尤其是要重视结构化板书的教育力量。

模式性教学思路。学生学习的过程是学习、理解、运用、创造的过程；教师教学的过程是希望学生围绕话题呈现最初的思考过程。由此，学习就成了联系彼此观点的过程。同时，学习要能举一反三，透过现象看本质，不仅要知道、发现“勾三股四弦五”，更要总结提炼“$a^2+b^2=c^2$”的表达式，形成规律性的认知。所以，只有当思路成为固定的教学方法和模板，学生才能真正地了解学习的意义和方法，更能产生更加有效的课堂效益。

4 见思想——思想浸润的课堂才是更有价值的远航。课堂教学不仅要教给孩子知识，更重要的是要充盈孩子的思想，启迪孩子的智慧，要让课堂更富有思想、更富于创造。提高学生的综合素质、培养学生的创新思维能力，需要探索一种更具思想性的课堂教学方法。

（1）见思想的课堂来源于学科思想的出彩。学科思想使学科课堂变得精彩。有思想的课堂首先需要引导学生了解课程主题及重点内容，充分体现学科育人的意涵。在课始，教师通过学生自己预习、回顾已学知识、分享阅读材料、播放相关视频、进行个人分享等导入性活动，帮助学生更好地进入学习状态。在课中，教师将课程主题与实际生活相联系，让学生感受到知识的实用性，感受学科知识的价值与力量，始终把握课堂教学内容思想的主旋律，使学科思想成为课堂的精彩。

（2）见思想的课堂来源于解决现实问题。以思考能力解决现实问题。思考是解决问题的“手术刀”。教育就是促进思考、深刻思维、形成思路、创新思想。课堂教学应注重问题导向，着力培养每位学生的思考能力，通过提出问题、分析问题、解决方案、落实路径等方式，引导学生主动思考，形成每一位学生、每一个班级的头脑风暴。在问题讨论中，教师要注重价值观引导，让学生在学习过程中形成正确的价值观和对问题的独立判断，这不仅能提高学生的分析能力，还能培养他们的独立思考能力，形成集体思维的力量。

（3）见思想的课堂来源于学生人人互动的课堂。以人人思考形成人人的课堂。有思想的课堂需要营造一个良好的互动氛围，让学生能够主动参与讨论，发表自己的观点。课堂是人人的课堂。要解决课堂教学“贫富不均”的现象，如，勤举手的学生回答问题的机会更多，回答教师“这个问题懂了吗”的时候，少数学生的“懂了”掩盖了大部分学生的“不懂、不太懂”，等等。为解决这些问题，教师要多安排一些小组讨论、角色扮演等活动，鼓励学生特别是“学习内向”的学生积极参与，确保每位学生在课堂上都能获得更多有价值的信息。“人人发展”的课堂是课堂教学的最高境界。

（4）见思想的课堂来源于教学氛围情境放飞想象的光芒。理论知识是课堂教学的重要组成部分，但单纯的理论学习往往无法让学生真正掌握知识。因此，教师需要在课堂上将理论与实践相结合，让学生通过实践操作更深刻地掌握所学知识。新课改十分强调教学情境的设置，并以此加强学科实践。因此，学校要组织教师围绕课程教学内容与生活的融合，开展教学情境的“编剧”，以增强课堂教学实景性、生活性、故事性和生成性。教师通过一些实验、演练、讨论、案例分析等环节，一方面让学生在动手操作的过程中加深对理论知识的理解，另一方面可以结合实际案例、现实生活进行分析，教师可以安排设计一个新产品、提出一种解决问题的新方法等活动，帮助学生应用所学知识，更好地理解知识在实际场景中的应用，发挥想象力和创造力，培养学生解决实际问题的能力。

总之，见思想的课堂是不断发展学生思维的课堂。需要教师在价值观与思维的启发、课程内容引导、学生思考能力培养、课堂互动与讨论、案例分析与启示、理论与实践结合、创新性思维锻炼及反馈与持续改进等方面发挥积极作用。

情——情感丰沛是“思”情画意课堂样态的关键

5 情感、态度、价值观仍然是课程教学改革不可或缺的有机统一并在核心素养中的体现。朱小蔓教授在其情感教育研究的奠基之作《情感教育论纲》中，从教育哲学的角度对情感及其教育进行了阐述，她认为，情感是人与生俱来的，与人的自然情绪相关，但又不等同于它们。主要是指“有特定主观体验和外显表情、同人的特定需要（自然的或社会的）相联系的感情反映，它包含着情绪和情感的综合过程”。

不同学生都有不同的生活背景、认知经验、情感经历，如何在课堂教学中将学科知识、教学与学生自身内在的情感和生命感受、体验联系起来，在学生内在的精神层面培养起丰厚、积极、健康的价值观念，也就成为培养“有理想、有本领、有担当”

时代新人的需要。学习要经历在一个具体情境下的对学习对象展开“觉悟”与“实践”的过程，为学生所理解的课程知识，不是以一种“冰冷”的“晶体”形态进入学生的头脑，而是学生要对知识进行“火热”处理。情感在课堂教学中对教学效果具有决定性作用。有激情、有大爱、有活力，就成为“思”情画意课堂样态中的直接的现实的感受。有感才会感动，有感才有感应。教育就是孩子感觉、感动、感应和感恩的成长过程。

6 见激情，更能增强教书育人代入还原感。社会需要激情，人生需要激情，教育需要激情，年轻的学生更需要激情。没有激情，课堂就是白开水。激情的课堂是教师精彩的演绎。苏霍姆林斯基说：“有激情的课堂教学让学生带有一种高涨的激动情绪从事学习和思考。”课堂教学中，教师的激情可以调动学生的情绪，激活课堂，提高教学和学习的效率，使学生对你所教学科产生浓厚兴趣。那么，怎样营造浓厚的课堂激情呢?

（1）热爱学科才能产生教学激情。报考师范教育专业，就证明了你已有对教师职业的基本认知，已有对所教学科的基础情感。教师走向讲台，就决定了你已有多年的学科专业学习和训练。只要热爱学科，教学都会激情四射。教师平常就要加强学科专业情感的培养，逐步形成对所教科目深厚的热爱和兴趣，并将学科情感传递给学生，激发学生的学习兴趣和好奇心。

（2）多种亲切语言展现教学激情。语言是情感交流的重要方式。教师是吃“开口饭”的。教师各自性格和气质不同，有人内向、有人外向，但要尽可能地训练自己面带笑容，更有激情，对内向者更加要加强语言训练，提升口头表达能力，以适应教育对象需要语言交流的特点。在课堂语言中，要减少师生之间的距离感，增强亲切感、节奏感、幽默感，以笑容、笑声感染学生心灵，点燃学生学习激情；要增强角色语言的表现力，强化角色的带入感，促进学生更好地理解教学内容、掌握教学内容；要特别重视肢体语言和表情的运用，以身体行动诠释学习内容。通过生动的讲述、形象的演示和适当的表情，让学生感受到教师的热情和感染力。

（3）各种方式方法激发教学激情。参与是激情激发的重要方法之一。激发学生的激情需要让他们参与到课堂活动中来。要设置、创造各种情境和活动，教师可以安排小组讨论、角色扮演、实地考察等多样化的教学活动，同时，运用人工智能等方法，让学生主动参与到学习过程中，感受学习的乐趣。

7 见真情，才能呈现每个孩子的在场。感情是人类情感世界最基础的形式，而大爱则是在感情的基础之上深度的情感体验，是人们在感情上的不断升华。教师是人类灵魂的工程师，要以大爱见真情，升华课堂教学情感。

（1）建立平等尊重的师生关系。师生关系是平等的，只有用平等的态度、平等的方式、平等的情感，去了解、关心学生，让学生敬佩老师、感恩老师，才能产生学习的正能量。因此，教师要放下姿态、蹲下身子与学生讲话，等待孩子的成长；而不能总是站着俯视学生，更不能用成人思维过滤学生，对学生成长过程中发生的现象要宽容、理解、引导和解决，促进学生快乐成长。

（2）公平地对待每一位学生。立德树人在于树好每一个人。对待课堂教学中的每位学生，不能因社会背景、家庭出身、认知经验、学习能力、个性特点、表现优劣、座位远近等而区别对待，要围绕让不专心的学生专心、不爱举手的学生举手、不爱发言的学生发言、回答问题不正确的学生回答正确、作业常错的学生少错甚至不错、不爱交流的学生增加同伴交流来开展工作，这都是教师重点要解决的问题。

（3）像爱自己的孩子一样爱每位学生。不管学生基础如何，也不管他是不是“问题学生”，都要以博大的胸怀去爱学生。大爱每一位学生，就在于建立“人无完人，金无足赤”的观念，看学生不仅看到其不足，更要看到其优点，而且要多看优点。同时，要根据学生不同的情感类型区别对待：情绪反应大，设身处地地感受学生的喜怒哀乐；增加同情心，对学生困难更多地帮助；打造亲密关系，把孩子当成自己的孩子，建立更高情感层次的信任。只有这样，当你走上讲台，看到所有学生的时候，你才会爱满教室、激情四射、课堂出彩。

8 见热情，就会洋溢孩子的未来梦想。课堂效力是教学的生命，高效课堂也是学校的生命。教学热情产生浓郁的课堂氛围。课堂氛围是课堂活力的前提条件，也是困扰教师教学工作的顽症。事实上，活力课堂本质就是课堂活力，强调在课堂教学中要充满活力，就是追求课堂教学由有效—高效—活力进阶的过程，从而达到最佳教学效果。

课堂活力在于课堂教学应体现出知识有活力、教师有活力，最终实现学生有活力。

首先，知识有活力。教师对学科知识有更加深层次的理解和拓展。随着课程改革的不断深化，教师要加强知识建构。在拓展知识面上，要加强跨学科知识的学习，重点要加强哲学、科技、历史、经济等方面知识的学习；在专业体系上，要厚植自己专业背景，加强学科思想、学科历史、学科文化等学习；在课程教学改革上，要研读课程方案和课程标准，吃透教材，将教材知识融会贯通，形成体系。通过纵横的知识坐标系建设，丰富知识结构，教师备课和教学时就能游刃有余、左右逢源，将枯燥乏味的理论知识延伸至生活中，关联到其他学科中，甚至引申至前沿科技成果当中，让学生产生浓厚的兴趣，大大增长学生的见识，这样才能将知识活力化、趣味化。

其次，教师有活力。教学风格和个人魅力是教师生命活力的体现，也是师生互相激发和对话的重要前提。教师要努力提高自身教学风格、教学特点、教学方法与学生学习风格、学习特点、学习方法的匹配度。教师不能是模式化的，而是有独特个人体验、独到见解的。同一个教学内容、同一个教学设计，不同的教师、不同的方法、不同的学生，都可能呈现出完全不同的课堂效果。教师在教学设计时，重点要“备”学生，对学生已有的知识结构、年龄特点、思维方式等要素进行分析。

第三，学生有活力。学生活力取决于教师活力。教师要把课堂教学氛围作为好教师上好课的重要场景进行打造。根据学生学习现状，对学生、自身和知识进行全面的了解分析，进行灵活的、多维的、动态的教学设计，预设教学的内容、包袱，促进动态生成。根据学生实际明确教学目标，选择具有吸引力和挑战性的教学内容，才能够引发学生的思考和讨论。采取有利学生学习的方式方法，充分调动学生主动思考、自觉学习的积极性，促进学生在追随、互动、交流、欢笑、表演、辨析、给予、体悟、书写、创造的状态，同时加强学生反馈，及时调整教学策略，确保教学活动与学生的兴趣和能力相随互动，最终达到学生思维的深度参与，促进学生高阶思维的发展。

画——画面关联是“思”情画意课堂样态的能力

9 学习的过程是一个充满直观的呈现、经验的流动、想象的再造、情感的交融和思想的表达的过程。课堂不仅是一个生动的知识学习过程，更是一幅知识与经验交融、理智与情感互动、教师与学生心灵碰撞、学习过程与学生成长意义关联的生动图景。增强课堂的画面感可以帮助学生更好地理解和记忆所学内容，提高学生的学习兴趣和参与度。

布鲁纳认为，学生对新知识的认知加工经历行为表征、图像表征和符号表征三个阶段：行为表征是指学生学习活动的动作和过程，是一种最直接的动作参与和学习活动状态。课堂教学过程中的师生交往，是最表象的一种画面，是学习的动作、理解的情境和行为表现。图像表征是指将知识转化为各种想象的图景，是一种生动的再造想象，即用图像来加工新知识。学生在阅读文学作品时脑海里定会产生丰富联想和图景，这个“景”便是一种图像表征。符号表征是将具体生动的图景抽象化为概念的、观念的东西，用符号来表达观点、思维、思想和情感。在这三大表征系统中，行为表征和图像表征便是课堂画面感的主要体现。

可见，课堂画面感不仅是知识的画面感，还是学生知识理解过程的画面感，是对知识及其理解与经验，以及学生人生体验之间的意义关联的结果。可以说，课堂画面感不是指课堂中出现的画面，而是师生以知识为中介在交互作用中呈现出来的一种认知状态。增强课堂画面感可从以下方面开展：

10 见画图。结合教学内容，利用思维导图、距阵图等方法开展图式的、图表的、结构的建构，可以帮助学生更好地梳理知识点之间的关系，形成完整的知识体系。例如，在讲解历史事件时，可以利用思维导图来展示各个事件之间的关系和影响。这样，既有视觉的整体效果，又能通过内在的关系，培养学生的逻辑思维能力。

11 见画境。新课程改革强调建设学科情境，也就是强化学习场所的情境，通过情境促进学生学科学习。情境可以由内容联结情境、人景角色情境、教学方式情境等多种方式产生。要利用多媒体资源，借助图片、视频、音频等多媒体资源，帮助学生更好地理解抽象的概念和理论；利用教学模型，可以将抽象的概念和理论变得更加具体和形象；利用学科课程基地，建设实景式的教学场地，开展学科实践教学活动；利用比喻和类比，将复杂的概念和理论变得简单易懂。

12 见画眼。将课文中的内容情境、课堂中的学习情境与生活中的内容关联情境结合起来，特别在重点、难点内容上，注重一个雕塑式的课堂镜头存在，给学生留下一生中过目不忘的一幕，这就达到了学习的效果和育人的要求。比如在学习朱自清《背影》时，每个学生脑海里会产生一幅朱自清的父亲穿着大棉袍，越过铁路，艰难地攀爬站台的图景，甚至联想起自己父亲的一幅幅生活图景；还有电影《泰坦尼克号》中杰克和露丝两个人站在船头，相拥着要展翅翱翔的姿势。这些画面都定格成了文学和艺术的永恒，成为无法超越的经典。正是这些生活的画面或者说是再造想象，深深地触动了每一个阅读者。

意——意味深长是“思”情画意课堂样态的水准

13 见意思。在汉语中，“意思”一词是一个很有意思的词语，内涵特别丰富，主要有以下十几种解释：（1）思想，心思；（2）意义，道理；（3）意图，用意；（4）意志；（5）神情；（6）情趣，趣味；（7）心情，情绪；（8）情意，心意；（9）引申指代表心意的宴请或礼品；（10）意见，想法；（11）迹象，苗头；（12）象征性的表示。在这里，笔者用的是“内容”的意思，这在我们日常生活中是经常用到的。如，我没弄懂，您讲的是什么意思？这段文字、这篇文章讲的什么意思？通过课堂教学，教师要让学生知道内容、理解内容、掌握内容、迁移内容，就是要学懂而且会用。

知道内容。课堂是学生获取知识的重要途径，课堂教学最朴实、最根本、最直接，最终结果就是让学生知道教师讲的内容是什么意思。为此，学生要认真完成老师课前布置的预习任务或需要准备的材料，课前预习可尝试回答导学案中的问题，带着问题听课。课堂上注意力集中，及时记录重要知识点、公式、定理等，笔记要条理清晰、简明扼要，可以按照“一、二、三”等顺序进行记录，这样能知道学习内容的要点、重点和难点是什么。

理解内容。在课堂上，学生要与老师保持眼神交流，通过互动不仅可以提高自己的沟通能力，还能加深对学习内容的理解和掌握。在课后对笔记进行整理和完善，形成完整的课堂学习内容。同时反思自己的学习过程，发现问题并找出解决办法，如发现自己没有理解某个知识点时，可以及时向老师请教或查阅相关资料。

掌握内容。重复是记忆之母，通过反复巩固所学强化记忆。在课后及时回顾课堂所作笔记，温习教材和习题。可以采用不同的学习策略，如主动思考、归纳总结、做题练习等，提高理解能力和记忆效果。每周或每学期可以重新梳理所学内容，查漏补缺，强化薄弱环节。还可以通过课外辅导、参加学科竞赛等活动来掌握并巩固所学知识。

迁移内容。加强总结反思，更好地认识自己的学习特点和风格，找到适合自己的学习方式和路径。既注重本学科学习的举一反三，也加强跨学科的学习，更要将学习内容与实际生活或之前的知识经验相联系，形成新的认知结构，加深理解、记忆、掌握和运用。

14 见意义。课堂学习是学生学习生活的最主要形式。课堂学习对学生是不可逾越的阶段，就像人吃饭、睡觉一样不可缺少。要加强对课堂学习的研究，让学生从心底里产生对课堂内容意义、学习意义、生活意义的深刻认知和体验。

内容意义。课堂学习是获取知识和技能的重要途径。让学生懂得，通过课堂学习可以系统地学习各学科的知识体系和框架，理解并掌握其中的核心概念和原理，体味这些内容在人成长过程中不可或缺的营养，它不仅关系到学业成就，还影响着学生未来发展，从而建立起所有学生对课堂学习的尊敬和崇拜。

学习意义。知识掌握是课堂学习的应有之义。只有掌握了基础理论知识，我们才能在此基础上进行深入的研究和学习，解决实际问题，更好地适应社会的发展需求。学生之所以叫“学生”，本质的意义就是要学习，由前到后的学习、由低到高的学习、由易到难的学习。

生活意义。青少年正处于人生美好的时光，其生活更多以学习生活为主。学校是个小社会，课堂是个小群体。社会化过程是学习生活的必要环节。在学校学习中，师生之间、生生之间进行互动和交流，了解社会和职场的需求和规则，学习如何与他人合作和共事，这个过程不仅帮助学生获得实际经验，还使其逐渐形成自己的价值观和态度，为未来的生活做好准备。高品质学习生活奠基高品质人生未来。

15 见意志。学习和研究是一个知道困难、不怕困难、解决困难和战胜困难的过程，也是人格升华的标志。课堂教学一方面要发展学生的智力因素，另一方面更要注重非智力因素培养。学习是人生最长时间的挑战。学生每天上课、接受的教育都是全新的、有一定难度的，是要不停地克服困难、时刻攀登的过程。因此，教书育人，首先要培育学生知道困难、不怕困难、解决困难、战胜困难的意志品质。

（1）知道困难。学习就是个理解知识、掌握知识和运用知识的过程，由于学生家庭、经历、习惯各不相同，学生都会面临学习上的困难和问题。要始终让学生知道，没有困难的学习是没有意义的学习、没有困难的学习是没有进步的学习。困难就是向上的阶梯，由此培养学生具备知道困难、不怕困难的心理准备以及迎接困难的正常心态。当下少数学生心理失衡的现象，一方面是社会各种复杂原因所致，另一方面也是学生个人心理素质不够、抗压能力不强所致。

（2）不怕困难。在知道困难的基础上，让学生知道，学习的过程就是遇到困难、解决困难的过程；只要思想不滑坡，方法总比困难多。要建立积极的情绪状态，面对困难，保持积极乐观的心态，增强自信，避免消极情绪的产生，逐渐培养良好的习惯和坚定的意志。

（3）解决困难。解决困难是学习突破的重中之重。面对困难，要明确目标，知道自己要克服什么困难，达到什么目标；目标越明确，意志力越容易集中。要进行困难分解，将一个大的困难分解成若干个小任务，通过完成每个小任务，逐步积累信心和力量，最终完成整体任务。要寻求支持，如果遇到自己无法解决的困难，不要害怕寻求帮助，可以向老师、同学、家长或其他专业人士寻求建议和支持，借助他人的力量解决问题。

（4）战胜困难。主动接受一些挑战，锻炼自己的适应能力和意志力。寻找一些成功战胜困难的榜样，汲取其经验和智慧，帮助自己建立信心，激发内在动力。战胜困难不是一蹴而就的，需要时间和耐心，面对挫折困难，要保持恒心和毅力，持续努力，直到达成目标。建立奖励机制，为自己设定一些小目标，并进行达标自我奖励。

优美课堂奠基未来向往

16 课堂是理想起飞的地方。优美课堂，知难而上。无论是教师之教还是学生之学， 要做到见到困难就上，不能见到困难就躲。迎难而上会让你感到，困难挑战越大，成功后“一览众山小”的成就感就越大，拉开别人的距离也会更大，而见难就躲只会让你逐渐形成躲避困难、回避矛盾的心态，难以成事。历史证明，人生要大写，迎着困难来。人最可贵的品质就是迎难而上，实现梦想。

05 第五部分

出类拔萃：职业信仰的四大向往

“塑人灵魂者必先塑己灵魂
选择了教师就选择了教育为家
最美的教师值得最好的爱
好的学习方法就有好的学习结果
教育思想就是你的教育最爱
团队连心，可以断金
最优秀的人其实是你自己
人的思维能力一辈子都在拔节生长”

信仰是伟大的情感，一种创造力量。

——高尔基

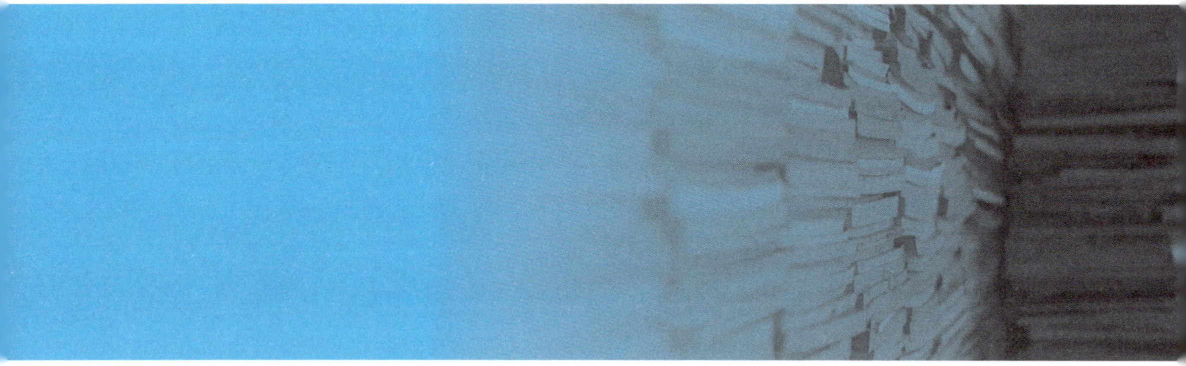

教师是人类灵魂的工程师。**塑人灵魂者必先塑己灵魂。**人是万物之灵，教育是塑造人的伟大事业。教育家精神旨在激励教师为教育宏伟事业而努力。因此，必须树立教育的理想，上拔每位教师的人格信仰、事业高度和生命追求。充分发挥人的性格特征、教师的职业优势，促进教师走向自带光芒的高格人生。本部分以“出类拔萃”演绎如何坚定教师职业信仰：出——出生入死，一辈子都是教育的人；类——触类而长，开一代风气之新；拔——拔新领异，让思想的光芒辉耀人生；萃——荟萃人才，抱团开创教育大美山河（见图 5.1）。

出类拔萃：职业信仰的四大向往

出——出生入死，一辈子都是教育的人

· 选择了当教师就选择了以教育为家
·“家”的由来
家庭的“家”是怎么来的
国家的“家”的意义
老人家的“家”是什么意思
教育家为什么称“家”
·最美的教师值得最好的爱

类——触类而长，开一代风气之新

·别开生面厚植学科背景
·厚植学科背景的十个视角
学科知识，学科核心素养形成的主要载体
学科思想，好老师要具备好的学科思想
学科方法，最需要突破的教师难点
学科历史，在历史文脉中寻找规律价值
学科人物，学科世界的伟大脊梁
学科故事，学科教学的魅力工具
学科语言，学科自己的语言方式
学科伦理，学科知识价值的分水岭
学科前沿，前沿是学科发展的关键
学科文化，提升核心竞争力的关键途径
·开基础教育学科建设一代先风

拔——拔新领异，让思想的光芒辉耀人生

·拔节人生的建设性贡献
·翻越自己的最高峰
概念能力，事物本质规律的探测器
模型思维，萃取自己的思维模型
思维模型，让你看清更真实的面貌
·高阶思维才有超拔的人生信仰

萃——荟萃人才，抱团开创教育大美山河

·荟萃精英群体的思想力量
·以思想共筑教育山河的十个环节
凝练教学主张的概念及价值昭示
建构教学主张的结构化图式
打造体现教学主张的课堂样态
开创生态多样的实践现场
组建开放多样的信念共同体
探索理论与实践深度融合的研究范式
建立全样本研究的大数据联盟学校
开展多种方式的深度研究
形成固定与非固定的多维导师团队
联盟日益增长的同道学校共筑教育河山
·沿着教育的信仰向往向前

图 5.1

5.1

出：出生入死，一辈子都是教育的人

“天涯海角有尽处，只有师恩无穷期。”教师是走进人心的工作，教师职业既伟大又艰难。乌申斯基说：“教师是人类历史上一切优美崇高事物与新生一代之间的桥梁。”出类拔萃的“出”即出生入死，突出教师生死都是教育的人。教师的一生都是寻找教育理想、信念和真理的过程。

马道成功

一个人选择了当教师就选择了一生以教育为家。

章序　选择了当教师就选择了以教育为家

1　李商隐《无题》诗曰：“春蚕到死丝方尽，蜡炬成灰泪始干。”这是说春蚕到死才吐尽丝线，蜡烛烧成灰了烛油才干。这首诗最早指深情难断，连绵不绝。后来，人们又把教师与春蚕、蜡烛相提并论，并借其比喻教师的一生奉献精神。我们对教育家、革命家、政治家、科学家、军事家、哲学家、书法家等耳熟能详，为什么各方面的圣贤伟人都称之为“家”？那么，我们可以从“家”的由来，探索教师内在价值的意义所在。

“家”的由来

家庭的“家”是怎么来的

2　家，是会意字，由“宀”和“豕”组合而成，上面是“宀”，表示有屋脊的房屋，“丶”表示房屋的最高点屋脊。下面是“豕”，即猪。豕，属于象形字，甲骨文时代就产生了。“豕”的甲骨文字形也像猪，有长嘴巴、大肚子、四条腿、尾巴，其含义指的就是猪。隶变楷化后，人们用笔画刻画了猪的身体特征。豕是由横“一”、三撇“彡”、弯钩和横八组合而成的字。“一”表示身体横置于地面的猪，喜欢躺在地上，不像人站立行走；“彡”表示多，这里表示多毛动物；弯钩表示猪的相对向下弯曲的弧形身体的增肥过程。豕借“食”声，表示豕的肉是可以食用的。而“猪”这个字则是后来造的形声字，从豕、者声；后来汉字简化将左边表示的“豕”旁改为“犬”变为“猪”。因此，猪又叫豕，就好比狗又叫犬一样。

元创溯源

为什么我们的“家”与猪有关

首先，养猪多半有“家”。石器时代，采集和游猎致人们居无定所，农业使人们有可能定居下来。定居，是人类伟大的进化。猪是杂食动物，什么都能吃，不需要专门放牧，容易饲养，这就让人省下很多时间和精力，而且还有较高的经济价值。因此，猪在人们心中的地位自然就非常高。猪圈都紧挨着人的住宅，方便饲养照料。所以，养猪就意味着定居，养猪多半有“家”。

其次，六畜猪为首。这是古人的重要观念。“六畜”即猪、马、牛、羊、鸡、犬六种动物，都是人类最早驯化的几种动物。古人很崇拜生殖能力强的动物，比如蛇，女娲就是人首蛇身。猪善于繁殖，而且能够给人们带来很多东西，尤其是财富，于是六畜之首的猪便有了吉祥寓意。祭天、祭祖、祭神，不管是什么祭祀，猪都是很重要的祭品，从远古时代起，普通民众祭拜祖先，杀一头猪作为贡品就是非常普遍的方式。时至今日，在家族祠堂祭拜祖先、生日祝贺等大事仪式上，还经常能看到摆上牛羊猪三牲，或者牛头、羊头和猪头等祭品。不仅如此，过去科举考试前，亲友们还会给考生送一些猪蹄，意味着“朱笔题名”，祝福考生金榜题名，如愿以偿。

再次，民以食为天。家这个字里面之所以有个豕，说明饲养猪的历史源远流长，也能说明为什么我国烹饪中猪肉作为食材成为主流，而不似欧美人以牛肉等为主要食材，阿拉伯人以羊肉等为主要食材，所有这些，都是有历史渊源的。

历史上猪叫豕，还有个故事。在封建社会中一直存在着避讳问题，“为尊者讳，为亲者讳，为贤者讳”。传闻大明王朝，朱元璋当上开国皇帝，作为一国之君，名讳自然是要避的。但问题是老百姓养殖的这个“猪”和大明王朝的“朱”谐音，要怎么避讳呢？难不成要禁止养猪，禁止食用猪肉？朱元璋虽然在为政上生杀予夺、毫不手软，但在避讳处理上颇为有趣，不仅给猪改了一个“肥肥”的称号（不知我们常说的肥猪是不是从此而来，尚未考证），后又接受大臣建议改为“豕”，还曾赐给负责宰杀的屠夫一副“双手劈开生死路，一刀割断是非根”的对联。

3　家的本源是一个小家、一大家子、一个家族祭拜祖先或召开会议的场所。最早的房子也是用来祭祀祖先或家族开会，因为祭祀活动能够将家人、家族聚拢起来，人们又将精神与血脉形成共同生产、共同生活、具有共同利益绑定的聚合体，称之为家，彼此间可以互称家人。最初的“家”更像“庙”的功能作用，可以称之为家庙，如颜真卿就有书法《颜家庙碑》，最大的家可以说就是天子之家，谓之“太庙”。

国家的“家”的意义

4　春秋战国时期，“国”与“家”是两个完全不同的概念。“国”指由天子或诸侯分封的土地，被分封者对天子或诸侯有服从的义务，如进贡、派兵共同作战等。“家”则是诸侯分封给卿大夫的土地，卿大夫对诸侯有服从的义务，首先要忠于的是诸侯，然后才是天子。后来“国”与“家”的概念逐渐融合，形成了“国家”的概念，表示整个天下是由诸侯国和卿大夫家组成的。屈原爱国，因为他是楚国贵族，楚国就是他的家，无法割舍。孔子周游列国，学生为各国效力，所以孔子强调忠君报国，要报答重用他们的人，而不是祖国的君王。

秦始皇统一天下后，废除分封制，加强中央集权制度。“普天之下莫非王土”，天下土地都是皇帝一家的，四海之内的子民都是皇帝的臣民。国君没有自己的家，而以天下为家。另一方面，“治国犹如治家”的理念也强调了国与家的关系。《礼记》认为治国必须以治家为基础，或者说，治家即为治国的出发点。

5 从中国古代身体哲学看，家呈现以下特点：

以身为本。从大、太、天、元等文字产生的象形就是一个“人”字。从人之身体衍生男女，“乾道成男，坤道成女”，演变到太极中的阴阳，天文地理中的日阳月阴。

家身同旨。这是与西方不同的地方，中华民族特别强调“家”，这个家与你的人生和世界观都连在一起，所以家身一体。

家国同旨。“家是最小国，国是千万家。”修身，齐家，治国，平天下。强调以身为家，以家为国。在中国传统文化中，“家就是国，国就是家”，家喻为国，强调家是国的缩影；国喻为家，强调国是家的延续。爱家升华为爱国就成为中国人的必然选择。

万物一家。宇宙万物为“天下一家”。人是万物的尺度。人之所以对世界有主观能动性，主要在于高级思维、工具意识和团结力量。人离不开物，物离不开人，“人”加“物”才是人物。人是万物之灵。

老人家的“家”是什么意思

6 家是一个人感情的港湾、灵魂的栖息地和精神的乐园。“在家千日好，出门一时难”，充分体现了中国人对家的重要性的认识。其实，我们一般说的家就是指家庭。

事实上，家庭是家和庭两个概念的组合。家是由在一起共同生活的全体成员组成的，侧重指家庭成员的人物身份，是你和你家人在一起的情感的全部；庭是个形声字，指房子，泛指庭院，侧重指家庭成员活动、交往、游戏、读书的场所。家和庭是紧密相连的两个概念，组成了家庭的概念，是一种以血缘为基础、具有情感纽带的社会单元。有房无人不叫家庭，有人无房不像家庭。所以，什么都有就很圆满，我们很强调“圆”，月圆、人圆、家圆。由此可见，家与庭是一个家庭必不可少的组成部分，家庭就是包涵了“人”和活动场所的“物”。从这个意义上来讲，就可以说明中国人为什么一定要买房子、建房子而不像外国人那样喜欢租房子了。有房才有家，有家才有归宿感、才有团圆。

7 正确地认识家和庭，我们的人生就不会迷失方向，就不会只去追求“庭”而不去追求“家”。家和万事兴。人生要庭更要家，这具有重大的意义。所以，家是一段时光、一种文化、一种情怀……

中华民族是一个很在乎家的民族。从四合院，到马家舍、周家庄、董家圩、蒋家墩等等，都说明了家和家庭的衍生。在家中，你是父母的儿女，你是儿女的父母。你是父母的儿女时，你年轻，要创业干事，这是人的需要、人的本性，所以常被称为年轻“人”。你是儿女的父母时，渐渐地成了家里的老人，老人是“家”的时光、文化、情怀的见证者和守望者，是“家”的真实缩影，是一个家庭辈分最高者、威望最高者，是一个家和家族的形象代表。所以老人是“家”，常被称为“老人家”。“家有一老，如有一宝”“父母在，家就在”，都充分体现了中华民族博大精深的家文化、爱文化、敬老文化。

“老人家”在元代及以后的汉语和文学作品中开始出现，如元杂剧《延安府》一折和《清平山堂话本·快嘴李翠莲记》中，均有“老人家”一词，其义和今相同。当然，在很多地方和情况下，在不同文化背景下，“老人家”所指代的意义可能因地域、文化和语境的不同而有所变化。而“你老人家”是一种幽默的说法，是彼此之间很熟悉、很了解，可以开玩笑的一种称呼。

总之，中国是礼仪之邦，素有尊老爱幼的习俗，对老人的雅称从古至今也有很多的不同，老人的雅称有老翁、古稀、花甲、老苍、耄耋、期颐、老宿、老妪、老丈、老媪、老先生等。老人家是对老年人的尊称和敬称，多用于口头语。老人家可以用作对老年人的尊称，对自己父母和朋友父母的尊称，也可以用作对尊者的敬称，老年人用其自称古时候有，现已少见。

教育家为什么称“家”

8 教育家后缀为什么用“家”呢？“家”是指某些人在某一方面具备了较高的成就。孔子由浅入深比喻为四个层次：入门、上阶、登堂、入室，入室即为家。我们学习时经常说还没入门就指这个意思。成语说的登堂入室，其实很不容易，登堂已经算是比较高的境界了，能入室的人更是寥寥无几。

家是一个人“出生入死”的地方。我们的先人，出生大多数是在家里由接生婆接生的，而临终时都想回衣胞之地的老家，叫叶落归根。家是人一辈子的起点与归宿。因此，我们可以理解为，思想家、革命家、政治家、军事家、教育家等，就是为思想、为革命、为政治、为军事、为教育，一辈子出生入死的人。教育家即生是教育的人，死是教育的鬼，把自己的一生都奉献给教育事业，并有卓越建树，所以称“教育家”。

最美的教师值得最好的爱

教师也好，教育家也好，一言以蔽之，就是这样的人：是给人带来吉祥希望与人生财富的人，是将个人利益与国家利益融为一体的人，是某个领域教学与研究的长老式的人，是一生一世追求教育、奉献教育的人。所以，一日为师、终身为父。教师可以赢得许多好的称谓。最美的教师值得最好的爱。

元创链接

教师称谓的十大美誉

老师——广泛流行的敬称。中国古代称教书者为“师”，并把“师”作为最受人尊敬的职业。春秋时的《尚书》云“天降下民，作之君，作之师”，把“师”的地位与天、地、君、亲并称，并写在同一牌位供众人朝拜，可见“师”的地位之高，受人之尊。对“师”最精辟、最完美的解释出自唐代韩愈的《师说》：“古之学者必有师。师者，所以传道受业解惑也。”将教师的职业价值提升到文化传递的社会高度评价，一直被国人奉为经典世代流传，也是历来教书者引以为豪的荣耀。

先生——历史悠长的尊称。“先生”在《现代汉语词典》中的第一解释就是“教师”，是对教师最古老、最悠久的称谓之一，已经流传了几千年。孔子是最早的先生，因为“子”就是先生的意思。古代称教书者为“先生”“私塾先生”“教书先生”等，这是人民群众对教书者的敬称，充分体现了中华民族古老而悠久的尊师优良传统和美德。

人类灵魂工程师——富有哲理的称谓。原是苏联领导人斯大林对作家的称谓，后被教育家加里宁引用到教育界，他说：“很多教师常常忘记他们应该是教育家，而教育家也就是人类灵魂工程师。”从此，人类灵魂工程师成为老师特定的称谓，这也是社会给予教师的崇高赞誉。

园丁——质朴无华的褒称。园丁原本指从事园艺的工人，后被比喻成教师。人们通常把童真的孩子比喻成幼苗、花朵、小树等，而培育这些幼苗、花朵、小树的老师就像辛勤的园丁一样，用智慧、爱心和汗水浇灌，培育、呵护着园子里的每一株幼苗，使他们枝繁叶茂，姹紫嫣红，茁壮成长。因此，把老师称作园丁是最质朴、最形象、最富有田园诗意的比喻。

慈母——真情感人的爱称。中国古人云“师如父母”， 这充分体现了中华民族尊师爱师的传统美德，也体现了老师爱生如子的高尚师德。人们把老师比作慈母，主要是对那些有着“童心母爱”的女教师给予的最亲切、最真挚、最感人的尊称。

春蚕——纯挚的称谓。对“春蚕”最早的记录见于《诗经》，而把“春蚕”进行拟人化的比喻最闻名的则是唐代李商隐的诗句“春蚕到死丝方尽，蜡炬成灰泪始干”，他把春蚕的执着、坚贞表现到了极致，成为千古传唱的佳句。

春雨——生动形象的默称。人们对春雨的赞美由来已久。把春雨的意境表现得最完美的则是唐代大诗人杜甫的“好雨知时节，当春乃发生。随风潜入夜，润物细无声”的名篇。人们把老师比作春雨，把学生比作春苗，春苗需要春雨去浇灌。

蜡烛——温馨动人的称谓。对蜡烛的赞美也源于唐代诗人李商隐的“蜡炬成灰泪始干”的名句。人们歌颂蜡烛，是因为蜡烛默默地燃烧着自己，用自己的光去照亮别人，直至将自己燃尽。说起蜡烛这种品质，人们就联想到敬爱的老师，老师把自己的知识传授给学生，用智慧和品格之光给学生照亮前程，这种“为他人照亮道路，让他人看见光明，燃尽自己耀人间”的无私奉献精神正是对人民教师最生动的比喻。

孺子牛——具有中国特色的喻称。“孺子”是古时对小孩子的称谓。“孺子牛”出自《左传》中记载的一个典故：春秋时，齐景公与儿子嬉戏，齐景公叼着绳子当牛，让儿子牵着走。这个“爱子”故事后来成为人们赞誉的美德。著名文学家鲁迅的“横眉冷对千夫指，俯首甘为孺子牛”名句使孺子牛的精神得到升华和拓展。人们把老师称作孺子牛，是当之无愧最贴切的比喻。我国历来有师生“亲如父子”的传统美德，老师爱学生就像爱自己的孩子，鞠躬尽瘁，不图回报。

人梯——高评价的专称。一个人接一个人踩着肩膀向高处攀登叫作搭人梯，人梯是古代为向上攀高、攻城拔寨、翻山越岭所创造的集体配合行动，一直流传至今。把教师称作人梯，是因为光荣的人民教师具备了为别人的成功，而做出自我牺牲、无私奉献的优秀品质精神。

5.2

类：触类而长，开一代风气之新

“先生之风，山高水长。考察民国大师，梁启超、王国维、陈寅恪、赵元任、鲁迅、胡适、梅贻琦、傅斯年、金岳霖、梁思成、林徽因……他们都是什么样的人，又历经了什么样的人生和时代？有何等气度与风骨？归纳起来，就是开一代风气。教师是崇高的职业，要给学生希望就要有别开生面的精神。这就要求教师能触类而长。触类而长是指掌握一类事物知识或规律，就能据此而增长同类事物知识。于是，本章侧重就教师如何厚植学科育人背景做探讨。”

马道成功

人们往往忽略的是，最优秀的人其实就是你自己。

章序　别开生面厚植学科背景

1　大师们的人生表明，开风气之先，首先要有深厚的知识积累，这是必不可少的前提条件，只有通过不断地学习和实践，才能获得超越常人的造诣；其次，要有独特的创新能力，这是类别于其他人的核心，大师则能够突破传统界限，创造出独具个性的作品或方法；最后，要有卓越的表达能力，这是大师必备的素质，能够将自己的思想、情感、经验和智慧传达给观众，传承给下一代，引起共鸣。可见，真正的大师不仅仅是在某个领域取得了成功，更重要的是他们对于该领域的影响和贡献，以及他们对于持续学习和不断创新的追求。

自开一派需要具备深厚的学术功底、独特的教学理念、较强的科研能力、良好的团队协作能力以及敢于创新和勇于实践的精神，不断学习和更新知识，保持对学科前沿的敏锐洞察力；不断尝试新的教育理念和教学模式，不断完善自己的教学体系。

2 要开风气之先，必须饱学学科、深耕学科，才能跳出学科，自开一派。厚植学科背景就成了重要之举（见图 5.2）。

厚植学科背景的十个视角

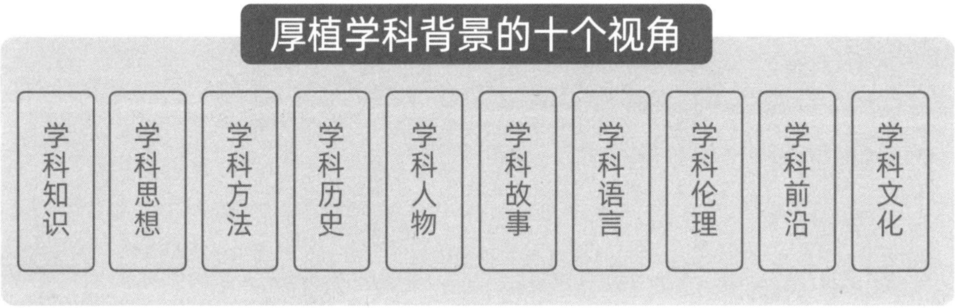

图 5.2

学科知识，学科核心素养形成的主要载体

3 学科知识是指在特定学科领域中所积累的知识体系和学科相关的理论、方法、原则和规律，是指支撑整个学科的基本逻辑体系。学科知识是人类对特定领域进行认知和研究所得的成果，是学科传承和发展的基础。

每门学科都有其特定的研究对象和研究方法，并有特定学科知识体系。比如，数学学科研究的是数量关系和形式结构，物理学学科研究的是自然界的物质和能量，历史学学科研究的是人类的历史事件和历史演变等。学科知识是学科传承和发展的重要基石，通过对历史上的学科研究成果进行总结和整理，人们可以形成学科知识的体系，对学科进行分类和界定。

学科知识是人们认识和应用世界的工具，它不仅可以让人们更加深入地了解世界的本质和规律，也可以指导人们进行实的应用。比如，化学知识可以帮助人们了解物质结构和变化规律，物理知识可以帮助人们解释自然现象的成因和发展，社会学知识可以帮助人们理解社会现象的复杂性和多样性。学科知识可以使人们在各个领域中更加理性和高效地进行思考和行动。

学科知识是人类智慧和创造能力的体现，也是推动学科发展和社会进步的重要动力。它的价值在于不断提高我们的认知，强化我们的理想信念。在学科认知功能上，知识是客观事物的属性与联系的反映，是客观事物在人脑中的主观印象；在生活导向功能上，学科知识可以让人更好地认识生活世界和科学世界，把握其千丝万缕的联系，理解世界的本质；在情绪激发和审美涵养功能上，每门学科的知识都有其内在的情趣，都是神奇美丽，奥妙无穷，都有激发情趣和涵养精神的价值；在思维和智慧启迪功能上，每门学科不仅有自身的研究对象和概念体系，而且有自身的思维方式和表达方式。所以培根在《培根随笔》中的《论读书》一文中说："读史使人明智，读诗使人灵秀，数学使人周密，科学使人深刻，伦理学使人庄重，逻辑修辞使人善辩，凡有所学，皆成性格。"

学科知识是教师的核心竞争力。教师要通过学科知识把握学科的整体构架、知识体系、重点内容等。

学科思想，好老师要具备好的学科思想

4 学科思想就是指对学科发展和学科学习最具影响力的观念、思想和见解，是知识背后的知识。它揭示了学科发展中的普遍规律，支配着学科的实践活动。

每一个学科都有自己的学科思想。数学学科中的学科思想有函数思想、数形结合思想、分类讨论思想、方程思想、整体思想、转化思想、建模思想、化归思想等；化学学科思想有守衡思想、动态平衡思想；生物学科思想有辩证思想、自组织思想；等等。

学科思想是学科教学的灵魂。苏霍姆林斯基曾说："思想好比火星，一颗火星会点燃另一颗火星。一个深思熟虑的教师和班主任，总是力求在集体中创造一种共同热爱科学和渴求知识的气氛，使智力兴趣成为一些线索，以其真挚的、复杂的关系——思想的相互关系把一个个学生连接在一起。"

在知识、能力和思想的学科教学三大要素中，学科思想是学科教学的精髓和灵魂，在很大程度上决定了学生知识储存和能力发挥的状况，并在学生后来的学习、生活和工作中发挥着作用。教师教学的关键就是在学科思想的统领和指导下，开展具体的知识、技能和方法的教学。可以说，只有领悟和把握学科思想这根红线，才能明确

学科课程目标，掌握学科知识体系，认识到其中的规律，教学才能纲举目张。只有成体系的知识和技能，才能成为解决实际问题的方法。由此可见，谁把握了学科思想，谁就能举重若轻地组织教学；谁缺乏对学科思想方法的把握，谁就只能被迫陷入学科知识的汪洋大海之中。

学科教学中往往容易忽视学科思想方法的教学：强调知识的教学，却又使学生的知识学习陷入庞杂、零散而缺乏整合的局面；强调解题技巧的训练，却又使学生的技能学习停留于浅表、机械的水平而缺乏创造。所以，高中新课程改革，其中一个亮点是对思想方法的考查，一些高考试题就是关于思想和观念的考题，这就要求高中教学要更加重视学科思想的渗透。因此，教师教学要注重归纳学科教学思想和特点，突出学科思想在教与学中的引领作用。

学科方法，最需要突破的教学难点

5 学科方法是指能够反映学科知识本质、学科思维特点和学科学习规律的思维方法、研究方法与学习方法，例如，数学学科中的化归法、递推法、列举筛选法，化学学科中的等效法、终态法。一般而言，学科思想对学科方法起着指导作用，学科方法则是学科思想的具体化反映。在很多时候，学科思想与学科方法并没有确定的界限，比如数学中的数形结合既是一种学科思想，又是一种学科方法，因而人们通常将学科思想与学科方法统称为学科思想方法。

把握学科方法在于创生教学方法。无论是核心素养培育，还是课堂“三维教学目标”要求，都是强调让学生在获得知识、获得能力的过程中，掌握学科学习的方法，同时在“情感态度价值观”方面获得协调的发展。教学方法既有教与学的方法，更应有教学生怎么学的方法。好的学习方法就有好的学习结果。教师要努力从学科方法—各学科共性学习方法—不同学科各自学习方法—学生个性学习几个阶段，进行分析建构，围绕预习、上课、作业、复习、考试、课外学习等关键学习节点，善于总结，提出富有成效的学科学习方法，如语文的理解背诵、强化积累、多读多写，数学的多做多思、错题归结、举一反三，英语的单词多背、语法多学、课外多用等，并将这些方法具体细化。同时指导每位学生根据自己特点形成自己喜欢、有效的学习方法，从不同层次不同视角考察学科学习，寻找高效的学科学习方法，努力提高教与学的能力。

学科历史，在历史文脉中寻找规律价值

6　马克思说：“我们仅仅知道一门唯一的科学，即历史科学。”每门学科都有它的历史。学科历史是指一门学科过去的全部实践活动，指的是过去的人和事，从本质上讲是学科的陈迹。同时，任何学科历史知识都有着具体内容，是由时间、空间、条件、经过、人物及其活动等具体要素构成的。这主要表现为：任何历史现象和历史事件都有其发生和发展的时间、空间和条件；都是有头有尾、有实际情节、有具体经过的；都离不开一定的历史人物及其活动。

科学性是历史知识的重要特征，我们所学习的经过科学整理的历史知识并不包括以往一切历史现象和历史事实，而是经过选择、分析并作出正确的解释、说明之后的这一部分历史现象和历史事实，它们是客观真实的，是能够揭示历史发展的基本规律的。因此，教师加强学科教学都应当去了解、学习、研究学科历史知识，通过学科历史，认识学科历史的各种人和事的现象，厘清其来龙去脉，探索其发展规律，体悟其学科启迪，更好地为教学服务。

学科人物，学科世界的伟大脊梁

7　在学科历史中有不少彪炳千古的学科历史人物，如数学的欧几里得、牛顿、莱布尼茨、笛卡尔、欧拉、罗素、高斯；物理的阿基米德、牛顿、爱因斯坦、霍金、麦克斯韦、玻尔；化学的门捷列夫、拉瓦锡、舍勒、卡文迪许；文学的莎士比亚、但丁、托尔斯泰、普希金、孔子、泰戈尔、塞万提斯；等等。在教育教学中，学科人物常常被视为激发学生学习兴趣、引导学生追求卓越、帮助学生理解学科知识、培养学生的思维能力和创造力以及传递价值观和正能量的重要工具。

（1）激发学生学习兴趣。学科人物可以有效地激发学生的学习热情和兴趣。通过将学科知识与生活中的实例或历史上的伟人联系起来，教师可以帮助学生认识到学习的实际意义，并激发他们对知识的渴求。学科人物的成就往往能够吸引学生的注意力，使他们在学习的过程中保持兴趣和动力。

（2）引导学生追求卓越。学科人物不仅是学习的榜样，更是追求卓越的标杆。通过介绍学科人物的成功经历和成就，教师可以激励学生树立高远的目标，并为之努力奋斗。这种追求卓越的精神将促使学生不断挑战自己，提高自己的能力和水平。

（3）帮助学生理解学科知识。学科人物的故事和成就往往与学科知识紧密相关。

通过了解学科人物的生平和研究，学生可以更好地理解学科知识的起源、发展和应用。这种以人物为导向的学习方式将使学科知识更加生动、形象，有助于提高学生的学习效果和理解能力。

（4）培养学生的思维能力和创造力。学科人物不仅具有卓越的学术成就，更展现了出色的思维能力和创造力。通过引导学生探讨学科人物的思想、方法和创新点，教师可以培养学生的批判性思维和创造性思维。这种思维能力的培养将有助于学生在未来的学习和工作中更好地应对挑战和解决问题。

（5）传递价值观和正能量。大多数学科人物不仅是学术的楷模，更是道德和价值观的典范。通过介绍学科人物的品质和特点，教师可以传递正能量和积极的价值观。这种教育方式有助于培养学生的道德品质和社会责任感，帮助他们成为具有担当的公民和优秀的专业人士。比如，介绍一位勇敢面对困难的科学家可以帮助学生理解坚持和不放弃的精神的重要性；介绍一位具有远见卓识的教育家可以引导学生理解教育和知识对于社会进步的意义。这些正面价值观和能量的传递将对学生的成长和发展产生积极的影响。

在教育领域，学科人物以其独特的魅力和丰富的内涵，帮助教师教学，他们通过自身的故事、成就和思想，为教师提供了丰富的教学资源和教学手段，帮助学生更好地理解和掌握学科知识。

学科故事，学科教学的魅力工具

8 学科故事是一种生动且富有吸引力的教学工具，它可以帮助学生更好地理解和掌握学科知识。通过将学科知识融入有趣的故事中，教师可以激发学生的学习热情和兴趣，提高教学效果。将学科知识嵌入生动的故事中，可以增强学科的吸引力，使学生更愿意投入时间和精力去学习；将学科知识联系到日常生活或历史事件中，可以帮助学生发现学科知识的趣味性和实用性；学科故事往往能够以直观、形象的方式呈现学科知识，帮助学生更好地理解和掌握。故事中的情节、人物和事件可以帮助学生形成深刻的记忆，使他们更易于记住和运用所学知识。学科故事往往需要学生进行思考和分析，以理解故事的深层含义和背景。通过引导学生对学科故事进行思考和讨论，教师可以培养他们的批判性思维和独立思考能力。学科故事不仅可以传递知识，还可以传递价值观和正能量。通过讲述具有启发性和激励性的学科故事，教师可以帮助学生形成积极的人生态度和正确的价值观。

9 如何运用学科故事辅助教学？

精心选择学科故事。为了确保学科故事能够有效地辅助教学，教师需要精心选择适合的故事。选择的故事应该与教学内容紧密相关，同时具有趣味性和启发性，能够吸引学生的注意力并激发他们的思考。

巧妙融入学科故事。将学科故事融入教学需要教师巧妙地结合教学内容和目标。教师可以根据教学进度和学生的理解能力，在适当的点引入相关的学科故事，以帮助学生更好地理解和掌握所学知识。

引导学生分析和思考。在讲述学科故事后，教师需要引导学生对故事进行分析和思考。可以通过提问、讨论或小组合作等方式，激发学生的思维和讨论，培养他们的批判性思维和独立思考能力。

与实际生活相联系。为了增强学生对学科知识的兴趣和认知，教师可以尝试将学科故事与实际生活相联系。通过将学科知识应用到日常生活中，帮助学生更好地理解知识的实用价值。

学科语言，学科自己的语言方式

10 现实中我们往往看到这样的情况，学生对题目理解不正确，教师往往认为学生理解能力有问题，是语文没学好，也有人提出“语文为王”的论断。其实每个学科都有自己的语言，其他学科、其他语言都代替不了，每个学科教师都有责任花气力指导学生阅读教材、理解教材。

提高学科语言能力是教师职业发展的重要方面之一。良好的学科语言能力可以帮助教师更好地传授知识，提高教学效果。

11 教师如何提高学科语言能力呢？

要规范使用学科语言。不同学科有不同的专业术语和表达方式。教师首先要掌握规范使用学科语言的方法，包括正确的拼写、发音、语法和标点等。同时，要了解学科的基本概念、原理、公式等，并能够准确、清晰地表述出来。

精炼学科术语。教师在使用学科语言时，要尽量使用精炼、准确的学科术语。过多的修饰语和不必要的词汇会干扰学生的理解，影响教学效果。教师要在深入理解学科知识的基础上，用简洁的语言甚至是顺口溜表述，使学生更容易理解。

培养语言素养。教师语言素养是提高学科语言能力的基础。教师要不断学习、积累词汇和表达方式，提高自己的阅读和写作能力。同时，要关注语言发展的动态，了解新的语言现象和表达方式，保持语言的新鲜感。

注重语言互动。教师在教学中要注重与学生互动，通过提问、讨论等方式激发学生的思维和兴趣。提问要有针对性，引导学生思考，讨论要给予学生充分的自由和时间，鼓励学生发表自己的看法。

注重课堂氛围。良好的课堂氛围有助于提高教学效果。教师要注重营造和谐、轻松的课堂氛围，通过幽默、风趣的语言和学生进行互动，激发学生的学习兴趣和积极性。同时，要注意观察学生的反应和情绪变化，及时调整教学策略，确保良好的教学效果。

不断更新知识。随着社会的发展和知识的更新换代，教师需要不断更新自己的知识结构和教学内容。教师要关注学科发展的动态和趋势，不断学习新的理论和教学方法，提高自己的专业素养和教学能力。同时，也要关注时代热点和社会问题，将它们融入教学中，使教学内容更加贴近现实生活和社会发展需求。

学科伦理，学科知识价值的分水岭

12 学科伦理是指针对特定学科领域的道德和伦理规范。这些规范涉及该领域内的专业行为、责任和义务，以确保学术研究的公正性、客观性和合理性。

在特定学科领域内，学科伦理规范了研究方法、数据收集和处理、研究成果的发布和应用等方面。这些规范旨在确保研究过程的诚实性和可信度，避免学术不端行为和利益冲突。学科伦理也涉及与该学科相关的社会、环境和伦理问题。例如，医学伦理关注人体试验和医疗决策的道德标准，环境伦理关注环境保护和资源利用的道德原则。

教师遵守学科伦理规范是责任所在。教师应该了解并遵守所在学科领域的伦理准则，为学生树立良好的学术道德榜样。同时，教师也应该在课程设计和教学方法中融入学科伦理的教育，帮助学生培养良好的道德意识和责任感。

总之，学科伦理是确保学术研究和实践的道德伦理标准得以遵守的重要方面。教育工作者应该注重学科伦理规范的遵守和传承，以促进诚实、公正和负责任的学术氛围的形成。

学科前沿，前沿是学科发展的关键

13 学科前沿是指某一学科领域中最具前沿性和探索性的研究方向、问题、方法和概念。教育、科技、人才的融合更要了解学科前沿。作为教师，了解学科前沿是提升教学质量和保持教育竞争力的关键。那么，教师如何了解学科前沿？

阅读专业期刊和学术论文。专业期刊和学术论文是获取学科前沿信息的重要渠道。教师可以通过订阅、定期浏览和阅读，了解最新的研究成果、理论更新和发展趋势。此外，教师还可以通过参与学术论文的撰写和评论，提高对学科前沿的理解和把握。

参加学术会议和研讨会。参加这些活动，通过知名学者和专家的主题演讲或分享，教师可以直接了解最新的学术研究和进展，同时也可以与同行进行交流和讨论，获取更深入的见解和理解。

关注知名学者和专家的各类社交媒体账号。许多知名学者和专家会在其各类社交媒体账号上分享最新的研究成果、思考和见解。教师可以关注这些渠道，及时获取学科前沿的动态信息。这不仅可以帮助教师了解最新的学术进展，还可以引发教师的思考和讨论。

加入专业学术组织或团体。让教师成为学科前沿的积极参与者。通过参与组织的活动，教师可以与同行进行深入的交流和合作，共同探讨学科前沿问题。

利用网络资源的优势。互联网是一个非常丰富的信息源，教师可以搜索相关的学术网站、在线课程和教育资源，以获取更广泛的教育内容和学科动态。此外，教师还可以通过在线社区和论坛与同行进行交流和学习，分享彼此的经验和见解。

14 将学科前沿融入课程是提高教学质量和培养学生综合素质的重要手段。如何帮助教师将学科前沿融入课程呢？

丰富教学内容。将最新的研究成果、理论和实践引入课堂。这不仅可以让学生了解最新的学科知识，还可以激发他们的学习兴趣和探索欲望。

引入案例教学。案例教学是一种以实际案例为基础的教学方法，可以帮助学生将理论知识与实际应用相结合。教师可以选择一些学科前沿的案例，引导学生进行分析和讨论，加强学生对理论知识的理解和掌握。

增加实践环节。教师可以设计一些与学科前沿相关的实践项目，让学生亲身参与其中，培养他们的实践能力和创新思维。

开展探究式教学。教师可以引导学生探究学科前沿问题，鼓励他们提出见解和解决方案，培养学生的创新能力和科学素养。

加强行业合作。通过与行业合作，教师可以引入更多的实践资源和案例，丰富教学内容，同时为学生提供更多的实践机会。

参与科研项目。鼓励学生参与科研项目，让学生亲身参与学科前沿的研究和实践，培养学生的科研能力和创新思维。

总之，了解学科前沿是教师保持教育竞争力的重要任务。这不仅可以帮助教师提高教学质量，还可以促进教师的专业成长和发展，更能了解现实的科技世界。

学科文化，提升核心竞争力的关键途径

15 学科文化是学科在形成和发展过程中所积累的语言、价值标准、伦理规范、思维与行为方式等的总和。长期以来，大学一直非常重视学科建设，而基础教育则存在一个误区，认为基础教育只是课程建设。新的课改强调学科育人，学科育人必须加强学科建设，而学科文化是学科育人的重要内容和途径。

学科文化是学科内在的价值和魅力，是学科发展过程中形成的独特知识和精神财富。教师利用学科文化促进教学，不仅可以提高教学质量，还可以培养学生的文化素养和综合素质。教师厚植学科背景，学科文化是重要的内容。为此，教师要努力做到：

挖掘学科内涵。每个学科都有其独特的内涵和文化背景。教师可以通过挖掘学科的内涵，向学生传递学科的美学、哲学、历史等方面的价值，激发学生对学科的兴趣和热爱。比如，历史教师可以引导学生了解历史事件的背景、过程和意义，让学生感受到历史的厚重感和智慧；美术教师可以引导学生欣赏艺术的魅力，挖掘美术作品背后的故事和思想，培养学生的审美能力和创作思维。

涵育文化素养。教师通过课堂教学、课外活动、阅读推广等多种方式，培养学生的文化素养。比如，英语教师可以引导学生阅读英美文学经典，了解西方文化背景和思维方式；语文教师可以引导学生阅读中国古代经典，感受中华文化的博大精深。通过培养文化素养，教师可以帮助学生拓宽视野，增强跨文化交流的能力。

创新教学方式。教师根据学科的特点和学生的需求，采用多样化的教学方式，如情境教学、项目式学习、合作学习等。比如，地理教师可以采用情境教学的方式，让

学生模拟旅游导游，在虚拟场景中了解地理知识和文化；物理教师可以采用项目式学习的方式，让学生通过实验和研究，探究物理规律和文化内涵。

拓展学科视野。拓展学科视野是利用学科文化促进教学的关键。教师可以引入相关的知识和信息，将学科知识与其他领域进行联系和比较，拓展学生的学科视野。比如，数学教师可以引入数学史的知识，让学生了解数学的发展历程和思想方法；化学教师可以联系生活中的化学知识，让学生了解化学在日常生活中的应用。

实践文化传承。开展相关的实践活动和文化传承活动，让学生亲身参与其中，感受文化的魅力和价值。比如，语文教师可以组织诗词朗诵、书法比赛等活动，让学生传承中华文化的精髓；历史教师可以组织学生参观历史文化遗址和博物馆等，让学生感受历史的真实感和厚重感。通过实践文化传承，教师可以培养学生的文化自信和传承意识。

提升教师魅力。教师的人格魅力、教学风格和教育理念等都会对学生产生积极的影响。教师要以“我就是学科”的信念，将自身融入学科之中，不断提升自己的教学能力和学科专业素养，体现学科特质，增强学生对学科的认同感和兴趣度。

开基础教育学科建设一代先风

16 学科建设是基础教育事业中的一项前所未有的重要任务，旨在培养学生的学科素养和综合能力。教师有了学科背景的深度厚植，就可以重建知识结构，就有可能革新、创新，成为一家之先。随着基础教育课程改革的深化，学科育人的落实、核心素养的培育都需要基础教育加强学科育人建设。通过学科育人，学生能够掌握学科知识，培养创新思维，提升解决问题的能力，为未来的发展打下坚实的基础。因此，作为一项新的事业，教师学科背景厚植与学校学科建设应当同步进行，并以此，开出一代新的风气。

5.3

拔：拔新领异，让思想的光芒辉耀人生

“

人生通常有认命、知命、立命三种态度。认命是消极态度，某种程度上讲就是“躺平”；知命就是不安于现状，懂得思考并了解全局；立命就是基于前者，提出自己的主张，至少是有自己的想法，并积极实践从而创业立业的人。人生追求有两个基本层次：一个是物质的，形而下的，是动物性的表现；一个是精神的，形而上的，是神性的表现。人从懂事起，就处在这两种张力之中。教师的责任就是要给教育对象追求物质生活的技能和追求精神生活的动能。前者叫教书，后者叫育人。所以，教师“培根、铸魂、启智、润心”，当在“立命”有为上努力向上、向前。

”

马道成功

人的思维能力一辈子都在拔节生长。

章序　拔节人生的建设性贡献

1　人生有生存、生活、生命三层境界。生存就是解决温饱问题；生活就是好好珍惜，活在当下；生命就是要寻找一条属于自己的道路，坚持地走下去，做到极致，帮助更多的人，成就更多的人。

人生价值在于奉献。做别人不愿意做的事情，做别人不敢做的事情，做别人做不到的事情，做别人没想到的事情，这是一个有教育家情怀、有教育家志向、有教育家行动的教师应该努力探索的路向。教师是一个需要做对人生和人类有建设性贡献的职业。弘扬教育家精神就是要求教师以教育思想、教育主张为教育事业作出建设性贡献。因此，2024 年 8 月 26 日发布的《中共中央　国务院关于弘扬教育家精神加强新时代高素质专业化教师队伍建设的意见》提出“鼓励支持教师和校长创新教育思想、教育模式、教育方法，形成教学特色和办学风格”。

翻越自己的最高峰

概念能力，事物本质规律的探测器

2　世界是概念的世界。世界是概念的，没有概念，便没有世界的存在。混沌是认知的混沌，是不曾概念的混沌。人首先将自己概念化，男人女人，大人小孩，聪明的愚蠢的，商人、学者、教师、警察，君子、小人……都是概念，但在婴儿眼里，这些什么也不是。在概念人类自身的同时，也概念周围的世界，天地不单是物质的概念，亦有灵魂甚至神性概念的缔造。

3　什么是概念？概，古代一种量具的用词，表示对古代量具“斛”的满量状态做出校准。古代在量米粟时，使用木板在斗斛上刮平，使其处于一定范围以内，不至于过满。念为“今”“心”，心通思，指自然的思维。概念是人类在认识过程中，从感性认识上升到理性认识，把所感知的事物的共同本质特点抽象出来，加以概括。概念是自我认知意识的一种表达，是人类所认知的思维体系中最基本的构筑单位。

《现代汉语词典》对概念的定义是：“思维的基本形式之一，反映客观事物的一般的、本质的特征。人类在认识过程中，把所感觉到的事物的共同特点抽出来，加以概括，就成为概念。比如从白雪、白马、白纸等事物里抽出它们的共同特点，就得出‘白’的概念。”概念可以用词语、符号、图像等形式进行表达。

概念具有两个基本构成，即概念的内涵和外延。概念的内涵就是指这个概念的含义，即该概念所反映的事物对象所特有的属性；概念的外延就是指这个概念所反映的事物对象的范围。概念就是要利用简单的语言把复杂的问题描述清楚，讲得明白，方便别人理解，使得概念可以快速传播。正如曾有人描述教授与总裁身份的区别：做教授的时候，一句话变八句话说；而做总裁的时候，八句话变一句话说。

4 概念能力指把握全局，把握局部与局部之间的关系，以及把握事物发展趋势的能力。简单地说，就是对复杂情况进行抽象化或者概念化处理的能力。概念能力就是将复杂问题简单化的能力，是指分析与诊断问题，直击本质，找到核心问题和影响核心问题的关键因素，得出最佳解决方案，并将具体问题抽象化、概念化的能力。概念能力实质是发现本质、规律的能力，然后利用规律高效解决问题。

概念能力可以拓宽视角，形成系统化的思维；可以将具体问题抽象化为规律、方法论，进一步应用到更广阔的领域。概念能力，本质上是理论思维能力，理论思维能力也是最高层次上的思考力。个人的理论思维能力可以通过学习、研究、掌握理论，并与实践相结合，从而获得不断的发展提高。

概念能力是对事物本质深度理解和高度提炼的能力，是人们理解事物，传播思想方面需要的总结和抽象能力。职场中的概念能力是一种很重要的能力。

5 概念能力无处不在。柳传志的“管理三要素”即“搭班子、定战略、带队伍”，把管理的核心要素抽象出来了，搭班子是组建核心团队，制定团队使命、愿景，价值观；定战略就是定目标、规章制度；带队伍就是培养人才。比如华为的“以奋斗者为本”、清华的“自强不息，厚德载物”等，这些都是对复杂问题抽象化后形成的概念，是概念能力的表现，易于理解和传播。概念能力让我们有机会重新定义行业，成为行业的引领者，如马云提出“让天下没有难做的生意”的概念，从而创建了淘宝和支付宝。

6 罗伯特·卡茨提出管理者三大能力：专业能力、人际能力和概念能力。这三种能力并不只属于天才，而是每个人都可以学会的。

见解形成主要依靠概念能力。具备概念思维的人，往往也是深度思考者和具备系统思维的人。看问题从来不只看表面，而是看背后的逻辑，底层的架构。要深入思考，系统思维，了解事物的本质，遇到问题多问几个为什么。像剥洋葱一样抽丝剥茧，寻找到问题真正的原因。

具备概念思维的人有跨界思维的意识，能跳出问题看问题，利用升维思考、降维打击的方法解决问题。比如，如何用 6 根火柴摆出 4 个正三角形？如果只是在平面上摆，无论如何也搭不出 4 个正三角形。只有具有空间思维框架，用立体的方式去思考，这个问题才能轻而易举得到解决。

7 一般来说，管理者、教师、培训师、广告设计师等文化或知识的传播者，需要将复杂问题简单化，让受众能够快速了解事物的本质和原理，达成自己工作目标。

教师都是自我管理和管理者，是需要概念能力的重要对象。作为教师，最高级的教法就是深入浅出，自然需要提高概念能力，这就要吃透课程的知识点，并且把知识点之间的关联搞清楚，很多老师都编制口诀方便学生记忆知识点，比如历史中的“朝代歌”、数学的“乘法口诀”等，都是教师通过抽象总结形成的易于记忆的概念。

8 概念定义的表达类型。其中种差简单说就是物种的本质差别。

（1）性质定义：以事物的性质为种差的定义。

例：心理学是一门研究人类心理现象及其影响下的精神功能和行为活动的科学。

（2）发生定义：以事物形成的方式或方法为种差的定义。

例：领导是通过影响他人或组织实现协同创效的过程。

（3）关系定义：以事物间的关系为种差的定义。

例：暗物质是理论上提出的可能存在于宇宙中的一种不可见的物质，它可能是宇宙物质的主要组成部分，但又不属于构成可见天体的任何一种已知的物质。

（4）功用定义：以事物的功能为种差的定义。

例：血糖仪又称血糖计，是一种测量血糖水平的电子仪器。血糖仪从工作原理上分为光电型和电极型两种。电极型血糖仪的测试原理更科学，电极可内藏。

9 提高概念能力的科学性主要做到“五要五不要”。

（1）要精准性定义，不要泛泛而言。中国传统文化长于“命名”，短于“下定义”。比如孩子一生下来首先想到的是取什么名字。命名，就是给事物定个名称，人为地把这个词和物品建立起关系。比如“榆树”“槐树”“枫树”，是给不同的树命名，能在具体树种和人的认知之间建立联系。但仅通过命名无法构建起严谨的植物学，还需要按植物体系分类方法阐述，这就需要下定义的方法，按照植物拥有的器官不同，进行植物类别的划分，建立起“界门纲目科属种”的科学体系。

元创链接

“市场营销”如何定义

关于“市场营销”的定义，有人说，市场营销是活动推广；有人说，营销是降价促销；有人说，营销就是打广告……其实，这些都不是定义，而是说法。下定义是用简洁而明确的语言指出被说明对象的本质特征，把容易与之混淆的对象区别开来的一种说明方法。上面几种市场营销的说法，都是描述市场营销的现象，而不是本质。如果把市场营销定义为“构建和深化企业与客户的关系”，那就能够触及市场营销的本质，构建出完整的概念体系了，有了这个定义，从客户的角度来看，市场营销代表着整个企业；从管理者的角度来看，制造、人事等各种职能都必须要为市场营销服务；从研究者的角度来看，市场营销是企业的核心职能，它需要一套独立的工作和方法论。“道生一，一生二，二生三，三生万物”，而发现事物本原的“道”，主要依赖于概念能力。

（2）要系统性思考，不要简单罗列。人们赖以发现本质规律的概念能力，不能简单比较或罗列表面元素，而是要经过系统化思考，才可能抓住主要矛盾，提出深入而稳定的解决方案。不少人在工作总结时存在“只知道罗列、不知道逻辑”的问题就是如此。

概念能力弱的人，常常就是“没想到”三个字，而高手普遍具备系统思维。系统思维包括个体、关联和目的三个关键要素，即关键要理解系统的基本目的，并通过个体元素的组合、创新，找到高效的解决方案。比如，近几年国内各航空公司的航班延误率降低很多，表面上看好像航空公司的管理效率进步很大。但其实仔细观察，你会发现是管理部门把每个航班的计划飞行时间增加了 25%，才是延误减少的主要原因，这是改变了系统个体的关联所致。

（3）要本质性挖掘，不要只靠经验。在常见的工作中，有两种思维定势，一种是照搬经验，人们从具体工作中得到一些经验，然后简单地搬运到类似的工作场景中，却无法把经验进行融会贯通，创新性地解决复杂的新问题，就如只知道勾三股四弦五，却总结不出勾股定理一样；另一种是，从书本和课堂上学到一些理论知识，却无法应用于实践，去真正解决问题和创造价值，这种就是只懂得书本上的“马克思主义”，无法创造出现实中的“毛泽东思想”，现实中要按“实践—经验—思考—创新—理论”的完整循环进行，从每一次实践经验中，通过自己的“感悟”，创新性地总结和输出属于自己的理论并应用于新的实践，得到新的经验……让自己的知识不断更新和升华，这就是提升概念能力的主要方法。凡是说不出来、写不出来，不能灵活地创新应用，不能转变为价值的“知识”，那都不是真正的知识。

（4）要简约性表述，不要堆积知识。在项目、成果、论文中，存在一个普遍的现象，就是题目很长、要素特多，这也不舍得丢、那也不舍得丢，缺少复杂问题简单化的思维能力，化繁为简正是构成概念能力的基本条件。稻盛和夫说：“聪明人做事，都是把复杂问题简单化，而不是把简单问题复杂化。”从这个角度来看，概念能力表现出来的是大道至简。它不是简单地罗列、堆积知识，而是一种洞察事物本质、透彻理解规律，从而深刻改变世界的能力。不少教师教学中的小窍门就是化繁为简的概念能力。

（5）要高阶性价值，不要低俗庸俗。价值观是概念的思想旗帜，具有方向性、引领性、激励性和集聚性。通过概念将现象的位置固定住，怎么固定、固定在什么位置，都要认真提炼和建构。在这过程中最普遍、最容易忽视的往往是价值观的锤炼。在许多成果、项目中，往往缺少主题、主线，让人知其然不知其所以然，其根本的原因就在于，缺少价值观的引领，也就是要回答“为什么”的根本问题。因此，要挖掘立事立人的价值观，价值观发现了、立住了、稳固了，形成了价值观概念，主题、主线也就自然而然地清晰了。

模型思维，萃取自己的思维模型

10 点线面体的思维质态。笔者对思维分类进行梳理，从类似的线性思维和逻辑思维中取用了线性思维，从类似的模型思维和系统思维中取用了模型思维，由此，将思维模型分成散点思维、线性思维、结构思维、模型思维四种，分别呈现出点、线、面、体的不同的形态和特征。

散点思维是指所有的知识或者认知都是独立的、零散的，没有相应的联系，思维节点存储任意信息片段，可以是想法、信息、灵感、知识等。点状思维是一种非常片面的思维，只能看到问题的表面，不具备了解事物原因和本质的能力。比如，一个公司业绩上有问题，自己不知道哪里出了问题，听到朋友说是产品设计的问题，就去解决产品设计的问题；看了一篇文章说团队激励可以提升业绩，又去关注团队激励。散点思维简单说就是“东一榔头西一棒”“脚踩西瓜皮滑到哪里是哪里”，这也是很多人学了很多知识却没有用或者效用不大的原因所在，缺少知识之间的联系。

线性思维是指通过归纳法和演绎法对知识进行线性连接。在逻辑推理时，就是由A推导出B、再由B推导出C的过程。线性思维的典型形态是大前提、小前提、结论的三段论。比如，苏格拉底三段论：所有的人都是要死的（大前提），苏格拉底是人（小前提），所以苏格拉底是要死的（结论）。三段论是典型的线性思维，把一些知识进行了一定的串联。线性思维是一切思维的基础，但局限性在于：线性思维会让思维变得单向而局限，看不到事物之间更多方向、更复杂、更曲折的因果关系，只关注到局部而忽略整体。而宽框架要求我们能够站在更全面的角度思考问题，这就是结构思维。

结构思维是把多个逻辑知识进行结构化的整理，形成稳定的结构思维，可以解决复杂问题。最核心、最典型的结构思维就是芭芭拉·明托的《金字塔原理》。它需要遵循四大原则，即结论先行、以上统下、归类分组、逻辑递进。结论先行，是指结论只有一个中心思想，并放置于金字塔顶端，统领整个中心思想和表达；以上统下，就是上一层是下一层的核心观点或者结论，上一层统领下一层；归类分组，就是把有相同属性的事物放在同一组；逻辑递进，是指左右的部分要按照一定的规律顺序排序。思维导图就是将多而复杂的知识点，以结构化的方式呈现，虽不是模型，但它也呈高度结构化，与模型异曲同工。

最常见的结构思维是斯蒂芬·科维提出的四象限分类法，实际上四象限分类法是根据二分法演变来的，也就是用不同的角度使用二分法切割了两次。如时间管理矩阵，根据事情的轻重缓急，采取不同的应对策略。

时间管理矩阵

轻重缓急	重要／不紧急	重要／紧急	不重要／不紧急	不重要／紧急
应对策略	每天做	马上做	不做	找人做

结构思维帮助我们很好地聚焦问题，避免了线性思维的不足，更多地参与实践和运用，可以帮助解决实际的问题。

构建思维模型的能力就是模型思维，是日常做事经验事后复盘的抽象集合，指以结构思维为框架，碎片化知识填充，形成稳固可视化的模型。模型思维可以左右脑协同记忆，使思维更完整更快速，可以快速解决复杂问题。掌握模型思维后，看待事物能非常透彻，直达本质。

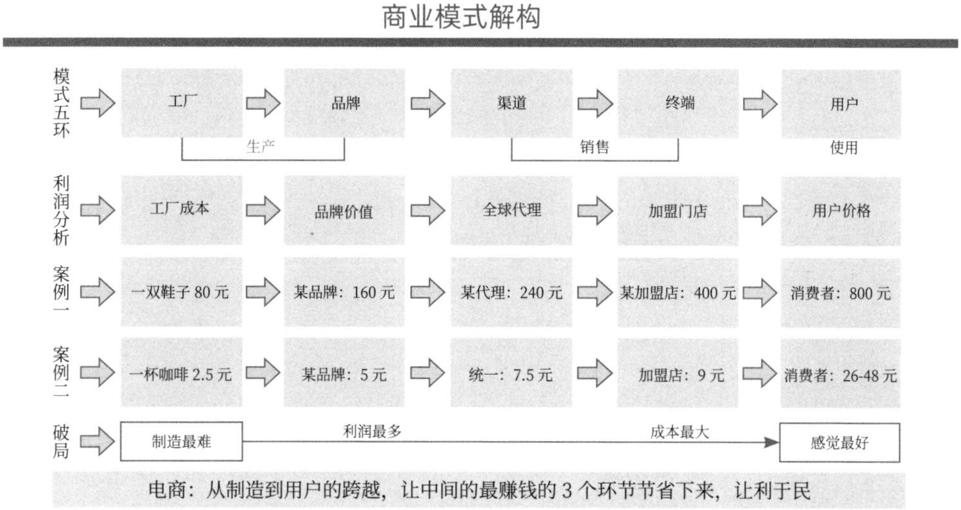

图 5.3

从上述商业模式图（见图 5.3），可一目了然地看到为什么淘宝购物价格低得超越想象。

模型思维包括知识提炼能力、结构化思考能力、经验萃取能力等。知识提炼能力，如源于日本的“5S”管理办法，即整理 (Seiri)、整顿 (Seiton)、清扫 (Seiso)、清洁 (Seiketsu) 和素养 (Shitsuke)5 个词的缩写，因为这 5 个词日语中罗马拼音的第一个字母都是“S”，所以简称“5S”，是指在生产现场对人员、机器、材料、方法等生产要素进行有效管理。由此可见，模型并不只是靠习得，也可以自己萃取。

什么样的人具备模型思维？第一个突出群体是教师，特别是大学教授。比如，从上小学到上大学，无论是哪门学科，老师都会教授一些口诀、短诗来方便学生记忆和解决问题。小到乘法口诀，大到微积分公式，都是用了思维模型的方法去简化和压缩庞大的信息。第二个群体就是企业高管或经理。比如，以前华为内部做汇报，要求一页 PPT 就把一个复杂事情讲清楚，很多高管离职后都会觉得这段经历非常有价值。因为从中体现出对问题思考和表达的精炼度。行动、思考亦是如此。有一个能力因素对个人职业发展很重要，就是做方案和 PPT 的能力，这是对个人模型思维的最好实践与锻炼。第三个群体，称之为专家。越是职级高，越是具备模型思维，体现在思考问题与表达问题都是结构化的。

思维的弹性。现代心理学发现，人的理性是有边界的，是有限的理性，有很多非理性的侧面，有时就会从自信变为固执。固执与人的思维弹性有很大关系，思维弹性低的人，一旦形成认知就认死理，很难做出调整。而思维弹性高的人，会根据实情不停地思考认知，进行持续性地思考、突破和调整，达到动态的理性，因而思维品质较高。因此，我们要从点线面体方面不断提高思维的弹性。

思维模型，让你看清更真实的面貌

11 模型思维目的是要建立思维模型。模型是真实世界在某一个场景下的运行规则。建立模型是挖掘复杂世界本质规律的基本途径。从经验中总结规律、抽象出来并变成清晰表述的谚语、公式、定律，这些浓缩之后的经验就是模型。可以说，谚语、公式、定理，本质上都是一种模型。比如，不管什么东西从上到下都会落在地上，由此可以抽象出模型—万有引力定律。很多思想词汇都有模型，如太极阴阳八卦图、双鱼图都是有非常深刻内涵的模型。

模型的特点主要表现为：简约性，模型都去掉了某些细节，直接呈现核心内容；逻辑性，如物理规则，大多可以表现为某个公式；时空性，所有的模型都是不全面的，任何单一模型，都没法解释复杂世界，必须用多个模型。

12 思维模型就是更有逻辑地思考或分析问题的结构化框架。即，对某个实际问题或客观实物、规律进行抽象后的一种形式化表达方式。思维模型是由浅入深地对信息进行高效压缩和总结，能让人更快速地识别问题、分析问题、解决问题。所以，查理·芒格说，能解决问题的有效策略都可以叫作思维模型。而且步骤很简单：经验理解—用科学的方法进行分析—用科学模型和学科原理进行更深层次的解释—上升哲学视角。

思维模型有着十分重要的意义。人类靠什么解决问题？靠的是工具，主要有两种工具：一是物理工具，二是思维工具。物理工具是你看得见摸得着的工具，比如你在墙上钻洞，要用到的物理工具就是电钻。思维工具是你看不见摸不到的，比如“退一步海阔天空”。对这句话理解得越深刻，今后就越能知道在什么时候对什么人使用这种思维工具，这样有助于避免不少的麻烦。这也叫作算法或套路，它不需要我们记住每一种情况，而是一旦掌握，就可以处理所有类似情况。

思维模型是人类社会智慧的优雅表达方式，是个人专业深度的一种体现。查理·芒格说过：“要想成为一个有智慧的人，必须拥有多个模型。模型是对现象世界的高度抽象和表达，模型可以用于描述、预测、干预，甚至控制。”模型能快速解决问题，拥有的模型越多，看待世界就越完整。模型会带领人们认知事物的底层逻辑。模型能高效地呈现思想。高度结构化地呈现思想，是高效模型化呈现的核心。而构建模型，是将自己过去的行为模式显性化，同时通过分享你的模型来提升个人品牌。资历深的教师，需要提炼自己的方法论模型；经历短的教师，可以萃取前人的经验。有方法论与无方法论的人，做事情的方式与结果完全不同。所谓套路越多，解决问题的能力就越高。

思维模型的几种形式：口诀模型，如麦肯锡的“7S 模型”等，口诀模型需要强大的文字能力；公式模型，要求有一定的数学能力，所以模型较少；拟物模型，就是模拟自然界的事物，如“陀螺模型”“冰山模型”，拟物模型容易让人理解记忆，又令人认同其专业性。

13 提炼思维模型的几种方法：

（1）提炼压缩信息，将复杂的文字解说压缩成简短字符，通常可以用我们生活和教学中的经验道理来总结。如将信息压缩成成语、俗语以及一句话都可以。如果一时无法总结，可以将信息中出现的关键词进行标注，出现频率高的词就是这个信息的重点。这就是将普通的经验转变成抽象的思想和学科理论，再上升到哲学领域的一种思维模型。

（2）不断复盘反思，用通俗易懂的经验和道理进行总结后，复盘这个词，将这个词再放到现实中去回顾一遍经过，会发现很多一开始没有发现的东西，并解决一些问题。类似这样的过程也是提炼思维模型的方法。

（3）追问思考本质，奥利弗·温德尔·霍姆斯说：一旦有了新想法，一个人的思想就永远不会恢复其原始尺寸。我们在思考的过程中，要始终坚持置疑设问，多问自己几个为什么，不断地加入新的想法，考虑事物深层的道理。

（4）借鉴参考迁移，借鉴和参考某领域最权威的信息，也就是站在巨人的肩膀上获取信息，了解领域内最高级的思维，比自己冥思苦想很久要深刻得多。

14 有专家将思维模型分成经验、流程、学科、哲学四类。经验类模型指的就是靠自身经历以及亲眼所见的经验技巧来作出决定。比如，打蛇打七寸，这是前辈们留下来的经验，指的是做事情要抓重点。流程类模型指的是一些已被验证可行的具有标准化、流程化的方法论，比如金字塔分析法、马斯洛需求层次模型等，可以直接把具体问题套在模型上分析，就能得出答案。学科类模型是把重要学科的重要原理提出来，组成一种思考解决问题的思维模型，如化学元素周期表。哲学类模型是从提问和思维方式的层面上去寻找方法，它建立在“如何思考”的知识上，是最接近事物底层的模型，直接影响着一个人底层基础的认知信念，如演化论等。

15 不同的模型，应用场景是不同的。模型都有自己的应用前提，一旦前提变了，模型就变了。意思截然相反的俗语就是因为适用场景的不同。

元创链接

意思相反的俗语

（1）好马不吃回头草；浪子回头金不换。
（2）兔子不吃窝边草；近水楼台先得月。
（3）车到山前必有路；不撞南墙不回头。
（4）礼轻情义重；礼多人不怪。
（5）一个好汉三个帮；靠人不如靠己。
（6）亡羊补牢，未为迟也；亡羊补牢，为时已晚。
（7）瘦死的骆驼比马大；拔了毛的凤凰不如鸡。
（8）宁为玉碎，不为瓦全；留得青山在，不怕没柴烧。
（9）人不可貌相，海水不可斗量；人靠衣裳马靠鞍。
（10）退一步海阔天空；狭路相逢勇者胜。
（11）三百六十行，行行出状元；万般皆下品，唯有读书高。
（12）书到用时方恨少；百无一用是书生。
（13）金钱不是万能的；有钱能使鬼推磨。
（14）捉贼捉赃，捉奸捉双；欲加之罪，何患无辞。
（15）青取之于蓝而胜于蓝；生姜还是老的辣。
（16）有缘千里来相会；不是冤家不聚头。
（17）量小非君子；无毒不丈夫。
（18）一寸光阴一寸金；寸金难买寸光阴。
（19）日久见人心；人心隔肚皮。
（20）光阴似箭；度日如年。
（21）不入虎穴，焉得虎子；老虎屁股摸不得。

（22）百善孝为先；忠孝不能两全。
（23）人定胜天；天意难违。
（24）哪里跌倒哪里爬起；一失足成千古恨。

高阶思维才有超拔的人生信仰

16　你有没有想过，为什么同样的职业起点，不同的人最终所站的高度截然不同？为什么同样的工作付出，最后所得却有多有少？为什么同样的人生年龄，有些人却活得比你自在，硕果累累？答案只有一个，就是高阶思维。知识不再改变命运，思维方式才改变人的命运，而高阶思维则是根本之道。教师要有教育信仰，坚定教育信念，必须通过提高概念能力、增强模型思维、建立多元模型，不断促进自己的思维升阶。

5.4

萃：荟萃人才，抱团开创教育大美山河

> 英雄是辈出的。五人团结一只虎，十人团结一条龙，百人团结像泰山。团结就是力量，团结要靠团队。一类风气、一代名师，只靠一两个人是不行和不够的，团结和集聚一批不同层次、不同特长的精英人才，形成强有力的团队，使团队成为一种力量、一种精神、一种信念，是一起走向成功的保证。众人开桨划大船，以团队精神力量开拓未来。

马道成功

让你的智慧带着群体共同向前是一种幸福。

章序　荟萃精英群体的思想力量

1　一起迎接挑战，一起分享喜悦，这就是团队精神。精英团队凝聚力是一种无形的力量，可以让我们超越自我，实现更大的目标。只要齐心协力，我们就能创造奇迹，实现我们的梦想。通过思想团建，让精英者的思想智慧直指伟大的职业信仰。

以思想共筑教育山河的十个环节

思想就是江山的主轴，一个思想就是一个事业的领空（见图 5.4）。

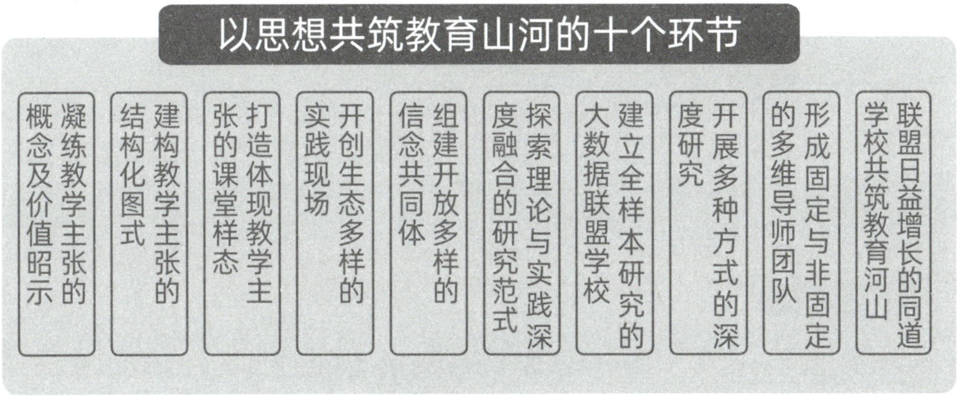

图 5.4

凝练教学主张的概念及价值昭示

2 教学主张找到你教育的热爱。教学主张是教师提炼出来的、具有独特个性的教学理念和教学见解。在当今的教育环境中，教学主张作为一种具有创新性和实用性的教学理念，越来越受到教师和学生的关注。教学主张是教师在教学中所坚持的核心理念和原则，是教师对教学活动理论化、结构化的教学见解和教学理解，是教师根据自己的专业知识和教学经验，结合学生的学习需求和发展目标，形成的一种具有个性化和创新性的教学理念和教学思想。

教学主张是教师教学实践的个性化标志和事业的灵魂。教学主张的意义在于推动教育创新和提升教学质量。通过明确的教学目标、多元化的教学内容、创新的教学方法以及关注实践现场，教学主张旨在培养学生的综合素质和创新精神，促进学生的全面发展。同时，教学主张还能够激发教师的教学热情和创造力，提高教师的专业素养和教学水平。凝练教学主张有利于教师彰显教学风格、形成教学特色、深化教学实践、集聚同道同仁。

教学主张的内容包括教学目标、教学内容、教学方法和实践现场等方面。首先，教学目标应明确具体，反映学生的学习需求和发展目标。其次，教学内容应多元化，涵盖知识、技能和情感等多个方面，并与实际生活紧密结合。再次，教学方法应创新，采用多种形式的教学活动和手段，激发学生的学习兴趣和参与度。

3 提炼教学主张的基本环节。提炼教学主张的基本环节有多种表达，仁者见仁，智者见智。笔者结合自己的实践，认为主要有“立题定向、提炼概念、建构模式、理论检测、实践验证、反思完善”六个基本环节：

（1）立题定向，教师在长期教学实践的基础上，根据孩子的天性、学科的特性和教师的个性的“三性”，寻找自己最心动、最理想、最喜欢的教育理想话语，确定教学主张的主题。

元创之道

教学主张是从哪里来的

从已发表文章中找。将多年发表的文章题目做成目录，寻找各个题目中出现的高频词语，从中寻找共性的主题和内容。

从教学理想中求。根据自己多年的教学经验，提出自己心目中最理想的教学理想，用一句话表达出来。有时会总结出四五句话，遇到这种情况，先将几句话合并压缩成一个长句，再将长句压缩成一个短句，继续将短句压缩成一个词，然后将这个词定位为教学思想，还是教学方法、教学模式等。

从自身教学行动中挖。请同事和专家以他们的眼光提炼出你个人的教学特色、教学风格和教学个性等，找到适合的语意表述。

从国家教育改革要求中做。根据国家教育教学改革的要求，提出样本化的、教师个性化的表达。

从他山之石中借鉴迁移。跳出教育想教育，跳出教学想教学，将其他教育、其他行业的概念理念引用、借鉴、迁移、改造和创新，可以参照得出自己的教育主张。

从工作室团队中议。自己的教学团队是最了解自己的，可以通过团队成员讨论、分析，提出教学主张的建议。

从所在学校的教学文化和课堂教学模式中移植。有的教师长期在一所学校，对学校的历史、文化、特色等都很了解，可以从学校传承的历史中去挖掘提炼。

从与专家学者的交流中去得。教学主张无论是产生，还是提升都需要专家的帮助，可以请专家对自身的想法进行学术上的支持与帮助。

（2）提炼概念，这个概念为教学主张的大概念，可以是一个词、一句话，但必须是反映本质特征的关键词句，是教师教学追求和教学智慧的最核心最响亮的表现。

（3）建构模式，是教师从理论层面完成对教学主张的阐述和证明，形成基于教学大概念的理论内核，勾勒出教学主张的基本轮廓并构建相关模式和操作策略，以保证教学主张的达成，一般按概念内涵、价值主张、思想观点、原则要求、实践路径、机制保障等形成金字塔结构模型。

（4）理论检测，根据结构化模型进行理论检测，进一步增强其科学性、逻辑性、哲思性，形成合乎逻辑的教学见解，进而指导教学实践。

（5）实践验证，实践是检验真理的唯一标准。教学主张基于教学实践，又回归于教学实践，接受教学实践的检验，并形成大量的实证数据和佐证材料。

（6）反思完善，通过操作层面的反复实践，就教学主张方向准不准、理论行不行、表达通不通、实践好不好、影响大不大等，不断进行相关修订、完善、丰富、发展。

4 从不同视角生发有个性的教育教学概念。在余文森先生提出的视角基础上，笔者总结出四个视角：

学科视角，体现学科特质。重视和体现学科的本质、性质、特点、功能和任务，如“情境语文”“文化语文”“感性语文”“智慧数学”等教学主张，它们分别从不同视角反映和彰显了学科的精神内涵和价值追求。

儿童视角，体现孩子天性。重视和体现儿童身心特点和儿童精神。美国当代著名教育学家爱莉诺·达克沃斯明确指出：教学即儿童研究，儿童研究不仅是教学的基础和前提，而且教学本身就是一种儿童研究，教学过程就是儿童研究的过程，儿童研究的目的是“诞生精彩的观念”。如“童韵语文”“童趣数学”“快乐品德”“儿童视角的品德”“儿童创美”等。

教育视角，体现育人根本。教育性是教师提炼自己教学主张的核心视角和主要途径，重视和体现学科育人的特质，如“创想教育”“大成教育”“感应教育”“人格语文”“人文素养导向的历史教学”教学视角，体现方法创新。“化错教育”“尝试教育”都是强调和体现以人为本的教育价值。

教学视角，体现理想追求，如“对话教学”“简约数学”“情智语文”“有思想的教学”“生动语文课堂”等。

5 教学主张的多维阐述和多样化的宣传表达。好酒也怕巷子深，教学主张需更多做整体建构。

元创之道

教学主张传播的十个途径

（1）课堂教学演绎教学主张。教学主张落地要靠课堂落实，要将教学思想体现在课堂教学中。

（2）统领团队共研教学主张。依托工作室、团队等聚合同仁同道者共同开展研究。

（3）组织活动彰显教学主张。通过开展各种各样的校内校外活动，展现教学主张。

（4）开展讲座表达教学主张。围绕教学主张，要经常开展教学讲座，通过讲座不断生发教学主张的内容。

（5）论文发表阐述教学主张。就教学主张体系的某个方面进行研究，形成论文，也可以发表。

（6）各类课题研究教学主张。围绕各类课题特别是重大课题，开展教学主张的深度研究、系统阐发和全面思考。

（7）多元成果检测教学主张。将教学主张的实践化、理论化进行实践的建构和理念的提升，参加各类教学表彰、评比、竞赛，特别要通过教学成果奖，全面检测教学主张的正确度、可信度、科学度、精准度和实效度。

（8）教学案例印证教学主张。围绕教学主张形成各种典型案例。

（9）出版专著贡献教学主张。从独本专著到体系化专著。

（10）自媒体自主宣传教学主张。包括博客、微信公众号、抖音、快手等。

建构教学主张的结构化图式

6 这在上述概念能力和模型思维中都作了具体阐述。从图式讲，可以是多种多样的图形，但要重视图式的主题主线、价值追求、观点支撑、实施路径、条件保障等整体建构，也可以是某一方面的建构。不管如何建构，逻辑关系、理实一体都是要一致的。

打造体现教学主张的课堂样态

7 要打破当下讲起教师教学理念、教学主张滔滔不绝，但课堂“涛声依旧”、不见教学主张的现象，将教学主张体现在教师的教学备课中，体现在教学理念上，体现在课堂过程中，体现在学生参与上，体现在学习结果上。

教学主张在课堂教学中的体现，应该贯穿于整个课堂教学过程中，从教学目标、教学内容、教学方法、教学评价到教学管理等方面，都应该有所体现。

教学目标是课堂教学的出发点和归宿点，是教师教学主张的集中体现。教师应该根据学生的实际情况和学科特点，制定明确、具体、可操作的教学目标，并通过课堂教学实践来实现这些目标。

教学内容是实现教学目标的载体，课堂要有体现教师教学主张的方法。教师应该根据学生的认知特点和学科知识结构，选择合适的教学内容，并通过对内容的组织和呈现方式，引导学生主动探究、积极思考，形成良好的学习习惯和思维方式。

教学方法是实现教学目标的手段，也是教师教学主张的重要体现。教师应该根据学生的个性差异和学科特点，采用多种教学方法和手段，激发学生的学习兴趣和探究欲望，提高学生的学习效果和综合素质。

教学评价是检验教学质量的关键考量，教师教学主张体现在有效促进课堂教育质量提高上。教师应该根据教学目标和教学内容，结合教学主张制定科学、全面、客观的教学评价体系，通过对学生学习过程和学习成果的评价，及时反馈教学效果，为改进教学方法和提高教学质量提供依据。

教学管理是保证课堂学习秩序的重要手段，是教学主张赋能教学的重要体现。教师应该根据学生的实际情况和学科特点，制定合理、规范、人性化的教学管理制度，通过维持课堂秩序和协调师生关系，营造良好的教学氛围和学习环境。

开创生态多样的实践现场

8 教学主张的实践现场，为学生提供更多实践机会和场景，是培养学生综合素质和创新精神的重要场所。教师要通过小组讨论、角色扮演、案例分析等课堂实践活动，科技节、艺术节、运动会等校园文化活动，参与社会调查、志愿服务等社会实践活动，结合学习内容如植物生长实验、化学反应实验等实验室研究项目，并利用现代信息技术构建在线学习平台等，提供丰富的学习资源和实践任务，让学生自主选择和学习，建立生态多样的实践现场。

组建开放多样的信念共同体

9 要通过名师工作室、教师教学团队等方式加强教学主张共同体建设。围绕团队建设，形成立事、立人、立校的“军团”规则：

找到正确的引领者。一个好的引领者能够激发团队的动力和热情，并能够引导团队成员朝着正确的方向前进。

确定明确的目标。要开一类风气，必须要有明确的目标和方向。这可以确保团队成员在工作中保持一致，并能够相互支持和鼓励。

建立良好的文化氛围。积极向上的文化氛围可以激发团队成员的创造力和热情。可以通过组织活动、庆祝成功等方式来营造积极的文化氛围。

制定可行的计划。制定一个可行的计划可以帮助团队成员了解如何实现目标，并能够指导他们的工作。同时，计划也可以帮助团队成员保持工作的连贯性和稳定性。

鼓励团队合作。团队合作是开一类风气的重要因素之一。鼓励团队成员相互合作、分享经验和知识，可以促进团队成员之间的互动和合作，并能够提高工作效率。

提供必要的支持和资源。为团队成员提供必要的支持和资源，可以确保他们顺利地完成工作任务，并提高他们的工作效率和质量。

不断调整和改进。开一类风气需要不断调整和改进，以适应变化的环境和需求。

元创之道

名师“十力”聚集团队力量

理想力——将有理想力量的人集聚在一起，让团队有向往。教育每一天的内容教的不一定是新的，但对学生却都是新的内容，新鲜促进学生向往。以团队理想引领学生向往。

思想力——将敢思考的人集聚在一起，形成教育思想的“军团”力量。

创新力——将擅长创新的人集聚在一起，迸发教育进步的灵魂，创新的人在一起能产生满天思想的火花。

学习力——将善学习的人集聚在一起，形成不断进行知识建构的多样风景，将学习知识、分享知识、运用知识、创造知识融为一体。教育与教学研究是永远没有止境的。要围绕立德树人和教书育人，加强研究，提高教育理念、教育水平、教学能力、管理水平、研究水平，创新教学方法。

表达力——将能表达的人集聚在一起，集聚不同性格特点、不同表达能力的人，以不同的表达特长，形成多元表达优势。

影响力——将有影响的人集聚在一起，以名师做一面旗帜，产生的人格影响、学术影响、能力影响、行业影响、社会影响是多维的。

发展力——将共发展的人集聚在一起，让团队发展每一个人，既有名师教学主张、教学思想的齐心协力，又有自己的努力方向，和而不同，各美其美。

感染力——将爱艺术的人集聚在一起，从艺术之爱、教育之爱，放大教育大美的宏观格局和教育情怀。

精进力——将愿精进的人集聚在一起，逆水行舟，一步一个脚印地慢慢行进，永远向前。

聚合力——将可互补的人集聚在一起，将不同学科、不同气质、不同年龄、不同特长的人聚合在一起，充分发挥“1+1 > 2”的效能。

探索理论与实践深度融合的研究范式

10 可以成立教育主张的研究载体，如研究所、工作室等，持续进行教学主张的理论挖掘和实践创新，构建有自身特色的教学主张表达的教学模式、教学范式。

建立全样本研究的大数据联盟学校

11 教学主张越是进行实践检验就越能够接近真理，名师教学主张不仅要在教师所在的一所学校进行，还要在更大范围、更多学校、更多类型的学校进行实验，要围绕教学主张建立大联盟的数据学校，通过大样本实证研究，进一步增强教学主张回到实践、实践检测、实践效果。

开展多种方式的深度研究

12 教学主张深度研究的方式，主要体现在以下几种：

分岔式研究。分岔用于比作树木长出枝条的任何发展或伸出物，也用于比作树干主岔某种分裂的生长物。分指分开、划分、分野、分界、分明、分解，条分缕析；岔指山脉分歧的地方，亦指道路、河流分歧的地方：岔道、岔子，大沟小岔。分岔理论是研究分岔现象的特性和产生机理的数学理论，分岔现象不仅是数学现象，它在自然界中也有种种表现。分岔现象的研究引起了众多领域的科学家的兴趣。理论和实验的结果都表明，分岔现象是出现在许多学科中的普遍物理现象。

掘井式研究。围绕一个问题，像打井一样不断深发，全面深入地把所有的点都找出来，直至掘井及泉，透过事实的现象把事物的本质找出来。正如研究书法一样，从一幅书法作品到一位书法家到一段书法历史，再到对当时的社会的不断研究。这是从一个书法家入手，采用以小见大的方法，从一个人的研究扩展到对一段历史、一段时期的社会的研究。

河流式研究。梁启超先生讲，中国的学问有两条路：一是文献的学问，用客观的科学方法去研究；二是德性的学问，用内省和躬行的方法去研究。河流式研究就是对历史文献长河总体脉络的梳理。

名师通过不断分岔式、掘井式、河流式深化主题研究，可以促进教学主张、教学思想不断上天入地，直至顶天立地的事业。

形成固定与非固定的多维导师团队

13 教师从名师走向名家，需要不断提高理论素养、理论思维、理性思考能力，而这正是高校专家的强处所在，因此，要加强基础教育名师与高校理论专家的互通、互助、互学，相互促进，更好助推名师的发展。

元创例证

“大”“小”牵手，走向世界
——四代华东师大学人与“永远的小学教师”李吉林的学术情缘

李吉林，1938年6月生于江苏南通，2019年7月因病去世。李吉林是我国著名儿童教育家、情境教育创始人。1978 年被评为江苏省首批特级教师，先后担任中国教育学会副会长，全国小语会副理事长，教育部中小学语文教材审查委员等职，全国先进工作者、全国教书育人楷模、全国“三八”红旗手。2014 年“情境教育实践探索与理论研究”获得首届基础教育国家级教学成果特等奖。2017 年世界著名出版机构施普林格购买了李吉林《情境教育三部曲》的英文版权并向全球发行。情境教育被认为是具有中国特色、中国气派、中国风格的教育思想体系，是回应世界教育改革的中国声音。2019 年 12 月，“李吉林教育专项基金”捐赠仪式暨“李吉林情境教育人生”专家研讨会在华东师大举行。

20 世纪 80 年代初，李吉林的情境教学实验刚刚起步。华东师范大学比较教育研究所的杜殿坤教授主动找到李吉林，到她的学校听课、观察，一次次的交流极大地鼓舞了李吉林。李吉林每次到上海，总要去拜访杜教授。杜教授还将李吉林引荐给华东师范大学的刘佛年校长，刘佛年很赞赏李老师的情境教学实验。当时，教育部希望刘佛年从基础教育界挑选好苗子，作为研究生亲自培养，将来成长为中国自己的教育家。刘佛年选中了李吉林和当时在上海青浦从事数学教学改革的顾泠沅，一个来自小学，一个来自中学，代表了语文和数学两个基础学科。刘佛年提出，李吉林可以先读他的硕士，再接着读博士，刘佛年校长为此特向时任教育部部长何东昌同志汇报，但当时规定，攻读研究生年龄必须在 50 岁以下，而且要大学本科毕业。最终李吉林未能如愿成为刘佛年的弟子，但是刘佛年还是想方设法为李吉林创设学习条件，特聘李吉林为华东师范大学的研究员，让她充分享受华东师范大学的图书资料和学术信息。这样，李吉林虽然没有当成华东师范大学的学生，却成了华东师范大学的“老师”。

杜殿坤是任友群的导师高文教授的硕士生导师，刘佛年又是高文的博士生导师。杜殿坤和刘佛年与李吉林之间的学术交往也随之自然延续到第三代学者高文身上。早在 20 世纪 80 年代初，高文还在苏联访学时，杜殿坤就向李吉林介绍了高文，推荐李吉林阅读高文关于“场论”的一篇文章，李吉林后来在此基础上发展出的“心理场整合原理”，成为情境教育的基本原理之一。

一晃 30 多年过去了，高文与李吉林之间始终保持着紧密的学术交往和深厚的私人情谊。她很钦佩李吉林数十年如一日扎根小学，从事情境教育研究的可贵精神，更鼓励和支持李吉林将这一带有“中国建构”印记的教育思想和学派推向世界。在高文的带动和影响下，高文在华东师范大学学术团队的伙伴们和任友群等弟子很早就认识了李吉林，大家主动关心并研究情境教育，先后协助李吉林在情境教育的发源地南通举办了一系列学术研讨活动。任友群与同辈的吴刚、裴新宁、沈晓敏等学者，在过去几十年中，从博士生到教授，以不同身份多次参加情境教育的课题活动并作报告，或在学术刊物上撰文，也多次邀请李吉林到华东师范大学讲学。在2013年“华东师范大学学习科学研讨会”和2014年“国际学习科学大会”上，李吉林作为中国学习科学研究与实践的代表，向国内外专家介绍中国的情境教育与儿童学习的研究，发出中国的声音。

李吉林是中国名师的杰出代表，在改革开放初期，李吉林实际上是用自己的方式启动了一个历时40年的名师工程。她用自己的求知真诚，主动求助了华东师范大学、北京师范大学、南京师范大学等一批教育教学专家，长期指导自己的教学实践和研究，和他们建立了深厚的友谊，让自己对儿童、对教育的理解不断深化，成就了一个中国本土教育家，并且带出了下一代名师集体。李吉林由此不仅仅是南通的李吉林、江苏的李吉林，更是中国的李吉林、世界的李吉林。“李吉林教育专项基金”的设立，更是这个工程继续延续下去的一个标志。（以上根据《中国教育报》任友群《“大”“小”牵手，走向世界》的文章改编）

无论是在江苏省教育厅基础教育工作还是在教师工作处工作，笔者与李吉林先生有多次会面、接触和交流，也参加了李吉林情境教育国际学术研讨会和她的追悼会等，李吉林老师的敬业、执着、勤奋、认真等人格魅力都给我留下了极其深刻的印象。李吉林是一个带有中国文化特征的名师成长的案例，她对学习的执着精神，对儿童孜孜不倦的关怀，对教育的挚爱，把“爱儿童、教好书”当成一生的责任，是坚守教育信仰的楷模，是教育人学习的榜样。

联盟日益增长的同道学校共筑教育河山

教育思想是一面旗帜，教育家是一座高峰，教育家思想的光辉要从一所学校到一批学校到一方学校影响辐射，让更多教师共享教育家的教育思想、教学成果和教育幸福。

沿着教育的信仰向往向前

14 团队连心，可以断金。人因为精神的丰盈而强大。人在一起不叫团队，心在一起才叫团队；力往一处使不叫团队，心往一处使才叫团队。团队核心在创新，要通过专家的引领，不断打破教育传统的思维模式、营造积极的全校价值氛围、培养团队成员的多元化能力、鼓励各种合作与分享，以及提供良好的资源支持，发挥和提升团队的创造力，坚定信念，久久为功，沿着教育的信仰向往向前，努力迈向职业理想的教育河山。

SHI
SHUO
XIN
YU

06 第六部分

格物致知：职业领航的四大境界

校长是知识分子的代表
从人性的软弱之处强大
人格魅力是校长最崇高的幸福
校长就是要助力教师如愿发展
每个生命都渴望伟大
不幸福的教师难育幸福的学生
没有教师的尊严就没有学生的尊严
人生有限，格局无穷

把我的内心真正的良知推致于万事万物。

——王阳明

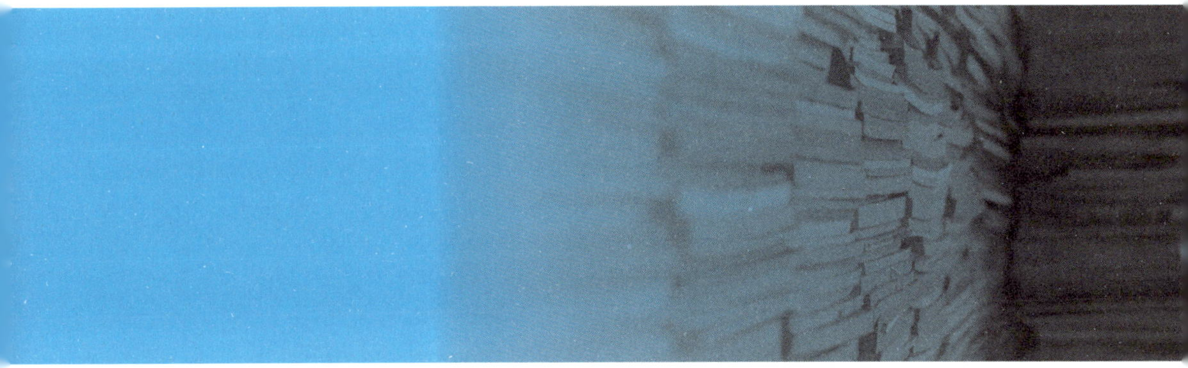

校长是天下最崇高的职业“一个好校长就是一所好学校”。校长（书记校长双设的学校书记，下同）是学校领导者，是学校发展的第一责任人。校长领导力本质上就是一种关系能力。校长是学校的面貌、学校的灵魂，更是全校的精气神所在。因此，校长必须有高尚的教育情怀、正确的办学理念和创新的方法思维，用自己的实际行动去带动感染教师，做好教师表率。本部分借用王阳明的核心思想——格物致知，演绎校长及学校管理者，如何在格局为上、探寻物理、专心致志、知名专家上为学校、为教师职业领航（见图 6.1）。

格物致知：职业领航的四大境界

格——格局为上，校长是教师中的大教师	物——探寻物理，化万物以育人	致——专心致志，在成就他人中成就自己	知——知名专家，在实干创业中走向内圣外王
校长的“四格”气象	物型课程的校园四大文化空间建设	校长助人的“此致”之道	校长是知识分子的代表
国格意识——教育“国之大者”的格局 校格建设——彰显学校社会文明气格 人格魅力——赋予领导最崇高的幸福 品格行事——校长决定学校的精神风度	地表文化——追求天人合一的自然境界，突出自然景象 空间文化——构建知行合一的识见维度，注重包罗万象 学科文化——创生手脑合一的智慧教学，强调学科成象 格物文化——提升物我合一的精神品质，力在观物取象	致敬全员——以创业精神聚合学校群体力量 致达目标——以目标为团队自我向上的内驱动力 致成心愿——以大我校长成就他人来成就自己 致力幸福——以生活美学创造职业幸福生态	知名在思想——思想是历史的光芒 知晓在管理——壮大人性自我管理的暖心力量 知性在生活——高质量发展需要高品质的人文生活

图 6.1

6.1

格：格局为上，校长是教师中的大教师

“格局是一个人的视野与眼界，更是指一个人的心胸与高度。校长是一校之魂，校长的格局就是学校的气象。校长要放大自己的格局，使自己不断具有大格局、不断展现大格局，并带来学校的大气象。本章从校长格局入手，强调管理者应从国格意识、校格建设、人格魅力、品格行事等方面修行创业。”

马道成功

校长的格局就是一所学校的高度。

章序　校长之大首先在于大格局

1　人生如棋，格局决定结局。成事要大气，谋大事者，首重格局，惟有大气之人，才能成为最后的赢家。大气做人，精致做事，是每一个管理者都应该追求的境界。校长之大，首先在于其胸怀壮志，视野广阔，能洞察教育之全局，把握时代之脉搏，从人到事、从内到外、从己到他、从知到行，都做到大气高格。大气者必有大格局，大格局者方能自得高尚，引领学校乘风破浪，走向辉煌。

校长的“四格”气象

国格意识——教育“国之大者”的格局

2　校长要有“国之大者”的格局。教育是党之大计，国之大计；教师是兴教之本，立教之源。国无德不兴，人无德不立。

3 “为谁培养人”是教育元问题、教育的战略方向，是教育的方向性问题。这是区分中国特色社会主义教育与其他教育的本质特征之一，是我国教育战略的基本定位和奋斗方向。这就明确了作为校长，“为谁培养人”就是履行教育人生的战略方向，始终恪守“为党育人、为国育才”的国格和初心不变。“培养什么人”是教育的首要问题，是教育培养的直接目标。这给教育事业明确了发展方向和方针原则，是开展工作的根本遵循。作为校长，要有“培养什么人”就是培养国家和民族未来的历史责任和担当。“如何培养人”明确教育全过程。这是教育的操作路径，是教育的保障性问题。新中国成立以来，相继经历了把教育与政治需要相结合、把教育与无产阶级斗争相结合、把教育与生产劳动相结合、把教育与改革开放和现代化建设相结合、把教育与中华民族伟大复兴相结合等不同路径的演变。但其中，培养的主渠道是什么、主阵地在哪里、主要载体有哪些、需要依托一支什么样的队伍等一系列问题，都有待校长站在国家和时代的高度，在学校教育教学行动中继承创新、深入探讨和科学回应。

可见，践行习近平总书记教育“三问”，就是新时代校长的大格局，是校长应有的教育情怀。同时，校长是教师中的大教师。习近平总书记对教师一系列要求就是校长“国之大者”的大格局。

校格建设——彰显学校社会文明气格

4 学校是社会文明的窗口。校格是社会文明的风景。校长要重视学校整体精气神建设，在校园形成团结紧张、严肃活泼、万众一心、健康向上的学校生态。常有一种现象，有的学校领导班子能力不强，学校面貌、管理运行、教育质量始终处于“温吞水”的状态。因此，要从学校主要负责人开始，以为国、为民、为来日的责任担当意识，通过一把手带领班子、班子带领中层、中层带领教师和职工，层层抓、抓层层，做好校风、教风、学风建设。

毛泽东曾说：“支部建在连队上。”充分发挥学校共产党员的先锋模范作用，可将每位党员与学校教职员工组成若干党员示范组，在工作、生活、家庭、孩子上，互帮、互助、互学、互促，着力解决成员的心理焦虑、精神压力、欲望不高等问题，全面带动全校消减负能量、增强正能量，形成团结、奋斗、争先、高质的学校新生态，形成好的社会形象和社会口碑。

5 以制度管人以规则管事。作为校长，应该高瞻远瞩、统筹全局，不断完善学校的管理制度，使学校管理有序运行。制定学校制度的过程就是自我教育的过程。让教师参与制度制定，集思广益，立足本校实际，要有较强的可操作性，尽量避免伸缩性和徇私倾向性，做到合理化、科学化。完善学校管理制度其重要含义在于“完善”。制度不是一成不变的，要根据时代的发展、实际的需要，不断充实、不断修正管理制度，使整个学校管理越来越科学、运转越来越有效。

制度的核心在执行。汇编一以贯之的学校管理手册，手册到人、职责到人，任务到岗、落实在岗，使全体教职工在制度面前人人平等，心服口服。以“热炉效应”强化规章制度的刚性公平：一是事先就知道，二是碰了就挨烫，三是谁碰就烫谁，四是碰得越狠烫得越厉害，从而形成全体人员自觉行动的学校制度文化。

6 从人性的软弱之处强大。社会心理学告诉我们，坏印象比好印象更容易形成。罗伊·鲍迈斯特在一篇论文《“坏”比“好”更强大》中，从社会心理学的角度解释了很多社会现象之所以会出现，是因为人类大脑有负面信息加工优势，坏印象比好印象更容易形成，这就是人性的弱点。比如，一个人一直很好，但因为某件事，人们马上改变了看法。最为典型的是恋人分手，往往因为一句话、一件事，以前长期积聚的好印象瞬间一干二净，分道扬镳甚至反目为仇。所以，正如毛主席所说：“一个人做一件好事并不难，难的是一辈子做好事，不做坏事。”这也是“好事不出门、坏事传天下”的道理。

但是，学校依然要有建设性的批评。芸芸众生，没有批评就没有进步。但即便是批评式坏言行，往往还是比好言行更影响人际关系，洛萨达比例揭示了沟通的黄金比例——5∶1，即 5 句好话配 1 句坏话，效果更好。如果全是好话，大家不信；如果全是坏话，则容易伤人。所以，说坏话对人际关系的影响远大于说好话的影响。学校要坚持公开、公正、公平原则，强调教师多提建设性意见，防止“当面不讲、背后乱讲”的现象，力戒校园小道消息、流言蜚语、谣言谎言，以建设性批评建议的春风洗涤抱怨、牢骚、指责，建立积极和谐的学校人际关系。

人格魅力——赋予领导最崇高的幸福

7 校长是学校的旗帜，是学校的精神领袖。校长的教育信念、教育情怀、知识修养、道德品位和健康积极的人生态度，无不濡染和浸润着教师，引领着教师。大气不是性格，而是一种人格魅力。养好校长的大气，既有仰望星空的博大、深邃，又有脚踏实地的平稳、厚实，才能使学校走得更高、更远。

人格魅力是指校长管理学校所表现出来的个人品质、行为和影响力。“一个好校长就是一所好学校”的共识就是强调校长人格魅力对学校的影响。乌申斯基说：“教师的人格就是教育工作者的一切，只有健康的心灵才有健康的行为。”校长人格影响教师人格。校长的人格魅力能够激发教职工的工作热情和创造力，提高学生的满意度和归属感，促进学校教育教学质量和社会影响力的提升。

8 人格魅力是校长最崇高的幸福。校长要从以下几个方面塑造人格魅力：

（1）公信力。这是提升校长人格魅力的首要修养。校长是学校每个人的校长。要不断学习，以较强的自律精神提高公信力，赢得教职工和学生的信任和尊重，在学校形成一种中流砥柱式的正能量。

（2）领导力。指校长超越了权力和一般管理力的、基于个性品格和综合素养的特殊影响力。这是校长的基本能力，包括把握全局能力、规划发展能力、决策执行能力、沟通协调能力、团队合作能力，能够凝聚人心，共同推动学校发展。

（3）教学力。教育教学是学校的中心工作，校长主要精力也应在教育教学工作上。校长一般是从教育教学能力较高的教师而来的。熟悉的地方无风景，而教师往往都是在熟悉地方做熟悉事。为防止教学思维定势，校长要坚持上课，始终保持校长到课堂中、到教师中、到学生中，指导教师提出自己的课堂基本要求、课堂模版及各种课型，使自己始终熟悉教育规律、改革课堂教学、精准评价改进，提高教育教学质量。

（4）共情力。共情力是提升校长人格魅力的关键。关心关爱师生员工生活学习情况、心理健康和精神成长，了解他们的需求和困难，积极提供帮助和支持，形成积极向上的校园文化氛围，增强师生的归属感、幸福感和职业感恩之心。

（5）创新力。这是校长最需要的能力。校长要始终具有创新意识和创新精神，引领全校人员立足工作岗位，围绕各类发展目标，创新理念、创新方法，积极探索适合学校发展的新思路和新途径，推动学校的持续发展和进步。

（6）学习力。校长首先是一个好的学者，然后才是一名好的校长。要坚持读书，以自身阅读示范引领教师读书、学生读书和职工读书。

品格行事——校长决定学校的精神风度

9　校长品格决定了学校的气格。苏霍姆林斯基说：“教育的实质正是在于克服自己身上的动物本能和发展人所特有的全部本性。”校长是学校发展之魂。一所学校的教育品味取决于校长的品格和品质。校长的办学品格、办学品味，要从以下方面开展：

塑造精神气象。积淀学校文化，始终保持教师积极向上、开拓进取、不怕困难、迎难而上、不骄不躁的精神状态，体现学校的校训校风，让学校是一个严格而自由、充满活力的校园。

加强美感认知。学校之美取决于校长的审美能力。每位校长都有管理能力，但不是每位校长都有审美能力，而审美能力是先天加后天的双向长期努力学习的结果。校长要加强美学知识的学习，增强艺术熏陶，要能有一项艺术兴趣、爱好和特长。以校长审美能力的增强提升学校管理水平。

建设美丽校园。美丽中国，教育先行；教育美丽，校园先行。美丽中国建设和加强美育的大政方针，都要求学校加强文化建设，形成有美感的校园。要从新校规划建设、老校改造提升开始，加强学校物型课程建设，以学校万物育人形成课程建设情境，在物美、物理、物趣、物语上下功夫。

行事追求美感。学校是育人的圣地，也是以美育人的宝地。要将唯美做事作为学校高质量发展、高水平管理、高品质成果的文化追求，在学校大到校园改造、校舍建设，小到具体的一事一物，都要用审美的眼光去思考，以美感的物型情境，传承经典文化、加强美育熏陶、丰富课程内容，让学校每个人都感受到学校之美和在学校的学习之美、生活之美、工作之美。

以有限的人生活出最大的格局

10　格局是一个人眼光、胸襟、胆识等心理要素的内在布局。人生有限，格局无限。人有职务高低、物质贫富的区别，但无格局修炼对象的差别，大人物小格局、小人物大格局就是人修炼的差别。格局就在于开格开局，人若把自己始终框在一定的范围、一定的层次、一定的认知内，就容易限制自己的思维和格局。梦想有多大，格局就有多大。大事着眼、小事着手，这就是人生无限的格局。

6.2

物：探寻物理，化万物以育人

人是万物之灵。苏霍姆林斯基说："校园环境是教育过程中最微妙的领域之一。"器物之美，美在形魂，美在本味。化万物以育人，创新物型课程校园学习空间。改变长期以来学校建设中环境的课程意识、教育价值和专业化视野缺失的现象。为此，《江苏教育报》2013年12月4日发表笔者《物型课程：环境育人的新维度》一文，首次提出物型课程概念。几年来，物型课程在基础教育已成为一道靓丽的教育风景。本章着重阐述校长如何建设有课程情境的学习空间。

马道成功

让学习在美美的教育空间中自然生长。

章序　万物于人皆课程

1　课程分类多种多样。按载体不同，笔者将课程分为纸质载体的文本课程、互联网载体的网络课程 、活动载体的经验课程和物质载体的物型课程。

物型课程是指以儿童能力素质发展为目标，以知识和见识的物化造型为载体，以人与物的在场互动、实践生成为主要教学形式的综合课程，是传承优秀文化思想、回归认知原点、实施立德树人、建设美好学习的时代创新和教育表达。物型课程旨在以物化人、以人化物，开发环境育人的课程力量，指向在万物，关键在成型，突破在寓意，目的在树人，重在"物"的文化塑型及课程意象的生成，是培养学生创新能力和实践精神的新维度、新聚焦。

物型课程的切入点在“物”，是基于世界是物质的哲学思维，而人又是唯一能接受暗示的动物。万物有灵、取物造境、感物喻志、万象之美，都是人对物质世界的体悟。着力点在“型”，强调可视化、立体感。校园审美向形成文化心智和教育意义载体的物象倾斜，自然意象表现为负载人格精神的人文符号，形成基于人类心智活动的人文气象。核心点在“课”，就是将源于生活的课文内容还原到生活情境中，引导学生用心体悟。作家创作，源于自然的感悟思考，形成作品的精神意蕴，是现实到文学的提炼过程；学生读书，越是要领悟作品中的精神高度，越是要回到自然体察感受，是文学到现实的体验感悟。

2 以物情助学情，借物启学。正如宋代理学家程颐所说“天下无一物无礼乐”。万物都承载着文化要素，以物入心，格物致知。物型课程是基于文化入古出新的视野下学生学习的课程创造。主要内容应包涵以下四个方面：

物型课程的校园四大文化空间建设

地表文化——追求天人合一的自然境界，突出自然景象

3 地表文化主要指校园地面表层呈现的富于教育意义的物质文化资源，追求天人合一传统哲学文化。

天人合一为庄子始提，强调宇宙自然是个大天地，人是个小天地；天地与我同根，万物与我一体。即所谓天之道在于“始万物”，地之道在于“生万物”，人之道在于“成万物”，这也是种植为本的中国人善于人意自然化、自然人意化的哲学思维。自然境界强调：一指地表要呈现大自然的气象，追求原生态；二指校园建设追求自然，力去雕饰感；三指学生自然生长，有利学生个性化发展。

4 地表文化倡导的教育理念是，追求建设教育依四时而生长的学习情境、让学生置身自然中认识和探究自然的教育哲学。

5 校长在学校建设过程中，首先要重视地表文化的建设。主要内容有：

（1）布局设计，突出原生态的山水气象。为什么不少学校豪华得不自然？在于缺山少水。无山不美、无水不利，仁者乐山、智者乐水，做人如水、做事如山。历代学道哲人多是长期游历和卧居于山水之间，借助于山川大地以求悟得宇宙自然的本质，启发灵性，从中获取宇宙精神的体验。山水与人事相联，山水的物理效应，对于精神和情感有非同一般的功效。校园无山水，学生如何胸中有山水？为此，无论是老校改造还是新建学校，微山微水的建设要纳入顶层设计之中。挖地成河，河土堆山，让有山有水的校园给人一个心灵放松的港湾。**自然有山水，心中长山水。**山水设置是学校文化品质的重要基础和重要内容。

（2）植被配置，每株植物都是一个知识源。学校绿艺更在绿意，要围绕绿化、美化、寓化、教化梯度的不断升级，使植被配置的教育价值、课程意识、学科文化、学习场景得到充分的重视和应有的开发。

树木是最具人文意象的植物。植被配置应做到丰富而有意境，使教育能漫溯到学生灵魂深处。一者在寓意上，要栽种深具人格意象的树木，如柳梅松竹等，以期形成与课堂教学内容对接的实境。二者在意境上，要有大树、老树、高树、奇树、枯树，且形成高低错落的层次。冬日枯树隐映淡淡的高远、沧桑和质感，极易将人的思维引向苍穹，走向远空。三者在色气上，要强调树色搭配，以激荡风发意气。四者在造势上，以带状突出林荫大道的“线感”，如樱花大道、银杏大道等；以面状寻求林木簇拥的“块境”，如杏花村、桃花源、梅花林。学生徜徉其中，感受时光流转，寒梅流香吐蕊，桃李灼灼芳华，那将是怎样依四时而变的唯美教育意境。

课文中的花草再现校园。花草与课文对接。让课文和生活中的花草等物象尽可能在校园可见，如此，学生更易理解课文、感受生活。“忽如一夜春风来，千树万树梨花开”，学校有没有梨花，学生的理解感悟是不一样的。种植花草，可借鉴荷兰网格化种郁金香的办法，沿路花草百圃按季节时令设置，路边依四时而开的各种花草，会自然而然地引起学生的注意和区别，触发内心的感动，引发主动认识花草、探究自然的好奇。

让孩子走进草坪亲近大地。改变草坪被围挡不得入内的现象，草坪等诸多植物都需要遵循让学生亲近自然的原则，解决如何促使学生走进自然的问题。随着环境意识的觉醒，人们对自然生态的认识，以自然美学为最高指导原则的审美趣味逐渐改变，深深怀念着原野的自然不羁、四季的多样变化，有如荒原的杂草景观成为审美的主流，荒原之美令人怦然心动，原生态成了人一生的念想。学校草坪既可以是一年四季常绿的，也要有四季分明、秋冬金黄的，借助地势，高低起伏的草坪，更能促发忘我的情怀。动心才是做好一切事情的源泉。

学校植被设计要追求专题化、专业化，一花一草、一树一木都是知识源，通过花木学科标识名或二维码，为学生精准知识的学习提供一切方便。

（3）铺装设计，校园的交通组织者。所有学生户外活动的场所都要有精心的设计、艺术化的铺装。

学校广场是块圣地，应当是诗意的天地、知识的地毯、个性的世界、心性的感应。长期以来，学校广场被称为操场，觉得只要不是泥土就行了，对广场的内涵意义缺少应有的重视和认知。不少学校广场，大面积硬化，平淡无奇，做作造作的痕迹明显，普遍缺少审美感、亲近感、情趣感。为此，要改变广场材料，少用花岗岩、大理石、水泥面，选用增强地面柔和度的各种地面铺设材料。要有丘陵之风，广场不一定是一马平川，可以有“跃层”，形成不同的层次。改变地面的风貌，增加绘画的、雕刻的、组装的图案，可有成语、谜语，亦可是地图、书法及学科知识等。

体育场所要讲格调，激发内心体育精神。体育场是学校地表文化的重要画面。体育场由以前的黄土地变为煤沙地，再到现在的塑胶地，条件、质量、色彩不断变好，越来越契合学生的身心特点，成为学校地表文化的重要显示。在体育场的文化建设上，广场周边的文化装饰要展现体育精神、设施要有现代意识。要不断思考如何才能让学生领悟体育的文化内涵和精神品质，从喜欢体育器材到积极参加健身，进而迁移到做人、做事、做学问之中。大美的体育场更能炼出健美的好孩子。

道路和桥梁要有风景故事。路应当是感性的，要有温度。重点解决学校水泥路柏油路“一条路”“一色路”“一种路”的问题。路趣在呈现。水泥路、沙砾路、石子路、石板路、泥土路、木质路等都要有多样化呈现，让学生从学校不一样的路感受人生不一样的路，产生哲学思味。路形要变化。既有笔直的大路，也有曲径通幽的蜿蜒小道，还有拾级而上的梯路。路名重立意。以励志命名，以名人命名，以大学命名，以规劝命名，各取所需，应时应景。画意更有诗情，诗路花语才更有情调、雅趣，让师生行走、徜徉在路上能感受大地之母的自然温度、校园生活的温馨。桥应当有故事，有“名”有趣，可以建成微型赵州桥或长江大桥，增强师生对名桥的直觉感。桥上镌刻文字解说，诠释桥的历史、桥的文化、桥的故事和桥的科学。

（4）文化小品，彰显内涵文化。“一塔湖图”——博雅塔、未名湖和图书馆，是北京大学最有代表性、最醒目的风景，也是使用功能、艺术造型、环境协调三方面高度统一的建筑杰作。文化小品，可以彰显学校的内涵建设。一者，雕塑要有书香气，散发独特的味道。二者，古迹要有文化气，体现历史的沧桑感。譬如泰州中学的胡氏书院，南京三中的曾公祠，有故事、有说法，薪火相传。三者，石物要有厚重气。家无石不安，水无石不清，园无石不秀。一块好的石头切合地置于校内实不容易。把校歌刻在石头上，从乡下收集石制古老农具，集中置于校内，都是好做法。四者，遮阳要有时尚气。匠心独具的遮阳篷与美妙的环境融为一体，篷下谈心，风物放眼，更能激发诗性情怀。五者，廊架亭台要有人文气。不少学校都建亭子，为何不建成“兰亭”“醉翁亭”“沧浪亭”？即便是仿古，也在诉说着沁人心脾的人文往事。

空间文化——构建知行合一的识见维度，注重包罗万象

6 空间文化是指立于地面之上的建筑空间和立面的教育文化资源。承传知行合一，目的是扩大知识的维度，让学生自主获取知识。知行合一为王阳明提出，强调“知者行之始，行者知之成”，中心是“行”，意在认识事物的道理与在现实中运用此道理是密不可分的。陶行知强调“行知合一”，认为“行是知之始，知是行之成”，强调“亲知”，即从“行”中得来，亲身得来，而不仅仅是“闻知”，从教师得来、从书本得来。二者相同点都认为知行合一。足够丰富的内容是孩子无止境探究的前提。识见维度，重在为学生创设有别于教室的、增强学生见识的知识海洋。

7 空间文化提倡尊重学生生命节律，建设与教室不一样张弛节奏的空间；拓宽学生视野，让课堂学习与课程化的海量知识连接。室内课堂是必修课、规定动作，强调共性；室外空间是选修课、自选动作，突出个性。内外兼修，寓学于乐。空间文化是课堂的延续、补充、拓展和调适。

8 教育空间建设是一件伟大而复杂的大美建设。空间文化建设的内容如下：

（1）建筑造型：校园建筑的教育元素在哪里？日本建筑大师安藤忠雄说：“能不能让人心里滋长出某种感情，才是我评断建筑的基准。”现代建筑激荡人的情怀，建筑中的旧美也令人怦然心动。然而，长期以来，进行学校规划设计的都是建筑专家，他们对教育往往缺乏深切的了解，更谈不上从课程的、教育的视角进行设计，以

致许多校园建筑与社会上的普通建筑没有本质的区别。事实上，校园建筑更应让学生生出感情。格调大方，色型大气，装饰大雅，是建筑美感的标准。建筑，不论是布局、结构、色彩还是造型，都要体现课程文化和教育元素。校园建筑更要在厚重文化底色、增强教育情感、触动学生灵魂、增加经典文化底色上下功夫。

（2）廊道文化：让学生感受与教室不同的张弛节奏。过道走廊是充满潜力、最需建设的教育空间，是最没内容又最应富有内容、最常走人又最常被忽视、最容易做又最难做好、最常做成死又最应做成活的地方。过道走廊应成为儿童自由交往的场所，喜闻乐见的知识海洋，课堂之外的自学天地，自娱自乐的放松空间。廊道文化的重点应在于知识广度，建设中还要体现匠心之美、人文精神和儿童情怀，关键在于要让孩子喜欢。人类从远古的图像思维到如今的文字思维到未来的图文思维，空间文化要以图文思维为主建设，增强学生信息时代汲取知识碎片化下的概括能力。廊道文化可分多类。

知识普及类，无意于佳乃佳。走廊是汇聚丰富知识的隧道。知识拓展可分为宣传激励、知识普及、专题系列、形象概括。

专题系列类，比如将植物叶子分类图绘在走廊墙壁上，让学生感到系统的专业学科知识，也与有关叶子的课文关联相通。再如，通过思维导图，建立展现学科知识的逻辑框架图，使知识直观而系统。

自主学习类，动态地激发学生自学的兴趣。一是人机互动，发挥信息技术的优势让学生自主获取有趣的知识。二是视频播放，走廊墙壁嵌入电子屏幕，课间播放音乐诗文赏析、百科小知识等，让孩子边课间休息，边拓宽眼界。三是原理验证，以动手带动动脑，上课学习原理，下课到走廊上动手操作，验证原理。四是实验观察，每个班级领养一种生物，进行长期跟踪观察并加以分析，增强学生的观察分析能力。五是比较感悟，如利用明月当空的月亮图片，引导学生感悟海上山上等不同地方的月色，以古代诗词中诗景互映当前的实景，增强学生对古代诗歌意境的感悟能力和空间想象能力。六是交流展示，建设体现班级个性的书壁，让学生将自己购买的已读完的书挂在栏杆、立柱上，学生自由读过后在书上签名、写读后感，这种别开生面的学生读书漂流，可以增强学生的分享意识和读书乐趣。

自娱自乐类，给学生创造不一般的学习生活。一者为“棋”乐无穷，在走廊靠墙地方设计长条几，上面印刻各种棋盘，棋盘下的抽屉放着棋子，学生空余时间可自主对弈，让学生在“棋”乐无穷中感受其乐无穷。也为学生提供了一个自我管理的机会，增强自我控制的意识。二者为书法激趣，走廊过道的尽头、拐角处摆上书法砖或水写纸，置笔置水，并配有颜体、柳体等各种字帖，任由学生浏览、选学。学生每每路过，随意一眼，划上两笔，兴之所至，率性而为，无意中的惊鸿一瞥，也许能激活、定格人一生的天赋与成就。三者为知识游戏，各学科通过抽签式趣味学习，如设置一读就错的100个汉字、数学中的语文、一句话中的多音字、成语中的历史人物、成语中的科学、谜语等游戏，让学生在游戏之余开心获取知识。四者为作品展示，将走廊顶上的非黑即白变成星空灿烂，将学生的小科技、小创制、小手工进行吊顶展示，学生成果不断激励自己和同伴。五者为艺术创想，艺术老师可将墙壁设计成更有设计感的外观，有美感、有创新，引导学生欣赏启迪，生活如艺术不能始终一个样子，解决问题要有不同的视角、不同的方式方法。六者为楼梯创意，学校需大力突破楼梯文化和拐角风景的难题，使其成为学生艺术、读书、心灵的家园。若在此与一抹古意沧桑的枯花干草相遇，岂不是一道看似随意实乃不易的风景？

（3）室内革新，急需改革的教育环境生态。室内开发是篇大文章。一是教室革新。教室是班级文化、班级个性的重要载体。它是一个梦的世界、方法的世界、知识的世界、展示的世界、责任的世界。如果课堂就是春节联欢晚会，每一节课是节目，那么教室就是舞台。目前重课堂、轻教室的现象普遍存在。对比中美教室，会发现许多差异：中国针对学生群体，美国针对学生个体；中国教室颜色单调，美国教室色彩绚丽；中国教室标语鼓励勤奋，美国教室鼓励创新等。双方互有优势，可以取长。学校可通过教室文化比赛，将教室打造成具有书香生态、植物生态、信息生态、科学生态、学科生态的学习空间。二是专用场所重创意。努力克服专用教室有形无意的不足，完成从形到意的升华和转身。三是厕所文化创新。清洁文化的厕所是学生素质、学校文明高低的重要体现。着力革新厕所文化，使厕所也有书香。

（4）外墙气度，学校精神的时尚飘带。围墙应从生硬走向风景这边独好。围墙可以是知识组合的风景、知识体系的长卷。如把最美中国的山川、河流印在围墙上，旁配文字简介，使学生在欣赏美景的同时，丰富学识，拓宽视野，也可把最美图书馆、创意图书馆画在围墙上，让学生深入了解，并接受熏陶。可以是自然古意的呈现，可以是树木成荫的绿墙。可以是艺术个性的风景，创意灵感的激活。外墙的气度更是非凡，外墙的艺术可以是砌的、画的，也可以是饰的、嵌的，旧旧的外墙上写上古诗，人文气息浓厚。墙壁植物是十分有意境的壁上飘带，而大地上学校围墙的绿色倩影宛如天空的北斗七星。

（5）上天入地，也是一道独特的风景。在安全前提下，楼顶或负楼建设体育场、小农场、小花园、小艺术天地、小博物馆等。这既是扩展了老城区“不合格名校”的发展空间，更是建设起立体的知识校园的文化，楼顶的器乐声乐，增强了书香校园的文化旋律，而绿色植物天际线，也更容易将人们的视觉从眼前引向苍穹。负一、负二楼可以安排外形大、声音大的设施设备，地下停车场可以增加汽车文化的内容，使停车场既停车又育人。

学科文化——创生手脑合一的智慧教学，强调学科成象

9 学科文化就是围绕学生的学科学习，开发和呈现学科的文化内涵。手脑合一，就是要在做中学习，手脑并用，以多种感官并用提升学习效率。“手脑并用，做学合一”是黄炎培教育思想的核心，一改我国延续了几千年的手脑分离、重理论而轻实践的教育方式，在当时的中国掀起了深刻的教育改革浪潮。

学科文化的教育理念，旨在通过视觉化的教学方式，创新教学改革，改变当前的教育形式化、冷硬化的生态，让学术形态的内容以教育形态、生活形态的内容呈现，以学科文化魅力吸引学生迷恋学习，以多种感官并用增强学习的科学性，提升学习效率。

10 以学科文化填补学校文化建设的空白，主要建设内容如下：

（1）挖掘学科文化的内涵价值。学科文化既是学科育人的重点内容，更是学校文化的创新内容，值得大力开发。

加强学科认知。让学生在实践中感知学科价值、感受学科文化。例如，很多人在中学就接触过化学反应，但很少人从美学的角度去观察化学这门独特的学科。科学家通过高科技摄像技术拍摄化学反应，将化学反应独有的美丽呈现在大众眼前，更增强了学生学科认知：化学虽是危险的，但也是安全的；虽是污染的，但也是绿色的；虽是有害的，但也是有益的；虽是枯燥的，但也是有趣的。毕竟，我们生活的一切、美的一切都离不开化学。

提炼学科之美。学科文化具有形意之美，应渲染学科情境美感，以学科之美彰显学科特色，以学科之美丰润学生心灵。首先要提炼学科之美。如德育的道德之美，语文的文道之美，数学的思维之美，外语的融合之美，物理的探究之美，化学的变幻之美，生物的生命之美，政治的智慧之美，历史的品鉴之美，地理的和谐之美，体育的健雄之美，音乐的韵律之美，美术的形意之美等。学科之美是一道崭新的风景，这一方面需要结合课程标准、教学内容，不断探索、不断深化、不断完善、不断创新。

从学科分类增强专业和职业认知。比如数学，从数学史到数学其他学科共 26 个分支、137 个小支。要通过分析数学学科的分支，让学生认识到每个分支的学科在现

实生产生活中的应用，知道这些分支学科的专家教授分布在哪些大学、科研院所和企业。如此一来，学生对学科分类下的职业认知更加直观、明了。如数学分类，几何学下的仿射几何学，主要研究平面图形在仿射变换下不改变的性质，主要应用于测量、建筑、摄影等行业。让学生从自己现在喜欢的学科专长看未来行业就业方向，从未来学生喜欢的就职行业看当下的学科学习，这种学科与专业、职业的连接，有利于教师对学生开展职业生涯的教育与指导，提高学生内在的学习动力。

（2）营造学科文化环境。长期以来，基础教育各门学科建设没能也无法体现学科特点的教学文化环境和专业特质。同时，教学内容缺少与社会生活的有机联系，学科知识缺少应有的拓展和生成。学科重点、学习难点缺少独特的创新办法。因此，营造学科情境、凸现专业特色，形成充分展现科学思想、学科思维、方法手段和文化品位的课程学科教学环境，便成为课程基地建设的第一任务。一是要呈现学科精神。课程基地要提炼鲜明创新理念、实践主题，体现明显的学科思维和学科精神，以培养学生的学科意识和学科科学素养。二是呈现学科历史的沿革。重视运用现代科技技术和手段，通过学科历史演变、传承和创新，传递学科文化，形成课程文化氛围和文化品位。三是要呈现学科前沿知识。通过学生对未来学科前沿知识、发展态势的了解和展望，激发学生的好奇心和攀登科学技术高峰的激情、决心和志向。

（3）创生学科的专业化装备水平。学生对知识掌握的困难往往是因为缺少空间概念的立体思维，脑中“形象”不起来，脑混心乱，容易糊涂。课程基地就是要对学科重点难点等核心内容，通过物态和非物态相结合的模型展现，改进知识的呈现方式、表达方式和传导方式，通过以“物”取“象”的直观体验，引导学生演示、验证、巩固和拓展学习内容，增强学生对抽象内容的直观理解和对具体形象内容的抽象概括，不断提高学生的学习兴趣、学习效率和学习效能，最终能透过现象看本质。

突破重点难点瓶颈。要发动教师根据学生掌握的难点，分学科认真讨论，梳理教学重点难点等核心内容，排查出各个知识重点和难点，列出问题清单并解决。

寻找解决问题的直观呈现的思路方法。扣住重点和难点，从学生掌握知识的角度，探讨如何进行物态和非物态的模型建构，明确建构方法途径。

开展教与学模型的整体研制。学校在自力更生的同时，主动加强与高校、科研院所和企业的合作，进行教学模型的开发制作。要努力实现信息技术推进下的人机互动，运用新理念、新技术、新方法、新手段，开发建设人机互动、自主测验的教学用具、设施设备、教学场所和文化氛围。一批以地方文化为主题的高中课程基地的建设为学科文化建设提供了有益范式。

总之，通过模型建构，让学习内容从抽象走向形象。对于理科，要建立诸如原理呈现型模型、方法演示型模型、层次递进型模型等；对于文科，要建立楼堂馆所。模型建构主要包括物化的学科载体，定理的模型演示，将生活用品变成教学用具以及学习玩具等。

（4）形成体现学科之美的教学生态。开发丰富而有美感的课程资源。加强国家课程的实施，不断提高教学效能，并形成难易不同的课程资源，为不同潜质、不同水平学生的发展提供个性化学习的选择和帮助，促进学生全面而有个性的发展。加强地方课程和校本课程开发，创新建设反映地方乡土特色的独特课程文化，努力提供丰富的学习素材和多样化的学习条件。与高校合作，建立选修模块的学生课程，逐步实现少数高中与高校课程的衔接，为学生主动发展提供个性化学习的选择和帮助，为成为创新型人才打好基础。

形成学生实践创新的有效路径。创造最美。培养实践动手和创新能力，是素质教育的重要内容，是人才成长的关键举措，也是实践学科文化的重要路径。通过加强实验性教学、体验性教学，加强学生对课程的感知感悟，在实践学习中提升认知能力，在实际动手中发现创造创新。

格物文化——提升物我合一的精神品质，力在观物取象

11 格物文化，意为探究事物的道理，纠正人的行为的文化追求。格物致知，是中国古代儒家思想的一个重要概念。它一方面指探究事物原理，从而获得知识；另一方面指知道事物风格的能力，然后能使人知道如何做人、知道人生百态。朱熹则提出了顿悟式的直觉“格物致知”，认为如果能长时间地浸入情感去体之悟之，就能豁然开朗，如冯友兰所说：“它的功用不在于增加积极的知识，而在于提高心灵的境界。”物我合一，就是将物放到心里与自己合一。一个将车玩得出神入化的优秀赛车手，一定是与车融为一体的，其他亦然。学习就是在自然界中感受物我相融的过程，再进，则是物我两忘、物我合一的境界。

12 格物文化的教育理念就是，通过物我合一，培养学生的器物精神，它表现为对物件的钟爱，延伸于对工作学习注入情操和人生态度，甚至就是精神追求。正如星云大师所说，万物相生相息，物我合一乃人生大智慧。

13 格物文化的建设内容：

（1）敬物坚定信仰。崇拜物具有坚定信仰的作用，宗教都有自己的物载圣地，如佛教的寺庙、基督教的教堂。教徒敬物而更信仰宗教教义。教育的崇拜物在哪里？一是我们一直重视爱党爱国教育，如何使党旗、国旗、队旗、校旗等成为孩子的崇拜物，坚定学生的理想信念，值得深思。江苏省课程基地建设中，不少红色的、德育的、心理的课程基地，在这方面进行了不少的探索，取得了明显的成效。二是以祖国英雄促进学生坚定信仰。如以王杰英雄命名的学校，发扬王杰“一不怕苦，二不怕死，做一个大无畏的人”的精神，使学生们更加坚定信仰。三是科学泰斗也是值得崇拜的，激励人们向崇高未来迈进。学生应当成为教育事业伟大的粉丝。

（2）佩物提振精神。毛泽东徽章曾成为一个时代的风尚，也影响了一代又一代人的思想。学校作为教育之处，在佩物上更要以物化人、恰到好处。一者为重视学校校服的优美。法国设计师可可·香奈儿说：“服饰的美感永远都只是道德忠实性与情感真实性的外部再现。”服饰体现国家意识、民族风格、职业倾向和个性追求。学校要重视学生校服的美感，这是展现学生精神抖擞、活力飞扬的一面，是学生青春时代的专属标志，校服直接影响一个学校的形象，应有精心的设计，为花季的童年留下花样年华的记忆。二者为佩好校徽。校徽体现了学校的办学理念，是将人文精神艺术化的体现，校徽就像国徽一样，是有积极意义的。三者为其他佩戴。如红领巾、体育运动服、社团服等，都属配物，有提振精神士气之作用。

元创典故

孙中山创意中山装

孙中山认为：“西服虽好，不适应我国人民的生活，正式场合会见外宾有损国体。传统服式，形式陈旧，又与封建体制不易区别。”因此产生了设计制服的动机。1905 年，裁缝张方诚在日本为孙中山制作了第一套中山装。1916 年，孙中山回国后，裁缝王才运应孙中山之请，在此前的基础上，多加改制，使之接近于新军军装。1928 年中山装基本定型。

中山装是中国现代民族国家建构过程中出现的具有特别意义的服装，是既体现民族性，又体现现代性的服装。中山装结束了中国几千年袍服制一统天下的局面，颠覆了中国人原有关于传统服装与身体空间的观念，是中国服装发展史上一场震撼性的革命。

（3）使物精致品质。工欲善其事，必先利其器。工匠精神是器物精神的第一个层次，其次就是器物的美化，甚至艺术化。制作一个物件或是完成一项工作，不仅仅是为了实用，更重要的是内心所需、自觉而为，然后才会乐此不疲。怎样培养学生的工匠精神？其中不可或缺的就是唯美意识，做什么事都追求美感。时间一长，便会慢慢培养出器物美化精神。可以说，师生一切用品都要体现文化生命，不管是书、课桌，还是其他的师生用品，都能够体现各自精神品质，细微之处体现精致品质的道理，就在于此。所以学校标识一致很重要。

（4）集物显示特色。让丰富广泛的社会文化资源进入校园，成为鲜活的教育资源，造就校园巨大的物型资源空间。特别要充分发挥校友的作用，根据自己的优势和特点，为学校出资源、出技术、出信息。可以进行特色的物化呈现，挖掘每个学校的特色物品，将其展示出来。比如，将学生们从小用过而现在用不到的各类琴收集起来，摆放在校园合适的位置，造就别样的美感。课文中的主题物件，校园尽可能要有，增加学生们对事物的感性认知。

（5）创物改变未来。科技教育是中小学普遍开展的课外活动，要通过各种途径、各种做法，开展学生小制作、小创造活动。

开展教具学具制作。开展教具学具大赛，学生们的动手能力就会得到一定的锻炼。各学校也要普遍开展以结合演示学科定理、公式，以及教学原理方法的教具学具的制作、比赛、创新，让学生自己动手，更深刻、更具体地理解知识。

围绕生活趣味创作。只要善于挖掘，勤于思考，善于动手，瓶子也可以做成一件艺术品，电风扇也可以吹出彩虹风，塑料瓶也可以改造成可爱的小花盆，废旧灯泡可以变成萌萌的企鹅宝宝、皮尺和腰带也可瞬间变成有刻度的腰带，这些都是围绕生活的趣味创作。

文玩再造，站在巨人肩膀上创意。比如盛极一时的“朕知道了”胶带，就是我国台湾创意产业从古代皇帝批奏折中产生了灵感，于是有了这种胶带，且销售火爆。当然这只是中国台北故宫博物院文创的一个事例。还有，比如在银杏叶上作画写诗，有古味、有意境，这些都是站在巨人肩膀上进行文物再造。

（6）感物拓宽情怀。最初提出物型课程建设是从四大空间出发的：室内、室外楼内、楼外校内、校外。校外是学生们社会实践、游学修行和旅游的好地方，大自然永远是最有创意的原点，是课本知识的升华、拓展和巩固。比如约旦某著名设计师来南京旅游，感物之余，设计了把南京风景穿在身上的系列服饰，把紫金山服饰、秦淮河服装、颐和路T恤、鸡鸣寺短裙、雨后紫金山长裙，甚至把民国建筑图穿在身上，这些主意便来自艺术家在南京旅游时的感物情怀。因此要引导学生到大自然中去学习，切不能仅限于校内学习。

14 夸美纽斯说：“一切知识都是从感官的知觉开始的。”一朵花显真情，一粒米看世界。陶行知说：“要把教育和知识变成空气一样，弥漫于宇宙，洗荡于乾坤，普及众生，人人有得呼吸。”一根竹子，是器物，也是美食；是玩具，也是乐器；是笔墨春秋，也是君子品格，这就是文化的力量。

以人化物，以物化人

15 结构决定性质，形象改变气质。物型课程起于物的“形而下”但求于物的“形而上”。物象有限，意象无穷。教育是基于物质、超越物质的人的精神与灵魂的再造，这也是物型课程的实质所在，也是基础教育发展新生态、新常态之所在，是每个学校要打造的风景之所在。在物型课程建设中要入古出新，充分借鉴、运用中国传统经典文化，提升校园空间的人文内涵。

元创链接

古典建筑的人文意韵

亭台楼阁作为中国独具诗情画意的文化景观，包含亭、台、楼、阁、轩、榭、廊、舫、厢、斋等，具有重要的人文意韵和独特价值。

亭，源于周代。多建于路旁，供行人休息、乘凉或观景用。亭的建筑形态特征为“有顶无墙”，顶部可分为六角、八角、圆形等多种形状。因为造型轻巧，选材不拘，布设灵活而被广泛应用在园林建筑之中。名亭名作有：晋王羲之《兰亭集序》、宋欧阳修《醉翁亭记》等。

台，高出地面而建的平面建筑物，是一种露天的、表面比较平整的、开放性的建筑。名台名作有：唐李白《登金陵凤凰台》、陈子昂《 登幽州台歌》等。

楼，指两层以上的大型建筑物。《说文》解释为“重屋曰楼”，有门、有窗、有顶的日常居住的建筑为屋，两座屋子叠起来，就是二层楼。

名楼名作有：唐崔颢《黄鹤楼》、宋范仲淹《岳阳楼记》等。

阁，类似楼房，重屋为楼，四敞为阁。阁与楼经常是连在一起用的，曰“楼阁”。阁的特点是，四面皆有窗，且也设有门，有挑出的平座、回廊，供远眺、游憩、藏书和供佛之用。古代女子住的地方叫绣楼，也多叫阁，女子嫁人要离开在娘家自己住的小楼了，就叫“出阁”，出嫁就是出阁。名阁名作有：唐王勃《滕王阁序》、宋末元初张炎《忆旧游·登蓬莱阁》等。

轩，有窗的长廊或小屋，与亭相似，多为高而敞的建筑，体量不大，形状各异，是一种点缀性的建筑，可以看作是“引景”之物。名轩名作有：宋苏轼《於潜僧绿筠轩》、明归有光《项脊轩志》等。

榭，又叫水榭，一般都是临水而建，是一种借助于周围景色而见长的园林休憩建筑，也意为建在高土台或水面（或临水）上的木屋。榭是中国园林建筑中依水架起的观景平台，平台一部分架在岸上，一部分伸入水中。名榭名作有：宋晏几道《生查子·落梅庭榭香》等。

廊，是指屋檐下的过道、房屋内的通道或独立有顶的通道，上有顶棚，以柱支撑，用以遮阳、防雨、小憩，便于人们在游走过程中观赏景物。它本来是一种辅助建筑形式，后来也发展成为一种独立的建筑。根据外观特点和功能的不同可分为以下几种类型：直廊、曲廊、复廊、爬山廊、水廊等。中国最有名的长廊之一就是北京颐和园里的长廊，是世界上最长的长廊、世界最长的画廊。名廊名作有：清郑板桥《小廊》等。

舫，是仿照船型而造的一种建筑，大多三面临水，一面与陆地相连。似船而不能划动，故而又称之为“不系舟”。名舫名作有：唐白居易《竹枝词四首》、韦庄《菩萨蛮·人人尽说江南好》等。

厢，古人在堂室外还筑有一道墙。其中，北半部分，即房与墙之间的间隔叫做东夹西夹，南半部分叫做东堂西堂，也叫东厢西厢。后来，人们将南北向分布的正房两侧的房子通称为“厢房”。名厢名作有：元王实甫《西厢记》等。

斋，古代的斋室一般指书房和学校，常含清心雅静、读书思过之意。名斋名作有：唐刘禹锡《陋室铭》、宋陆游《斋居书事》等。

当然，中国古典的传统建筑形式还有很多，如塔、堂、祠、庵、庙、壁……在学校建设中都可以借鉴古建名人名作，赋予更多的教育价值和课程意义。

6.3

致：专心致志，在成就他人中成就自己

> 教师是立教之本，兴教之源。犹太人认为，教师比国王更伟大。我国有谚语说："一日为师，终身为父。"教师的核心要义在于，父母把孩子带到今天的生活，而教师则把学生带到明天的生活。学校管理的唯一法宝就是要依靠教师，校长千方百计地致达教师成功，教师就会千方百计地致达学生成长。**在成就他人中成就自己，在师生成就中成就学校。**

马道成功

校长应承担起对他人、对自己的责任。

章序　校长助力教师如愿发展

1　**教师是学校发展的最核心力量。**教师的价值就是每天都在帮助学生解决各种各样的困难和问题。同时，教师自己也面临需要他人帮助解决的困难，特别是自我发展遇到的问题。作为一校之长，在学校方方面面的管理中，教师管理是最重要的管理。资深教师稳定学校、骨干教师支撑学校、年轻教师发展学校。"我为人人，人人为我。"要根据学校教师不同层次的不同需要，因师而施。助力他人成长、实现自身目标是校长最有效、最人文、最不易的学校管理。

校长助人的“此致”之道

致敬全员——以创业精神聚合学校群体力量

2 校长是教师中的大教师。教育与科技不同，科技项目研究实验，即便大部分项目都失败了，只要有一项成功，整个科技水平就上了一个大台阶，而教育不是几个学生的成功就是学校的成功，教育的价值追求是不让一个学生掉队。每一个学生的成长都是每一个教师的汗水浇灌。所以，一所学校最值得尊敬的是那些奋斗在第一线的以教师为代表的广大教职工，虽然每一所学校都有不尽人意的教职工，但绝大多数人都在默默地履行职责，时刻保证着学校的正常运行。对那些默默无闻、诚恳工作、努力履职的教职工，我们应当充满敬意和感恩。

要改变“领导不足、管理有余”“理不足、管有余”的现象。校长首先在于领导力，这是一种特殊的人际影响力，是组织中的每个人都具有的一种潜在的和现实的领导力。领导力不是耍权力而是鼓动力，具体来说，领导力包括学习能力、做事能力、亲和能力、沟通能力、协调能力、决策能力、分析判断能力、激励能力、指挥能力等。当下，个别学校越来越像官僚机构，校长高高在上，学校层级森严，校长靠权力发号施令、靠掌控运行学校、靠指标拿捏教师，不懂得以“领导”的深度影响力去改变学校。只讲要求、不讲方法，“管”上铿锵有力、中气很足，“理”上微不足道、缺少底气，不懂得帮助教师厘清思路、厘清问题、厘清对策、厘清方法，这是需要改变的。毕竟，学校的教师和学生的发展都必须依靠其内在的主观能动作用。

3 敬畏教师，就是充分尊重教师。要充分尊重教师的人格，没有人格的教师难以培养有人格的学生。力戒对教师排名批评，或通过对学校排名实现对教师排名；遵循集体备课，更要尊重教师课堂个性；不要随便打扰教师的正常教学，不搞随意的推门听课，在信任中增强教师的职业自信和职业信念。

元创典故

乾隆敬畏教师

乾隆在位期间，教皇子们读书的是上书房总师傅王杰，其执教相当严厉，皇子不用功，他也敢罚站甚至罚跪。有一次，乾隆碰见皇子被罚跪，即令站起，生气地对王杰说："教者天子，不教者亦天子，君君臣臣乎？"意思是，你教不教我们，我们将来也都是当皇上，你这样惩罚，是臣对君应该有的态度吗？但王杰说："教者尧舜，不教者桀纣，为师之道乎！"意思是，受教的将来成为尧舜，不受教的将来成为桀纣，老师的作用就是这样啊！乾隆听了，深为叹服，令皇子复跪。

致达目标——以目标为团队自我向上的内驱动力

4 校长要以目标引导和鼓励教职工，使他们保持工作激情、富有活力，特别是充满自信，因为自信是生产率、创造力和决定能力与速度的加油站，让教职工充满自信，学生也会由此获得自信，这是学校取得成功的关键条件。

人生的差距就在于有没有规划的人生和方向感。有目标的人才可能成功，没目标的人不可能成功。目标可以给人的行为设定明确的方向，可以让人知道什么是重要的，合理安排时间；目标促使自己未雨绸缪，把握今天，憧憬明天；目标使人能清晰地评估自己每个行为的进展，把重点从工作本身转移到工作的成果上来，产生持续的信心、热情与行动力。

强化目标期望值的持久行动。许多人都会有自己很清楚的目标，可是为什么有那么多的人能够达成，而有的人总是达不成？人人都想成功，每个人也都会有自己所期望的目标，但他们的期望强度是不一样的：期望强度 0%，根本就不想要，当然不可能成功；期望强度 50%，可要可不要，要的时候就努力一阵子，一旦遇到困难就会退缩，最终也难以成功；期望强度 99%，非常非常想要成功，但最关键时刻有退却的念头，最后的放弃与第一步放弃，结果是一样的；期望强度 100%，不惜一切代价去努力，不达目的誓不罢休，直到排除万难，最终成功。

元创链接

关于目标对人生影响的跟踪调查

1979 年，哈佛大学对应届毕业生展开抽样调查，对象是一群智力、学历、生活环境等各方面都差不多的人。调查结果发现，27% 的人没有目标，60% 的人有较模糊的目标，10% 的人有清晰而短期的目标，只有 3% 的人有清晰而长期的目标，并记在日记本上。

长达 25 年的跟踪结果显示：3% 的人 25 年来都不曾更改过目标，他们朝着目标不懈努力，25 年后他们几乎都成了社会各界的顶尖人士；10% 的人，生活在社会的中上层，短期的目标不断被达成，生活状态稳步上升；60% 有较模糊目标的人，几乎都生活在社会的中下层，他们能够安稳地生活与工作，但似乎都没什么特别的成就；27% 的人，几乎都生活在社会的最底层，25 年来生活过得不如意，常常失业，靠社会救济，并常常报怨他人、报怨社会。

帮助教师找准目标，就是找到教育人生的价值意义。成功在一开始，仅仅就是一个选择。你选择什么样的目标，就会有什么样的成就，有什么样的人生。所以，汪曾祺说：“人总要把自己生命的精华都调动出来，倾力一搏，像干将、莫邪一样，把自己炼进自己的剑里，这，才叫活着。”校长就是要帮助教师找到生命的意义和价值所在。教师的满足就是校长最大的成功。

致成心愿——以大我校长成就他人来成就自己

5 每个生命都渴望伟大。因此，关注教师个人发展和需求，是校长真正的功夫所在。这就要了解教师的职业规划和发展需求，提供必要的支持和帮助；帮助教师实现自己的职业目标，进而提高他们的工作满意度和归属感；给予教师充分的鼓励，以增强他们的自信心和动力，当教师取得良好的教学成绩时，应该给予表彰和奖励，同时鼓励他们向更高的层次继续努力。

利他就是最高明的利己。权力是最差的领导力，领导力在于利他。人在利他的同时，别人也会反过来利他。作为学校的管理者，校长以职业成功激发教师奋发向上。校长要始终坚持利他心。什么是利他心？就是宁愿自己吃点亏，也要去成就别人。有没有利他之心，最能看到一个人背后的格局，格局影响着一个人的未来。

利己利他都是基于彼此双方的需要，更多利己是小爱，利己利他是真爱，更多利他是大爱。学校管理中，涉及切身利益等，校长要更多想利师之事，少想利己之事，这样最终会实现既利他人也利自己。一个人没成有为校长前，你所有的成就与你个人有关，当你成为校长后，你所有的成就都与他人有关。校长不是让自己成为英雄，而是让教师成为英雄。所以，校长应该为教师铺平前进的道路，提供各种培训机会，包括思想理念、教育技术、教学方法和教育心理学等方面的培训；为教师提供定期的反馈和指导，以帮助教师识别自己的优点和不足，进而采取有效的改进措施，提高教学水平和专业素养。

得法是实现成功的最佳捷径。泰戈尔说："有些事情是不能等待的。假如你必须战斗，或者在市场上取得最有利的地位，你就不能不冲锋、奔跑和大步行进。"**校长的天职是成功办校、成就教师，最终是成长学生。**因此，校长就必须指引教师、帮助教师、成全教师，通过教师成就学校来获得助力学生成长的巨大成功。校长成就教师的最好方法就是，让教师建立自信，通过自身努力，深味自己才是成功的真正主人。

元创之道

"明目张胆"：未雨绸缪的成事之道

明——明确目标。没有目标意识就没有成功的意义。人有了目标就能存在于目标之中。目标有大、有小，如人生目标、职业目标，长期目标、短暂目标，甚至即时目标。比如说，你今天去做什么事？或开一个会，或听一场报告。你都始终要扪心自问，参加这次活动我能达到什么、收获什么。如此一般，你就会时时、处处留意，心念、思考、挖掘所获所得，这就能不停地成功自己、积少成多地壮大自己。

目——眼观八路。通过目测找差补缺：（1）看文件。比如，明年你准备申报中小学教师副高职称，为此，今年或更早一点，就要提前了解、熟悉、学习最近评职称的文件，弄清具体要求，特别是一些量化的指标。（2）看自己。对照文件要求，看看自己哪些方面条件达到了，哪些方面还不够，哪些方面做得非常好，哪些方面差距较大，对着目标不断努力，将职称申报过程变成自身进步的阶梯和动力。有一点特别要注意，对于数量指标的要求，达标只是门槛，超标才有更多成功的可能。（3）看他人，与同类人比较，看出自己的优势和不足在哪里，这样有利于整体提高自身水平。（4）看支持，看国家的倾斜政策有哪些。比如乡村教师申报正高级职称不占指标，即没有指标的限制。如果你在乡村学校，只要靠自己努力达到条件，有这个水平了，你就可以去拼搏，评上不受限制的指标，这种支持乡村教师的政策就是乡村教师发展的重要机遇。

张——提早张罗。早起的鸟儿有虫吃。未雨绸缪、有备无患是最根本的成事之道。怎么准备呢？就是要提早张罗，不要“只想找老表、不肯填老表”。以前有的人，遇事不努力，只想找“老表”，总想办法托关系，找江西“老表”打招呼。事实上，现在各类评审竞赛规定要求，既明确又严格，专家从遴选、报到、承诺、责任、过程、离开等，都有一套非常规范的制度。所以，与其找“老表”不如填“老表”。填“老表”，就是按照老文件中的表格要求，笨鸟先飞，梳理资料，理顺结构，打造特点优势，反复提炼打磨，提高申报材料的质量水平。做得好还要写得好。事实上，不少评审项目的文字数量并不大，但要求很高，因此，先下笔为强，文字表达和凝练的功夫就显得十分重要。所以，苏步青在总结一生治学经验时说：“语文是成才的第一要素。”

胆——大胆请教。就是向人请教，任何人都可以成功，在于要大胆请教行家、专家、东家和大家等。（1）请教行家。同行特别是行业协会的专家，他们对一个区域内某个学科的教学改革情况比较了解，如你申报一个小学语文方面的教学成果奖，他可以从你的主题、立意，去考量一个地区内这个项目以前有没有人申报过，以及它的价值性、独特性、创新性如何。（2）请教专家。什么是专家？其实，不同行业、不同岗位、不同职业背景、不同学段的都可以成为某方面的专家。如中学请大学，小学请中学，幼儿园请中小学，职业教育请基础教育，基础教育请职业教育，中小学请教育科学研究所和教师发展中心，教育系统请教社会系统的专家等，如你谈到流动人口子女入学的问题，许多就是社会学的问题，你如果能把社会学的一个概念巧妙地结合、融合、迁移到教育方面来，借鉴到你的成果中来，那么你的学术含量会有较大的提升，立意也会提高很多，形成的优势也很明显。（3）请教东家。什么是东家？文件就是最大的东家，项目组织者就是东家。所以要多读文件多请教，这有利于进一步挖掘自己的重点主题、重点取向、重点要求和重点内容等。对“文”行文，就会增强针对性，提高成功率。（4）请教大家，越是大家越能把握住项目的要点和重点、深度和高度。如参加过此类项目申报、评审或有研究的人，都会给你很大的启发。（5）请教众家。请专家不能只请一个专家、两个专家，还要请更多的专家，否则一个专家容易偏颇。只有集思广益，进行全方位的、立体的、系统的、全面的、整体的、不同角度的思考分析，才能得到更多专家的认可，让你的观点始终站得住、立得高。（6）自成一家。万事都是辩证的。要请众家指路，但改来改去最后改出来的东西不是自己需要和喜欢的，与事实不符就不行了。所以说，请专家指路，不能让专家使你走投无路，不能这个专家一讲你就改改改，那个专家一讲你也改改改，改来改去变成四不像，甚至自己也不喜欢。因此，任何专家只是医生，他们只是对你提建议，没有原则性、科学性问题的，你要坚持自己的主见，对专家意见要刨根问底地追问为什么，促进自身深发、建构、完善、创新，这样才能使自己逐步提升，产生高级感，在高原上立高峰。所以教师自我实现的差别在于，你是否是一个直接处于思考状态的高维思考者，这是极其重要的。

6 因此，校长要帮助教师了解职业发展的项目平台，每年组织人员将当年各级各方的重要活动、项目、比赛、展示等，列成一个矩阵表，结合学校特点、教师发展和实际工作需要，确定哪些是可以参加的项目，让相关教师提前准备，这样既能做好事情，也能做成事情，更可以帮助教师实现自身发展目标。教师职业发展的成功，不仅是教师本人的成功，更是学校的成功、校长的成功。学校成功了，教师的教育教学一定是成功的，学生的发展也一定是成功的。有一种现象，校长担心教师成功了、翅膀硬了会飞走，其实没有必要。但往往越担心什么越是会发生什么，这就是你自身的问题。再说，每个人有机会成长都会有感恩之心，如果让他没有了发展机会，倒是使他更想离开。总之，不要看眼前的得失，从长远来看，一切都是有规律的。

致力幸福——以生活美学创造职业幸福生态

7 教育者，育人也。不幸福的教师难育幸福的学生。教育幸福要从育人的硬环境和软环境营造做起。一个良好的工作环境可以帮助教师感到更加舒适和安心，进而更好地发挥他们的专业能力。环境包括良好的教学设施、充足的资源、和谐的人际关系等。校长应通过制定合理的奖励机制、提供良好的工作条件、鼓励教师参与决策等方式，激发教师的积极性，鼓励教师进行创新，并为他们提供必要的支持和资源，以提高他们的工作动力和效率。同时，校长更要关注教师的心理健康和工作压力，以帮助他们保持积极而平静的心态去做好自己的本职工作。岁月静好就是一种幸福。

元创链接

人的幸福感取决于什么

1988 年 4 月，24 岁的霍华德 · 金森是美国哥伦比亚大学的哲学系博士，他的毕业论文课题是《人的幸福感取决于什么？》。为了完成这一课题，他向市民随机派发了 1 万份问卷。问卷中，有详细的个人资料登记，有五个选项：A. 非常幸福；B. 幸福；C. 一般；D. 痛苦；E. 非常痛苦。两个多月后最终收回了 5200 余张有效问卷。经过统计，仅有 121 人认为自己非常幸福，其中有 50 人是这座城市的成功人士，他们的幸福感主要来源于事业的成功；而另外的 71 人，有的是普通的家庭主妇，有的是卖菜的农民，有的是公司里的小职员，还有的甚至是领取救济金的流浪汉。这些职业生涯平凡黯淡的人，为什么也会拥有如此高的幸福感呢？

通过与这些人的多次接触交流，霍华德 · 金森发现，这些人虽然职业多样、性格迥然，但有一点他们是相同的，那就是他们都对物质没有太多的要求。这样的调查结果让他很受启发，并得出总结：这个世界上有两种人最幸福，一种是淡泊宁静的平凡人，一种是功成名就的杰出者。如果你是平凡人，你可以通过修炼内心、减少欲望来获得幸福；如果你是杰出者，你可以通过进取拼搏，获得事业的成功，进而获得更高层次的幸福。

2009 年 6 月，一个偶然的机会，霍华德 · 金森又翻出了当年的那篇毕业论文。他很好奇，当年那 121 名认为自己“非常幸福”的人现在怎么样呢？他花费了三个月的时间对他们又进行了一次问卷调查。调查结果反馈，当年那 71 名平凡者，除了 2 人去世以外，共收回 69 份调查表；这 69 人的生活虽然发生了许多变化，但他们的选项都没变，仍然觉得自己“非常幸福”。而那 50 名成功者的选项却发生了巨大的变化，仅有 9 人事业一帆风顺，仍然坚持当年的选择——“非常幸福”；23 人选择了“一般”；16 人因为事业受挫，或破产或降职，选择了“痛苦”；另有 2 人选择了“非常痛苦”。调查结果让霍华德 · 金森陷入深思，两周后，他以《幸福的密码》为题在《华盛顿邮报》上发表了一篇论文，他总结说：所有靠物质支撑的幸福感，都不能持久，都会随着物质的离去而离去。只有心灵的淡定宁静，继而产生的身心愉悦，才是幸福的真正源泉。

霍华德 · 金森破译了幸福的密码。

其实，这个调查也说明了一个问题，就是自身的得失影响着幸福的程度。越是平淡者，与外界接触面小，受外界的影响越小，心理波动性就越小；越是创业者，与外界接触面大，受外界的影响越大，心理波动性就越大。保证平淡者继续平静、成功者继续成功，最终保证心理的平衡，这或许是幸福的钥匙。

8 群体幸福来自简单的群体人际关系。中国人是很讲究人情关系的。一方面，人情往来，加深友谊友情，另一方面也容易产生情感矛盾。人际交往产生人生之美。校长要在全校倡导人际关系简单化的文化，通过教师与教师、领导与教师之间的坦诚交流让人际关系变得简单，不要注重甚至纠缠于一些无所谓的零碎小事“瞎折腾”上，清除那些事务过于复杂的源头，化繁为简、化难为易、减少烦恼、提振精神，通过“简单人际关系、简单办事程序”的“双简”，求大同存小异，凝聚共同的事业之心，把更多的心思、情感、精力用在想教改、育学生、谋事业、促发展上，以新鲜的空气营造舒心的职业生活。

教师管理更在“理”

9 教师都是管理者。校长对教师的管理，是对管理者的管理，关键不在“管”，而在“理”。只管不理难以服众，只理不管缺少敬畏。因此，学校管理在管人、管事、管物的过程中，都要以理为主，以管为辅助，管与理互补，才能提高学校真正的管理水平。在具体“理”方面，要厘清思想认识，认识不一、思想不合必然导致行为相悖，任何事都要在大家明白、厘清道理上下功夫；要厘清教学思路，教师教书育人面临的工作困境许多都是与思路不清有关，往往“心中一团火、脑中一团麻、手上一团糟”，这就要求教师普遍加强哲学和逻辑学的学习，提高自身哲思和逻辑思维能力，提高课堂教学思路、育人思路上的优越性，提高自身的工作效率；要厘清困难根源，面临复杂的教育教学和学生发展，教师总会遇到各种各样的问题和矛盾，这就要求教师善于抓住主要矛盾，从根本上找到解决问题的方法；要厘清成功桥梁，让每位教师都有努力的目标、努力的方法、努力的措施、努力的成效，从而提升全体人员的精气神，建立惠风和畅的学校教育和学习生活。以专业生活之美荡漾教师教育生活意趣之美、精气之神。

6.4

知：知名专家，在实干创业中走向内圣外王

“ 一个校长影响一所学校，一所学校影响千万家庭。学校是不能产生不合格产品的，教育的不合格产品就有可能是社会的危险品。**学校是知识含金量高的单位，校长是知识含金量高的岗位。**因此，校长除了要做到对教师的一切要求外，还要努力学习，成为教育战线实干创业、内圣外王的知名专家。本章围绕知名专家，从知名在思想、知晓在管理、知性在生活方面进行了探讨。”

马道成功

校长是学校一定阶段的发展史。

章序　校长是知识分子的代表

1　知识分子，是指具有较高知识水平的，具备独立思考能力和批判精神的脑力劳动者，是当代先进生产力的真正代表。校长是知识分子的缩影，校长的思维、行为、习惯、喜好都会影响学校。教育的特质就要求校长实现从“知道分子”向“知识分子”的跨越，虽是“道”与“识”的一字之差，却是知晓与见识的认知之别，后者更注重知识的运用和再生产过程，强调了通过实践和体验获得对事物的深刻理解。“识”字更接近教育的本质，校长要围绕知识、常识、学识、见识、胆识、卓识去发展全校师生员工。

“三知”校长

知名在思想——思想是历史的光芒

2 思想是历史拐弯处的路灯。研究世界思想史和中国思想史，会发现有一个共同的规律，就是思想解放、理念创新、观念变革都会促进社会和经济突破性的快速发展。欧洲从十三、十四世纪开始冲破王权和神权两个枷锁，并艰难地一步一步地向前走。达芬奇的《蒙娜丽莎》、但丁的《神曲》、莎士比亚的《哈姆雷特》等作品都是西方开始挣破神权束缚的表达方式，集中体现了文艺复兴运动的思想，从文艺复兴、宗教改革、启蒙运动、工业革命看，思想的解放都带来了政治、经济、科技的革命性变化。而伟大人物的思想之光始终照耀着历史的千年进程。

3 学校当是先进思想的热土，体现为与时俱进的先进文化。作为一校之长，首先体现在眼界新、思想新、理念新、观念新、方法新，努力使学校成为先进教育思想的实验室，积极探索并实践新的教育理论，将教育理论实践化、现实化和样态化。同时，校长还应该善于借鉴他人的先进教育教学经验，结合本校的实际和发展趋势，创造出更符合学校实际的教育教学新经验。校长的精力主要用在学校人、事、物、发展与管理上，要以浓郁的文化氛围、高尚的人格魅力、创新的思想理念、高效的管理策略、科学的运行机制，帮助教师发展，学生成长。

要以学科建设创新学科思想。学科育人必须要加强学科建设，要改变长期以来基础教育缺乏学科建设的现象，全面开创基础教育学科建设，为学科育人和新课程改革添砖加瓦。可从明亮学科精神、发掘学科文化、丰富学科课程、强化学科队伍、建设学科基地、全力学科教学、开发学科资源、创新学科研究、滋养学科生活、积淀学科成果等十个方面开创学科建设的新路。

知晓在管理——壮大人性自我管理的暖心力量

4 学校管理不仅要管人、管事、管物，校长也要自我管理，更要引领教师自己管理自己。管理就是注重关联，理顺关系。学校管理要着力于解决最现实的针对性问题，追求管理增效、管理破难、管理舒心、管理聚力。校长管理重在对症下药，与教师一起，聚焦决策管理、时间管理、精力管理、情绪管理、自律管理，做表率、出效率、减负担、提精神，从“管”的必然王国走向“理”的自然王国。

5 决策管理，做自我发展的主人。管理就是决策，在学校，人人都是管理者，都在他管、自管、管他的存在中，不停地做出选择和决策。作为校长，需要依靠领导集体和教师集体，充分发扬民主精神，做出科学、合理的决策，敢于突破“目标就是指标、方法就是考试、管理就是排名、成绩就是分数、评价就是升学率”的功利现象，不让学生成为分数的奴隶，不要因计较分数而迷失教育的伟大；而是要从学校发展的大局与未来出发，谋长远、想创新、出实招、观实效、做反思、求升华，在决策重大的事、核心的事、关键的事、攻难的事和大家的事上，讲科学、讲规律、讲逻辑、讲常理、讲协同，全面提高学校决策水平，以学校集体的大决策带动教师个体的小决策。引领教师围绕教育教学这一核心任务和学生发展的唯一宗旨不断提升自我规划、自我决策、自我管理水平。

元创观点

自我管理如练书法

王阳明说：“志不立，天下无可成之事。”每个教师都是自己人生的设计师，理想的教育生活都是自己规划出来的。要鼓励每个教师制定教育人生五年计划、十年规划，做到长期计划能坚守，短期计划可实现，并能自我可衡量、可量化、可视化，为自己每阶段的表现打分，年终形成个人发展大事记。

千里之行，始于足下。专业发展如同学习书法、临帖练字一样。学书法的人，要坚持每天练字。从效果看，今天与昨天比、这周与上周比、本月与上月比，都不容易看到明显的进步。但是，当你今年与去年、几年前相比时，你就会感到惊人的进步，从而充满信心和继续的力量。

因此，要始终在一天、一周、一月的“冷板凳”上坐着，再忙、再累、再没意义，也要坚持着、不间断。请相信，每个人只要踏踏实实地做好眼前的事，剩下的时间都会给你一个满意的答案。

6 时间管理，把日子握在自己手上。教师常说“时间不够用”。基础教育的教师尤其涉及中考、高考的教师很辛苦，鸡叫出门、狗叫回家，早出晚归成了生活常态。有的学校一周六天工作制，甚至周日休息也难以保证，繁重的教学任务和与教育无关的社会事务，都成为教育日益内卷、教师身心疲惫的重要原因。

山不转水转。现实需要我们做一个有时间意识的人。时间最公平，人人每天都是 24 小时。对待时间的态度，以及运用时间创造的价值和能力，则真正拉开了人与人之间的距离。德鲁克说："所有的管理，核心都是自我管理，而自我管理的核心是时间管理。"教师要掌握时间管理方法，以效率优先、自我适应调整时间习惯，过出自己的日子。

抓住黄金时间。为什么一日之计在于晨？科学告诉我们，一天时间内，人的意志是不一样的，从早到晚一直在减弱，时间越晚，做出复杂决定就会越困难。所以，南怀瑾说："能控制早晨的人，方可控制人生。"晚睡晚起是不少人的普遍现象。问：晚上那么长时间去哪儿了？回曰：没做什么，都是东摸摸西看看就这样过去了。由此可见，晚上与其任时间流淌，不如早早上床睡觉。事实上，最科学的时间管理是早睡早起，晚上休息也是最好的放松。早晨，万物静悄悄，人的精力最旺盛。灯光下，阅读写作，最为适意。处理重要的事情，效率也很高，特别是难题解决后更觉神清气爽，一天都感到轻松愉快，处理其他琐事也变得游刃有余。一天劳累后的晚上与一夜休息后的早上，做事的感觉和效果的确是大不一样的。所以，成功者大多是早睡早起。教师不妨试试，会有不同体验的。

用好主体时间。将时间结构化。根据"二八定律"，设置最优先级的事情，用 80% 的时间集中、专注地完成重要的事情，留 20% 的碎片时间处理其他琐事。文武之道、亦张亦弛，主体时间用在主攻方向上，就能实现主要目标。

积聚零碎时间。集零为整的时间会给人带来意想不到的收获。如日常坐车、排队等候、入睡前等时间都可以成为思考问题、形成方法的重要时间。零碎时空有时还能一心多用，会产生意想不到的立体效果。比如，晚上看新闻的半小时，同时可以太极站桩，还可以手捧小书或翻阅杂志，还可以加热水泡脚，可谓一举四得。

7 精力管理，品味美好生活的保障。**没有精力难以成事。**为什么有的人行程满满却精神抖擞、有的人无所事事却身心俱疲？经常听到有人说精力跟不上。其实，精力也是要养护打理的。《精力管理》一书提出，精力管得好，每个人都可以达到精力饱满的状态。笔者受其启发，提出从五个方面进行精力管理，以有效增强人的精气神：

身体上，增强体质体能。要坚持有规律的运动、保持充足良好的睡眠，合理的饮食习惯。太极拳、八段锦都是非常好的中国传统健身项目，甚至入睡前的几分钟，如握握拳、叩叩牙、深呼吸、提提肛等都是很好的健身小方法。天天坚持，变成习惯；长此以往，必有裨益。

心态上，保持平和如常。人生不如意者十之八九。人活一颗心，坚持任何状态下的心理正能量，遇事多往好处想，有了难事往开处想，甚至可以来点“阿 Q 精神”，自我解脱。人生就百年，万事均如烟。昨天的一切苦难回忆起来皆是蜜。保持心态平和的最大秘密是要有自己的稳定内核。

思维上，能够专心专注。心理学家契克森米哈赖曾提出“心流”的概念：人一旦进入心流，便能够完全集中注意力，在处理任务上发挥极大的效率。对此，笔者深有体会，本书从出版社约稿至完成初稿只有半年多时间，在“无奈”之下倒排工期，以十万字为基准，每天至少要写出一千字，便是那几个月的头等任务。由此，笔者还摸索到了从没有过的写作习惯，即早晨是最出效率的时间。相反，笔者想写一本《物型课程图论》，已有七八年，但一直未能完成。可见，压力还是能有效提升人的精力的。人生许多事是被逼着成功的。

精神上，找到价值意义。价值追求形成人的方向。当一个人找到奋斗的价值感，他就会全身心地投入，自然而然地获得充沛的精力。因此，遇事要问为什么，找到价值，找到本真，增强自我的精神快慰。

灵魂上，坚定信念信仰。人一旦有了人生的信仰，就会以毕生的精力去追求，即便献出自己的生命也会一往无前，无所畏惧。

8 情绪管理，活在当下、活向未来的良方。大多数人只能从生活中的点滴去寻找人生的意义。情绪本质上是文化。学校管理者要善于营造积极良好的情绪氛围。将师生焦虑作为校长管理重点内容，始终坚持良好情绪能感染他人的观念，形成健康的组织情绪。

管理自身情绪。校长的情绪就是学校的天气。校长要始终记住自己是领头人，是教师的精神领袖、主心骨，校长情绪不是个人私事，而是一种公共资源、一种领导气度、一种管理技巧。校长要善于认识和分析自己的情绪，善于控制和调节自己的情绪，也要善于转移和化解自己的情绪。让自己始终保持一种良好的情绪状态，开朗、亲和、向上利他。

协同班子情绪。学校领导班子团结是学校运行的核心，也是学校发展的保证，因此，管理好班子的情绪是书记校长义不容辞的首要任务，让班子的团队精神成为学校气质的定海神针。

饱满中层情绪。学校中层及相关部门，上连学校领导，下接一线教师，起着承上启下的重要作用，是学校正常运行、有序运行、高效运行的重要支撑和保障。校长在于做正确的事，中层就是正确地做事，重点是加强方法性的指导与管理，确保一线的教职员工把事情做正确。要坚决防止学校管理中的“中梗阻”现象，使学校始终上下一气贯通，惠风和畅。

重在教师情绪。教师情绪是学校情绪管理的重中之重，既影响自己，又影响学生，还影响他人，更影响学校。许多教师体罚学生的问题、家校产生的矛盾有的就是由教师一时的情绪失控引起的。因此，一方面要强调教师的修养修炼、情绪自我管理，另一方面，对发现的教师情绪，要找准原因，因人施策，有针对性地进行调适，从教师的立场和心理状态考虑问题、处理问题、化解问题，最终解决问题。

把握学生情绪。学生情绪是情绪管理中的重要内容、难点所在。青少年特别是青春期的学生不容易自我控制情绪，同时他们不良情绪产生的地点、时间、原因都比较复杂。因此，要通过班主任、学科教师等注意观察学生的情绪情况，特别重视个别性、差异性和突发性。通过加强挫折教育，增强学生的耐错能力和认知能力。

稳定工勤情绪。对职工情绪随时做到心中有数，面对职工情绪波动，既不听之任之，也不以权压人。尊重每一个职工的服务劳动，对员工良好的工作表现，积极予以表扬和肯定。

让校园每个人首先要了解影响自己情绪的事是什么，在此基础提出自己的对策措施。智慧的校长，要以学校文化建设化解各种不良情绪，尽可能营造温馨的工作环境，构建温暖的人际关系，创设一个宽松的情感交流空间；通过设置情绪疏缓空间等缓解教职工的情绪，通过经常性的学校沙龙和娱乐活动增进情感交流，从而使学校有一个良好的情绪氛围，以情绪带动情绪，以情绪带动潜能，以潜能的发挥创造高效的工作业绩；发挥党员的作用，将学校的每个党员与有关教师结成小的群体，实行团队互助、成员互帮，以解决各种工作、学习和生活问题，抱团发展。

9 自律管理。现实生活中经常遇到这样的问题：有的人一方面总是感到很忙，另一方面如刷手机、看视频、打游戏等却日复一日，乐此不疲。为什么坏习惯难以戒掉而读书、健身、学习等好习惯常常半途而废、难以坚持？斯坦福大学福格教授解释了这一现象。

元创链接

改变行为的密码：福格行为模型

斯坦福大学行为设计实验室创始人福格提出“福格行为模型”，是指每一个行为的发生，都需要动机、能力和提示三大要素同时发挥作用。福格行为模型提出了一个经典公式：B=MAP，即行为（behavior）= 动机（motivation）+ 能力（ability）+ 提示（prompt）。动机是欲望，能力是执行，提示是提醒。人的行为可能性，需要看这三个条件的诱导程度：从动机看，如果有强烈动机或者完成某种行为的诱因足够吸引人，那么人们就会更倾向于做出某种行为来达到目的，动机可分为感觉、期待和归属感三个类别。从能力看，如果完成某种行为对人们来说并不难，那么人们就会更乐于做出某种行为，能力要素包括时间、金钱、体力、脑力、社会偏好和日常行为等。从提示看，如果人们被某种信息提示要完成某种行为，而且这种信息提示又恰到好处，那么人们就会提高完成某种行为的概率。当动机、能力和提示同时出现的时候，行为就会发生，人们完成某种行为的概率会被大大提高。

福格行为模型有四个原则：动机越强，行为就越有可能做到；行为越容易，就越有可能成为习惯；动机和能力就像队友一样密切配合；没有提示，任何行为都不会发生。这四个原则回答了为什么打游戏刷视频容易上瘾的问题。追求快乐本就是最强的动机，刷手机的动作也很容易做到，强烈的视听刺激，即时的爽感反馈又会鼓励行为再次发生，所以你常常一刷就是几小时。为什么好习惯难以坚持？福格一针见血：简单的事情不需要动机就可以完成；困难的事情则需要强大的动机才能完成。

所以，行为改变要从提示、能力、动机三大要素做起：

提示，就是正向提示，不是负面诱发。有人物提示、环境提示、行动提示三种，以行动提示效果最好。比如你想戒掉熬夜刷手机的习惯，你可以选择把手机放在客厅，减少提示的发生。

能力，让事情变得简单。行为拆解到极小、获取工具和资源、提升技能是让行为变得简单的三个方法。从小事做起，一切就变得简单。比如，如果每天做 20 个俯卧撑有困难，那就从 3 个开始做，难度小就容易做。你要减肥，你可以把高糖零食全换成低糖零食，而不是逼自己吃水煮菜。

动机，找到实现愿望的黄金行为。动机是行为的驱动要素之一，但动机往往是易变的。动机有你自己想要的以及你希望通过行动得到的利益或惩罚等。比如你想坚持跑步，跑到第二天的时候，试着对自己说一句“我真棒”，每一个小进步都会激励你强化好的行为。

总之，福格行为模型告诉我们，要想养成一个新习惯，基本流程是：行动（提示）—事情简化（能力）—自我激励（动机）。

知性在生活——高质量发展需要高品质的人文生活

随着社会的发展，学校越来越需要建立大教育思想。从传统的“家校社”到“校社家”定位的新转变，就充分说明，学校承载党之大计、国之大计的教育使命，更需要挑起聚集社会和家庭的共同力量的重担。学校教育生活比学生学习成绩更重要。校长要做教育专业生活的表率，幸福比成功更重要。职业幸福感，是指主体在从事某一职业时基于需要得到满足、潜能得到发挥、力量得以增长所获得的持续快乐体验。校长要从教师、学生和家长的角度出发，创新大教育生活美学、大社会教育美学。

10 教师理想的职业生活。没有教师理想的职业生活就没有学生的全面发展。教师理想的职业生活是校长努力的方向。教师职业生活主要有以下三个方面：

首先是教师专业生活，包括教育教学活动的组织、教育教学理论的学习、教育教学科学的研究三种，它们作用不同，所占的地位和比重也不同，影响教师职业生活的质量和层次也不同。校长要提出不同要求和发展措施，加强各类专业团队建设，塑造各类团队的文化高度。

其次是教师人文生活。教师是文化人，教育是用文化培养文化人的文化活动，所以校长要想方设法让教师的人文生活得到充分发展，鼓励教师要有文化艺术方面的兴趣爱好，支持教师的文化收藏，在学校设立工作室、微型博物馆。精于一域，一通百通，这样更能有利于教师的教科研工作开展。

再次是教师日常生活。教师的付出普遍高于一般行业人员。工作要求高、工作时间长、工作负担重、工作压力大。教师应当是有个性、有风格、有尊严的自适生活者。没有教师的尊严就没有学生的尊严。要给教师更多的自由空间和时间，去思考、去创造、去交流，针对教育教学中的现实问题，开展专业化、专题化、专门化的研究，并创造教育实践新样态，使教师不仅是一个实践的创新者，也是一个教育理论发展的贡献者，还是一个理实一体的典型引领者。同时，学校要加强教师生日祝贺的仪式感表达，让教师更能深入体验到职业幸福感，活得快乐、活得热烈、活得有追求。

11 学生完整的学习生活。没有完整的生活就没有学生完整的人生。校长要千方百计为学生创造完整的学习生活。

关注学生的健康发展。重视学生世界观、人生观、价值观建设，锤炼学生品质。始终促进教师解决学生的学业困难，建立学科名师门诊，各学科名师名家，轮流“坐诊”，不仅能为学生学科学习提供“靶向”释疑解惑，还能让学生共享优秀的和向往的名师资源。以团队力量实现以人做事、以事立人。高度关心学生身心健康。学校应该提供充足的体育活动、健康饮食健康教育和生命自救教育，帮助学生保持健康的体魄和愉悦的心态；注重学生的心理健康，提供心理咨询和支持服务，帮助学生处理学习和生活中的压力。

激发学生的兴趣爱好。学校应该提供多元化的课程和活动，让每个学生都有机会探索自己的兴趣和才能，并得到发展和提升。通过各种有趣的活动和课程设计，让学生在学习的过程中感到快乐。提供具有挑战性的课程和活动，让学生在学习过程中不断挑战自我，提高自己的能力。提供各种创新性的课程和活动，如科学实验、创新创业项目等，培养学生的科技创新素养。

重视学生的人际交流。学生时代的交往最美丽。学校是学生社交的场所，学生可以在这里建立自己的社交网络，学习如何与他人合作和交流。学校应该提供各种社交活动、项目和机会，如学生会、社团活动、团队合作项目等。

增强学生的社会实践能力。学校应该提供各种社会实践的机会和资源，如志愿者活动、社区服务、实习等，帮助学生了解社会问题、增强社会责任感，同时也帮助学生提高自己的技能和能力，为未来的职业发展做好准备。

12 家长必备的教育生活。优秀的校长还需要使学校肩负起培训家长、提高父母教育子女的素质的任务，要充分发挥学校家委会和家长学校的作用，推动学校教育和家庭教育紧密结合，尤其要发挥家长志愿者的力量和作用，形成“校家社”协同育人的合力。这在相关章节中已有论述。

校长要做历史拐弯处的路灯

李叔同说："人生哪能多如意，万事只求半称心。"校长实不容易，校长更要做明灯，要带着教师去发现美好。在烟火中寻幸福，在琐碎中悟真情，在平凡中找亮点。以思想的光芒，闪亮事业中的伟大人生。

致　谢

2024 年是新中国成立 75 周年，是习近平总书记提出“四有”好老师 10 周年，并适逢第 40 个教师节，真是祖国的大年、教育的大年、教师的大年。2024 年，也是我到江苏省教育厅工作 40 年。从 1979 年当代课教师，到后来高考离开故土、入职到南京，一直就成了“教育”的人。在江苏省教育厅，从事 10 多年的基础教育、20 多年的职业教育和社会教育、近 3 年的教师教育工作。这种“一二三”的工作经历，让我对人一生的教育都有所了解。在此，十分感谢江苏省教育厅一路同行的领导和同事们。

教师之重，重于泰山；教师之难，难在得法。教师发展亦可谓“一二三”。一个核心，追寻教师的生命意义，每位教师的发展才是教育的整体进步。二合之道，理论与实践结合，强理论者强实践、强实践者强理论；理论重于思、实践重于行，思行合一是教师发展的新赛道。三足鼎立，以人立事、以事立人、人事立学。干事创业，靠人靠事。项目设立，以事找人；项目推进，以人做事；项目生发，人事立学。人是事业的根本。所以，当江苏凤凰教育出版社约稿时，时间虽紧，但我仍抱着对广大校长、教师的无限敬意，倒排工期，披星戴月，终成《师说新语》一书。

关于教师发展，研究者众多，各类书籍汗牛充栋。但以成语借喻校长、教师发展，目前这是第一部。成书时，正值《中共中央　国务院关于弘扬教育家精神加强新时代高素质专业化教师队伍建设的意见》发布，本书中的“职业之道、职业目标、职业本领、职业品质、职业信仰、职业领航”正是教师践行教育家精神的具体方法和行动路向。

感谢江苏凤凰教育出版社从领导到编辑的重视、关心与相助。感谢江苏潜能文化发展有限公司的装帧设计。感谢所有为本书提出建设性意见的亲朋好友。

由于时间只有短短几个月，加之笔者水平有限，拙作难免挂一漏万。最后对网上查询、借鉴和共享的内容一并表示衷心的感谢。